Achill und Aaron
Moser

Über die Alpen
nach Italien

Zu Fuß 1500 Kilometer
auf den Spuren Heinrich Heines

| Hoffmann und Campe |

1. Auflage 2011
Copyright © 2011 by
Hoffmann und Campe Verlag, Hamburg
www.hoca.de
Satz: Dörlemann Satz, Lemförde
Gesetzt aus der Stempel Garamond CT Pro
Karte: Peter Palm, Berlin
Druck und Bindung: GGP Media GmbH, Pößneck
Printed in Germany
ISBN 978-3-455-50193-3

HOFFMANN
UND CAMPE

Ein Unternehmen der
GANSKE VERLAGSGRUPPE

Inhalt

Es knackt im Wald   *11*

Wenn der Vater mit dem Sohne ...
gen Süden zieht   *17*

Aufbruch in München   *22*

Von der Polizei gesucht   *27*

Im Schlafsack an der Isar   *32*

Im tiefen Wald das Glück des
Zu-Fuß-Reisens   *38*

Keinen Bock auf Erwachsensein   *43*

Den Alpen ganz nah   *48*

Mit der Postkutsche über die Alpen   *52*

Mit Heinrich Heine am
Karwendelgebirge   *59*

Mit Lamas zur Zugspitze   *74*

Über Seefeld ins Inntal   *82*

Mit Heinrich Heine durch Tirol   *87*

Auf rutschigem Höhenpfad   *97*

Der Indianer am Brennersee   *107*

Immer am Eisack entlang   *114*

Bullenhitze in Trient   *126*

Trient – eine Stadt in
Samt und Seide   *130*

Über Ala nach Verona *142*

In Verona *149*

Heine in Verona *156*

Love Stories *163*

Von Banditen und Radbrüchen *169*

Gehen und Schweigen *172*

Von 90 Tonnen Schießpulver
und dem berühmtesten
Wandgemälde der Welt *179*

Man geht, um zu denken *194*

Am Meer *202*

An Italiens schönster Küste *209*

Von Portovenere nach Lerici *222*

Unwetter in Lerici *229*

Ein Tag wie kein anderer *238*

Durch die grünen Hügel
der Toskana *242*

In Bagni di Lucca –
der Sinn des Reisens *252*

Wenn alle Schuhe
durchgelaufen sind *258*

In Florenz *264*

Zeittafel zu Heinrich Heines
Leben und Werk *279*

Anmerkung zu den Zitaten *285*

Dank *287*

In uns selbst liegen die Sterne unseres Glücks.
Heinrich Heine, *Memoiren*

Reiseroute von Heinrich Heine sowie von Achill und Aaron Moser –
1500 Kilometer von München nach Florenz.

Es knackt im Wald

Der Sohn

Über mir ein dichtes Blätterdach. Baum reiht sich an Baum, Busch an Busch, so eng, dass es nirgendwo einen Ausblick gibt. Urwaldgefühl. Nur hier und da ein Sonnenstrahl, der durch das fast undurchdringliche Grün bricht und ein Stück Waldlandschaft erhellt, als hätte jemand einige überdimensionale Scheinwerfer eingeschaltet. Meine ganze Aufmerksamkeit ist auf den schmalen Pfad gerichtet, der über einen halsbrecherisch steilen Hang nach Süden führt. Kniehohe Gräser, wucherndes Unkraut, verkrüppelte Baumwurzeln, kantige Steinblöcke und umgestürzte Stämme erschweren das Gehen. Ein einziger Fehltritt würde genügen, um mehr als hundert Meter in die Tiefe zu stürzen. Mann, worauf habe ich mich da nur eingelassen!

Plötzlich ein Knacken. Ich erstarre und halte den Atem an. Was ist das?

Da – wieder, ganz deutlich. Ich blicke nach rechts und nach links, kann aber nirgends etwas entdecken.

Da ist es wieder. Ein Geräusch wie der Klang vorsichtiger Schritte. Oder sind es nur ein paar Steine, die aneinanderstoßen und eine Bergwand hinunterrollen?

»Hallo?«, rufe ich mit kräftiger Stimme.

Keine Antwort.

»Ist da jemand?«, frage ich laut.

Wieder keine Antwort.

Ich verharre eine ganze Weile, drehe den Kopf in jede Richtung – und lausche.

Plötzlich schießen mir Bilder von Schlangen, Wölfen, Füchsen, Mardern und langbeinigen Kreuzspinnen durch den Kopf, die sich ringsum im dichten Buschwerk tummeln könnten. Was, um Gottes willen, mache ich hier mitten im Wald – ohne Klo, ohne Dusche, ohne Bett, ohne meinen Flachbildfernseher und die Stereoanlage? Schließlich bin ich ein Großstadtmensch, der einfach ein paar Annehmlichkeiten braucht. Das kann man doch verstehen, oder?

Da … wieder dieses Knacken … und jetzt auch noch ein Rascheln und das Kullern kleiner Steinchen.

Was kann das nur sein?

Die Geräusche kommen von weiter oben. Ich überlege, ob ich langsam den Steilhang hinaufsteigen soll, um mich in die Richtung des Knackens zu bewegen. Oder soll ich lieber auf dem schmalen Waldpfad bleiben und schnurstracks weitergehen, um mich von diesem Ort so schnell wie möglich zu entfernen? Ich bin unentschlossen. Was tun? Und: Wo steckt eigentlich Papa? Er muss irgendwo hinter mir im Wald sein. Wahrscheinlich lässt er sich mal wieder Zeit und ist etwas zurückgefallen, weil er irgendwelche Pflanzen oder Baumriesen fotografieren will. Wenn er jetzt hier wäre, würde ich ihn fragen, was dieses Knacken, Kullern und Rascheln zu bedeuten hat. Eigentlich müsste er es wissen. Schließlich ist er so eine Art Weltenbummler, der fotografierend und schreibend von seinen Reisen berichtet. Als er siebzehn war, also etwa in meinem Alter, reiste er in die Sahara und lernte bei den Tuareg die Sternennavigation und die Kunst des Kamelreitens. Sieben Mal musste er die Schule wechseln, weil er die Sommerferien einfach auf eigene Faust verlängerte, um mit Beduinen monatelang durch die Wüste zu ziehen. Seit mehr als dreißig Jahren verwirklicht er verrückte Ideen und denkt immer noch, er wäre völlig normal.

Mein Papa ist also einer, der rund um die Welt fast alles erlebt hat und scheinbar mit allen Problemen fertig wird. Viele Menschen finden ihn ganz toll, doch für mich ist das manchmal ziemlich schwierig, denn an der Seite eines sogenannten »Übervaters« ist die Luft oft ziemlich dünn. Kein Wunder also, dass es mich diebisch freute, als ich heute Morgen sah, wie ihm der steile, morastige Waldpfad zu schaffen machte. Immer wieder zwangen ihn knorrige Baumwurzeln und kantige Steinklötze zu haarsträubenden Ausweichmanövern. Und zweimal ist er sogar auf den glatten, weichen Moosflächen ausgerutscht. Zum Glück ist ihm nichts passiert, doch ich musste herzhaft lachen. Denn manchmal finde ich es ganz angenehm, wenn ihm nicht alles gelingt. Auch er hat nämlich Schwächen, eine ganze Menge sogar! Trotzdem wäre ich jetzt ganz froh, wenn er hier wäre, denn nach wie vor kann ich mir die Geräusche vom oberen Steilhang nicht erklären.

Neugierig mache ich dennoch einige Schritte den Berghang hinauf, als ich auf einen Zweig trete, der mit morschem Knacken zerbricht. Ich erschrecke, und über mir flattert ein Vogel auf. Ein riesiger Greifvogel, der durch die Baumkronen hoch in den Himmel gleitet. Vielleicht ein Steinadler – die gibt es hier ja noch. Sicher bin ich mir aber nicht, denn meine Kenntnisse als Vogelkundler sind nicht besonders ausgeprägt, obwohl Biologie zu meinen Leistungsfächern zählte. Eigentlich habe ich auch kaum eine Ahnung, wie groß das Waldgebiet ist, in dem ich mich mit meinem Vater befinde. Beim längeren Unterwegssein in der

Natur muss ich nämlich nicht immer alles wissen, muss nicht über alle Örtlichkeiten informiert sein. Stattdessen genieße ich gern mal das Gefühl, als hätte man mich gerade vom Himmel herabgebeamt.

Doch ich weiß, dass dieses Waldgebiet zum Karwendelgebirge zählt. Hier gibt es Felsfestungen, Bergwälder, Almwiesen und Schluchten, wo unzählige Arten von Tieren und Pflanzen leben. Drei Viertel dieses Areals sind Naturschutzgebiet, das größte Österreichs. Hier findet man noch Alpensalamander, Auerhähne, Bartgeier, Flussuferläufer und Flussregenpfeifer, Libellen, Laubfrösche, Steinadler und Gefleckte Schnarrschrecken; hier wachsen Fichten, Hainbuchen, Blasenstrauch, Alpenrose, Edelweiß, der Gletscherhahnenfuß und zahllose Flechtenarten, die auf vielen Felsbrocken in bunten Farben leuchten. Nicht zu vergessen die mächtigen Bergahornbäume, von denen manche sechshundert Jahre alt sind, wenn man meinem Reiseführer glauben darf.

Plötzlich ist da wieder dieses Knacken – und das Kullern von Steinen. Ein paar Augenblicke später entdecke ich zwei Steinböcke, die auf einer felsigen Anhöhe stehen. Ihr Fell ist braunbeige. Am Kopf tragen sie kräftige, geriffelte Hörner, die nach hinten gebogen sind. Ich glaube, ihr richtiger Name ist »Alpensteinbock«, von ihnen soll es im Karwendelgebirge einige Tausend geben. Im Touristenbüro von Mittenwald haben Papa und ich erfahren, dass diese Tiere noch vor einigen Jahrhunderten als eine Art Apotheke galten. Ihr Kot sollte den Menschen gegen Schwindsucht helfen, und ihr Blut wurde als Medizin gegen Blasensteine genutzt. Das klingt doch völlig abgedreht!

Eine ganze Weile stehen die Steinböcke einfach nur so da, und es ist, als stammten sie aus einer anderen Zeit. Gebannt schaue ich zu ihnen hinauf und kann kaum glauben, was ich dort sehe. Irgendwann bewegen sie sich und stelzen geschickt über einen steinigen Hang, zeigen mir, dass sie richtige Kletterkünstler sind, die ich erst aus den Augen verliere, als sie hinter einigen runzeligen Baumstämmen verschwinden.

Wow! Ich fühle mich auf einmal wie in einer fremden Welt und habe fast vergessen, dass mir meine Fußgelenke wehtun, dass die Blasen an der linken Ferse schmerzen, dass mein Hemd völlig durchgeschwitzt am Körper klebt, dass meine Arme und Hände mit Mückenstichen übersät sind und dass eine ganze Ameisenarmee an meinen Beinen hochkrabbelt.

Was ich mir jetzt am sehnlichsten wünsche, ist ein Ausgang aus diesem Urwald. Es wird Zeit, dass wir aus diesem dichten Grün herauskommen und in ein Tal absteigen, wo es einen Gasthof oder eine Pension gibt – mit Bett und Dusche, wo ich mir endlich die Stiefel von den Füßen ziehen und die feuchten Socken in irgendeine Ecke pfeffern kann. Es reicht für heute! Immerhin sind wir schon fast elf Stunden auf den Beinen. Irgendwann ist jetzt Schluss mit lustig! Ich bin ziemlich genervt. Denn Papa ist immer noch nicht in Sichtweite – und ich frage mich erneut: Was tue ich hier eigentlich? Bin ich noch gescheit? Was für ein Wahnsinn hat mich bloß geritten, als ich mich vor einigen Wochen dazu entschlossen habe, mit meinem Vater über die Alpen und durch Italien zu wandern? Eine Strecke von 1500 Kilometern? Völlig irre!

Was würde ich jetzt dafür geben, wenn ich mich mit meinen Freunden Kjell und Kevin austauschen könnte! Am besten bei einer guten DVD und einem Bier. Stattdessen gehe ich ganz vorsichtig auf dem morastigen Waldpfad weiter, über Astwerk, Wurzeln und Steine. Und mit jedem Schritt nehme ich mir fest vor: Wenn Papa mich einholt, werde ich nicht quengeln. Ich werde mich weder über die Anstrengungen noch über meine Wehwehchen beschweren. All das, was auf meinen Schultern und der Seele lastet, werde ich wegdrücken. Ich werde meinen inneren Schweinehund überwinden und mir nicht die Blöße geben. Jetzt nicht – und auch nicht morgen oder übermorgen. Stattdessen werde ich einfach weiterlaufen, den drückenden Rucksack auf den Schultern. Egal! Ich werde gehen und laufen – über Stock und Stein, mindestens noch zwei Monate lang. Das ist es ja, was ich unbedingt wollte, was ich mir selbst eingebrockt habe. Dazu muss ich jetzt auch stehen! Ich werde ganz bestimmt nicht aufgeben, egal was da kommt. Ich ziehe das mit meinem Vater durch! Über die Alpen nach Florenz. Irgendetwas wird mir das schon bringen!

> SMS-Nachricht von Aaron an
> seine Mutter:
>
> Hallo, Mama! Sind heute den
> ganzen Tag auf den Beinen
> gewesen. Wald, Wald, Wald. Er
> wächst mir schon aus den Ohren
> raus. Meine Füße tun abartig weh!
> Hab das Gefühl, die explodieren
> gleich. Sonst alles okay. Hoffe, dir
> geht's gut – und du hast schönes
> Wetter. LG, Dein Aaron!

Wenn der Vater mit dem Sohne ...
gen Süden zieht

Der Vater

Dieses Buch handelt von einer Reise über die Alpen nach Florenz. Es ist eine Geschichte vom Glück und von den Anstrengungen des Unterwegsseins, vom Mitgerissenwerden und »Streckemachen«, vom Sich-treiben-Lassen und In-die-Wolken-Schauen. Vor allem handelt unsere Geschichte aber vom Zu-Fuß-Reisen, denn ich liebe das nicht enden wollende Gehen zu allen Tages- und Jahreszeiten, liebe das aufmerksame Bestaunen der Welt, während mir der Klang meiner Schritte, die Atmung und der Herzschlag ein wunderbares Wohlgefühl vermitteln.

In einer Zeit, in der viele Menschen der banalen Gewissheit vertrauen, das Fremde und Ferne sei uns so nah, weil es jederzeit erreichbar ist, und die Welt ließe sich an einem Wochenende aneignen, sind mein Sohn Aaron (achtzehn) und ich (fünfundfünfzig) der Reiseroute des deutschen Dichters Heinrich Heine (1797–1856) gefolgt, der im Herbst 1828 nach Italien reiste, ins *Land, wo die Zitronen blühen*, wie Goethe es ausdrückte. Schon zu Beginn des 19. Jahrhunderts galt Italien für viele Reisende in Europa als Sehnsuchtsland, das mit himmelblauem Zauber und traumschöner Naturkulisse ebenso lockte wie mit farbenfrohen Städten, sinnenfroher Kultur, funkelndem Sternenhimmel und lauen Nächten. So war auch Heinrich Heines Italienreise ein Sehnsuchtstraum zwi-

Porträt Heinrich Heines, das Ludwig Emil Grimm am
9. November 1827 anfertigte. Im August 1828 reiste Heine
nach Italien.

schen mediterraner Leichtigkeit und deutscher Schwer-
mut.

Zwei Autoren haben dieses Buch geschrieben, jeder in
seinem eigenen Stil und seiner eigenen Wahrnehmungs-
weise. Mein Sohn Aaron erzählt von einer Reise, die ihm
nach dem bestandenen Abitur gerade recht kam. An einem
Wendepunkt seines Lebens wünschte er sich abenteuerliche
Abwechslung und wollte eine Auszeit nehmen, um all den
Lernstress und die gesellschaftlichen Erwartungszwänge
abzustreifen. Er hatte keine klare Vorstellung, welchem
Pfad er folgen sollte, und fand die Idee einer zweimonati-
gen Wanderung absolut »super«. Mit Stiefeln und Rucksack würde er beim stetigen Unterwegssein vielleicht seine
enorme Ruhelosigkeit in den Griff bekommen. Und ganz
allmählich würde er bestimmt, vom Ballast des Schulalltags

befreit, frische Kraft gewinnen, innere und äußere, um sich neu zu orientieren. Schließlich wusste er, dass sich in seinem Leben etwas ändern musste. Schon seit Monaten hielt er Ausschau nach neuen Perspektiven. Doch es braucht Zeit, die eigenen inneren Gezeiten auszuloten, seine Wünsche zu bestimmen und seinen ganz eigenen Weg zu finden. Denn: *Wege entstehen dadurch, daß man sie geht,* meinte schon Franz Kafka.

Für mich war die Reise von München nach Florenz in zweierlei Hinsicht eine Suche. Einerseits war es eine Zukunftssuche, denn als Mittfünfziger spüre ich mehr denn je, dass mir die Zeit entschwindet, während der Faktor Zeit für meinen Sohn ein anderes Maß besitzt. Er lebt im Hier und Jetzt, denkt kaum voraus, weil ihm die Zeit unendlich zu sein scheint.

Andererseits unternahm ich diese Reise als literarische Spurensuche. Mit Heinrich Heines italienischen »Reisebildern« in der Hand folgte ich der Reiseroute jenes deutschen Dichters, dessen Prosatexte, Gedichte und Briefe mir schon seit vielen Jahren ans Herz gewachsen sind. Eigentlich hegte ich schon seit langer Zeit den Wunsch, mich beim Unterwegssein Heinrich Heines Italienreise anzunähern und – mit Buch und Rucksack – in jene längst vergangene Zeit einzutauchen, in der das Reisen nur zu Fuß, zu Pferd oder per Postkutsche möglich war.

Bald zweihundert Jahre ist es nun schon her, dass der Freigeist und Spötter Heinrich Heine von München über Genua nach Florenz reiste. Eine Reise, die mein Sohn und ich neu erlebt und uns neu erschrieben haben, wobei wir die dichterischen Aufzeichnungen Heines mit den eigenen Reiseerlebnissen verknüpften. Manchmal erlebten wir dieselben Landschaften, dieselben Städte, Paläste und Brunnen, die auch Heine gesehen hatte, und dann wieder das ganz andere: Tirol, die Alpen und vor allem Italien, vom Lauf der Geschichte verändert, nicht immer farbig und berauschend, sondern auch hektisch, lärmend und verstörend. Es war dieselbe Reise und doch eine völlig andere. Denn während Heinrich Heine einst zum größten Teil mit der Postkutsche durch Italien fuhr, waren wir zu Fuß unterwegs: »in einer Geschwindigkeit, in der die Seele Schritt hält«. Ein Reisemotto, das schon seit vielen Jahren mein Unterwegssein in der Ferne und Fremde bestimmt.

Wir hatten zweieinhalb Monate Zeit und im Gepäck nur das Lebensnotwendige – sowie eine Taschenbuchausgabe der »Reisebilder«, in denen Heine von seiner viermonatigen Reise nach Italien berichtet. Eine Reisebeschreibung, die ganz untypisch und völlig anders gestaltet ist als zu Beginn des 19. Jahrhunderts üblich. *Es gibt nichts Langweiligeres auf der Erde als die Lektüre einer italienischen Reisebeschreibung – außer etwa das Schreiben derselben –, und nur dadurch kann der Verfasser sie einigermaßen erträglich machen, daß er von Italien selbst so wenig als möglich darin redet,* bemerkte Heine augenzwinkernd. An diese Maßgabe hielt er selbst sich nur bedingt; dennoch sind seine Texte origineller als alle Italien-Berichte davor.

»Reise von München nach Genua«, »Die Bäder von Lucca« und »Die Stadt Lucca« heißen die drei Prosastücke, die er in der Reihe seiner »Reisebilder« veröffentlichte. Sie sind ein faszinierender Lesestoff, ein Assoziationsraum für alles, was ihn in jenen Tagen umtrieb. Er notierte Begegnungen und Erlebtes, Stimmungen und Erfahrungen, Gedanken und Aphorismen, die zuweilen von verblüffender Frische sind, wenngleich er kaum Angaben über seine Reiseroute, seine Unterkünfte, das Klima oder touristische

Sehenswürdigkeiten machte. Heine beeindruckte seinerzeit den Leser vielmehr mit einer kritischen Reisechronik, die gleichsam auch Kampf- und Bekenntnisschrift ist. Er beschrieb das Reiseland Italien aus *seiner* Sicht, wobei sein subjektiver Blick von einem geschichtsphilosophischen Weltbild geprägt war, in das er – neben poetischen und politisch-gesellschaftlichen Reflexionen – zahlreiche historische Betrachtungen einfügte. So blickte er in die wechselvolle Geschichte Italiens und berichtete von der Antike und dem Mittelalter, von der Renaissance, dem Sieg Napoleons bei Marengo und der Besetzung Norditaliens durch die Österreicher, die zur Zeit seines Aufenthalts die Lage noch immer prägte.

Es war Heines ganz besonderer Blickwinkel, aus dem er in seinen »Reisebildern« über Italien berichtete. Er schilderte ein zerrissenes, unterdrücktes Land mit großer Vergangenheit, das nach wie vor ein chaotisches Faszinosum darstellt und neben den naturgegebenen Vorzügen und den prächtigen Kunstschätzen vor allem mit großer Gelassenheit und freier mediterraner Lebensform lockt, fern dem perfektionistischen Ordnungssinn anderer Länder.

Aufbruch in München

Der Vater

*Ich unternehme meine Reisen weder, um zurückzukehren,
noch, um ans Ziel zu kommen. Ich unternehme sie allein um
der Bewegung willen, solange mir die Bewegung gefällt. Ich
bin unterwegs, um unterwegs zu sein.*

Als ich vor mehr als zwei Jahrzehnten erstmals diese
Sätze in dem Buch »Von der Kunst, das Leben zu lieben« las, war mir klar, dass ich diese Zeilen von Michel de
Montaigne niemals vergessen werde. Zeilen, die aus dem
16. Jahrhundert stammen und die für einen Teil meines Lebens nicht nur Motivation, sondern auch Erklärung für
zahllose Aufbrüche in die Ferne waren.

Montaignes Zitat kommt mir vor allem immer dann in
den Sinn, wenn ich zu einer neuen Reise aufbreche. Wie
auch jetzt, auf dem Münchner Marienplatz, wo die Reise
mit meinem Sohn nach Italien beginnt. Mit dem Zug
sind wir aus dem heimatlichen Hamburg in die bayrische
Hauptstadt gereist. Sieben Stunden Bahnfahrt, dann spazieren wir mit unserem Gepäck zum Marienplatz, den täglich rund 400 000 Menschen passieren. Schon seit dem Mittelalter gilt dieser hundert Meter lange und fünfzig Meter
breite Marktplatz – mit dem Prachtbau des neugotischen
Rathauses – als Zentrum der Stadt. In der Mitte steht die
goldene Mariensäule, die dem Platz auch seinen Namen gab
und die 1638 Kurfürst Maximilian I. als Dank für die Scho-

München: Aaron auf dem Marienplatz.

nung der Stadt während des Dreißigjährigen Kriegs errichten ließ.

Inmitten des Menschengewimmels nehmen Aaron und ich am Fuß der Mariensäule lachend die Rucksäcke auf. Es ist ein Augenblick voller Glück. Ich bin beschwingt und beflügelt von Freude und Erwartung. Keinen Moment denke ich an die 1500 Kilometer lange Strecke, die vor uns liegt.

»Auf geht's!«, sage ich mehr zu mir selbst als zu meinem Sohn, hake die Daumen hinter die Riemen des Rucksacks und hebe den Blick zum Himmel, vorbei an den hohen Türmen der Frauenkirche. Es ist ein herrlicher Tag. Blau ist die Farbe des Himmels, der wie reingewaschen wirkt, völlig klar und wolkenlos. Eine schöne Farbe für einen Aufbruch, denke ich, und insgeheim wünsche ich mir, dass dieses Blau auf dem Weg über die Alpen so lange wie möglich unser Begleiter sein möge.

Die ersten Schritte mache ich ganz bewusst und achtsam, während ich meine Aufregung kaum unterdrücken kann. Herrlich, dieses Sich-tragen-Lassen von den eigenen Beinen, dieses gleichförmige Voranschreiten. Sofort dehnt sich das Gehen in mir aus, intensiviert sich mein Sehen, steigert sich die Aufmerksamkeit. Und mit den normalen Entzugserscheinungen eines zivilisationsmüden Großstädters (Sehnsucht nach Stille, nach Gelassenheit, nach Weite, nach Zeithaben) gehe ich voran, dränge behutsam durch den bunten Menschenstrom. Wir lassen das neugotische Rathaus hinter uns und laufen über den Viktualienmarkt mit all seinen kulinarischen Genüssen. Vom Isartor geht es durch die Zweibrückenstraße. Unweit des Deutschen Museums führt eine Treppe zur Isar hinab, wo Frauen in Bikinis und Männer in Badehosen zwischen sandigen Strandbuchten und grünen Auen die Seele baumeln lassen. Im Kopf habe ich nun die Landkarte ausgebreitet, und vor meinem geistigen Auge sehe ich die ersten Ziele und Orte, die auf unserer Route liegen: Baierbrunn, Kloster Schäftlarn, Wolfratshausen, Beuerberg, Walchensee, Mittenwald.

Schon seit Jahren habe ich es mir auf längeren Wanderungen zur Gewohnheit gemacht, meine Schritte zu zählen, wenn ich morgens aufbreche. So finde ich am schnellsten meinen Rhythmus. Meistens zähle ich bis dreitausend. Danach habe ich in der Regel meinen Gleichtakt gefunden; und die richtige Balance prägt den Stil des Gehens. Zudem schärfen sich die Sinne. Gefühle und Wahrnehmungen beginnen zu dominieren, und ich kann mich achtsam und intuitiv auf alles einlassen, was mir begegnet. Nur wenn wir Menschen unterwegs sind, denke ich manchmal, können wir uns auch begegnen. So wird das Gehen zu einer Art

Daseinssteigerung. Mehr noch: Vielleicht ist das Zu-Fuß-Reisen, im Auf und Ab vielfältiger Landschaften, auch vergleichbar mit einer Wanderung durch die Höhen und Tiefen unseres Lebens.

Es bedeutete mir übrigens sehr viel, dass sich mein Sohn Aaron dazu entschlossen hatte, mich mehr als zwei Monate lang zu begleiten. So haben wir Gelegenheit, unsere erprobte Vater-Sohn-Beziehung durch neue Erlebnisse aufzufrischen und zu verdichten. Denn vor allem das gemeinsame Erleben prägt doch die Tiefe menschlicher Beziehungen. Zusammenhalt, Verständnis, Respekt und auch Liebe fällt nicht einfach vom Himmel, alles muss man sich – wieder und wieder – gemeinsam erarbeiten.

Schon seit eh und je ist es für mich etwas Besonderes gewesen, wenn ich mit meinen Söhnen Dirk (heute einunddreißig) und Aaron unterwegs sein konnte. Trotz des großen Altersunterschieds von dreizehn Jahren verstehen sich die beiden bestens. Es ist eine Freundschaft, die vor allem durch großes Vertrauen und Toleranz geprägt ist. Leider hat es aus zeitlichen Gründen nie geklappt, dass wir zu dritt auf eine große Tour gehen konnten. Schule, Studium und Berufsausbildung meiner Söhne durchkreuzten immer wieder die Pläne für eine gemeinsame Unternehmung. So kam es, dass ich mit Dirk, meinem älteren Sohn, bereits in Marokko, Algerien, Island und Alaska unterwegs war, als Aaron noch mit seinem Laufgitter durch die Wohnung spazierte.

Mittlerweile hat aber auch Aaron eine Menge Reisepraxis sammeln können. Zusammen mit meiner Frau Rita und mir war er in den vergangenen Jahren in Griechenland, Spanien, Marokko und Ägypten unterwegs. Nicht zu vergessen die vierwöchige Wanderung durch den Harz, als Aaron und ich im Spätsommer 2007 den Spuren Heinrich Heines folgten und vier Wochen lang durch das Land der Wälder und Moore, der Burgen und Hexen liefen, von Göttingen zur Burg Falkenstein. Ich bin mir sicher, dass Aaron alle Probleme auf unserem Weg nach Florenz meistern wird, so reiseerfahren, wie er mittlerweile ist.

Von der Polizei gesucht

Der Sohn

»So ein Fußmarsch wäre nichts für mich!«

»Ich wäre viel zu lauffaul!«

»Und dann noch diese verdammte Gepäckschlepperei, nee, danke!«

So oder ähnlich reagierten einige meiner Schulkollegen, als ich ihnen erzählte, dass ich gleich nach dem Abi über die Alpen und durch Italien wandern wollte – mit meinem Vater.

»Was? Zwei Monate mit dem Alten auf Reisen? Ich glaube, es hackt! Nee, keine zehn Pferde könnten mich dazu kriegen! Das ist doch total uncool. Das würde nur Stress geben! Mann, Aaron, hast du dir das auch gut überlegt?«, klang es mir immer wieder in den Ohren.

Eigentlich hatte ich mir gar nichts überlegt, hatte mir kaum Gedanken gemacht, als Papa mich fragte, ob ich Lust hätte, mit ihm auf den Spuren Heinrich Heines über die Alpen und durch Italien zu wandern.

»Warum nicht!«, war meine spontane Antwort. Schließlich hatte ich nach dem Abitur noch nichts geplant, wusste noch nicht, wohin mein Weg führen sollte. Also kam das Reiseangebot mit der Aussicht auf abenteuerliche Abwechslung gerade recht! Ich konnte mir gut vorstellen, zwei Monate mit dem Rucksack unterwegs zu sein. Es war eine Chance, mal aus dem gewohnten Alltag auszubrechen.

Meine Freunde – Kjell, Kevin, Dennis und Michael – sahen das genauso, auch wenn sie selbst ganz andere Pläne hatten. Kjell, der einen Kopf größer ist als ich, will ein soziales Jahr im südafrikanischen Malawi machen. Kevin, der einen Kopf größer ist als Kjell, verlässt Hamburg und zieht nach Osnabrück, um Wirtschaftswissenschaften zu studieren. Dennis, ein eher stiller Typ mit Brille und schulterlangem Haar, arbeitet in einer Behindertenwerkstatt als Zivildienstleistender. Und Michael, der sein Abitur mit einem Notenschnitt von 1,0 bestanden hat, stürzt sich nun in das Studium der Physik. All diese Freunde wissen, dass es zwischen Papa und mir immer mal wieder zu Unstimmigkeiten kommt. Wieso auch nicht? Schließlich kann man nicht immer gleicher Meinung sein!

Am häufigsten kommt es zu Spannungen, wenn Papa der Meinung ist, ich würde mich mehr und mehr zurückziehen, mich in meinem Zimmer verschanzen und kaum noch etwas von meiner »Erlebniswelt« mitteilen. Auch am Familienleben würde ich kaum noch teilnehmen, sondern nur an mich denken, statt mal wieder im Haus oder im Garten mit anzupacken. Also den Müllbeutel nach draußen tragen, die Geschirrspülmaschine ausräumen oder den Rasen mähen. Ehrlich gesagt war mir das alles gar nicht so aufgefallen. Alles lief doch ganz gut. Warum regten sich meine Eltern nur so künstlich auf? Doch als ich in Ruhe darüber nachdachte, wurde mir klar, dass manche Vorwürfe gar nicht so abwegig waren. Nur zugeben wollte ich es nicht.

Auch Papas Arbeit als Fotograf und Buchautor bietet immer wieder Anlass zu Spannungen. Vor allem wenn Papa in Verlagen, Redaktionen oder Radio- und Fernsehstudios zu tun hat und ich ihn begleite, muss ich mir oft Sprüche anhören wie: »Na, Aaron, bist du auch mächtig stolz auf deinen Papa? Ist doch super, was dein Vater so alles auf die Beine stellt!« Meine Antwort ist dann fast immer die gleiche: »Ja, ja, ganz toll, der Papa!« Das ist nicht etwa ironisch gemeint. Natürlich bin ich stolz auf meinen Vater, aber das muss ich doch nicht jedem wildfremden Menschen auf die Nase binden, oder? Und ich muss es auch nicht immer wieder von Menschen hören, die zum Beispiel zu einer von Papas vielen Dia-Shows kommen.

Ich freue mich, wenn er in vielen Städten von seinen Reiseerlebnissen erzählt und dabei eine Menge Fotos zeigt, und ich freue mich auch, wenn die Leute im Saal begeistert sind. Nur: hin und wieder habe ich das Gefühl, dass manche Menschen nach den Dia-Shows nur mit mir sprechen, weil sie vor allem über meinen Vater mehr erfahren wollen. Natürlich gebe ich auf alle Fragen so gut wie möglich Auskunft, und gern betreue ich auf den Veranstaltungen auch den Büchertisch. Nur: im Laufe der Zeit bin ich älter geworden, bin eine eigenständige Persönlichkeit, die mehr will als nur danebenstehen. Konflikte sind da vorprogrammiert – wir tragen sie meist an der Tischtennisplatte oder auf dem Fußballfeld aus. Wenn ich gewinne, tut das der Seele verdammt gut!

Und dann ist da noch etwas, das mich gelegentlich nervt – nämlich Papas Fragen: Bist du warm genug angezogen? Wo gehst du hin? Mit wem triffst du dich? Wann bist du wieder zu Hause? Selbst mit zwölf Jahren durfte ich noch nicht allein zum Schwimmen! Das muss man sich mal vorstellen.

Doch all diese Fragen und dieses Sich-Sorgen-Machen hatte einen Grund: Als Vierjähriger hatte ich mit einem gleichaltrigen Freund den Kindergarten auf eigene Faust verlassen, und wir waren stundenlang von der Polizei gesucht worden. Das war offenbar der entscheidende Anstoß dazu gewesen, dass sich Papa seit vielen Jahren so viele Sorgen um mich machte und mir mit seinen Kontrollfragen oft auf den Wecker ging.

Zu zweit waren wir damals ausgebüxt, waren durch eine Lücke zwischen Zaun und Pforte geschlüpft und einfach losgelaufen, quer durch eine Schrebergartenkolonie, die mit tiefen Wassergräben durchzogen war. Stundenlang waren wir wohl unterwegs gewesen. Doch dann hatten wir uns verirrt und aus den Augen verloren, bis ich offenbar irgendwann an einer vierspurigen Schnellstraße stand und nicht weiterwusste. Schließlich nahm mich eine Frau, die mich weinend an einer großen Kreuzung stehen sah, an die Hand und rief die Polizei an, die mich schon seit Stunden suchte. Mama und Papa hatten mich natürlich auch gesucht und die schlimmsten Befürchtungen gehabt. Doch zum Glück war alles gutgegangen! Damals, so erfuhr ich später, hatte Papa große Angst, mich nicht heil wiederzusehen. Und diese Angst hat sich seitdem tief in ihm festgesetzt.

Ganz anders ist Papa, wenn wir auf Reisen sind. Dann gibt es mit ihm kaum Probleme, egal wo man unterwegs ist, ob im marokkanischen Atlas-Gebirge, in der ägyptischen Wüste Sinai oder im Harz, auf den Spuren Heinrich Heines, der mir somit nicht nur aus dem Schulunterricht bekannt ist. Auf unserer vierwöchigen Wanderung von Göttingen zur Burg Falkenstein las ich auch Heines bekannte »Harzreise« und erfuhr von Papa eine Menge über das Leben des Dichters. Mittlerweile kenne ich seine wichtigsten Lebensdaten. Ich weiß von seinem politischen Engagement und weiß, dass er seinerzeit ebenso viele Bewunderer wie Kritiker hatte. Doch alle seine Bücher kenne ich noch lange nicht. Einige habe ich nur quergelesen. Denn viele Texte sind mir zu verworren, die Wortwahl ist mir zu fremd, sodass ich beim Lesen immer wieder ins Stolpern komme. Oft war ich sogar über Heines Ausdrucksweise irritiert – und bin es eigentlich bis heute noch. Aber wenn Papa manchmal mitten am Tag mit einem Buch in der Hand durch das Haus läuft und Mama oder mir eine nachdenkliche oder poetische Textstelle aus Heines Werk vorliest (ob wir es wollen oder nicht!), dann kann ich mich ein bisschen in die damalige Zeit hineinfinden. Doch manches ist nur schwer nachvollziehbar.

Schließlich war damals – vor etwa hundertachtzig Jahren – alles anders. Selbst das Reisen. Und auch die Einschätzung von Entfernungen. Ich muss nur an die 1500 Kilometer lange Wegstrecke denken, die Papa und ich von München nach Florenz zurücklegen wollen. Heine hat diese Entfernung völlig anders erlebt, nämlich aus der Perspektive eines Reisenden, der mit einer Pferdekutsche fuhr. Ich dagegen werde zu Fuß unterwegs sein – und habe kaum eine Ahnung, wie man als Wanderer Entfernungen einschätzt. Mir fehlt nicht nur die Erfahrung, sondern auch die Praxis des monatelangen Unterwegsseins. Stattdessen bin ich gewohnt, Entfernungen aus der Sicht eines Radfahrers oder eines Autofahrers zu beurteilen. Mein Entfernungsdenken hat sich somit an eine völlig andere Geschwindigkeit des Unterwegsseins gewöhnt. In den kommenden Wochen werde ich umdenken müssen, werde lernen müssen, alle Entfernungen aus der Sicht eines Fußgängers zu beurteilen. Doch werden meine Beine solch eine Anstrengung überhaupt durchhalten? Wird mein Rücken stabil genug sein, um eine zwei Monate lange Rucksackschlepperei zu ertragen? Mensch, Aaron, denke ich manchmal in schlafloser Nacht, du traust dich was!

Im Schlafsack an der Isar

Der Sohn

Wir haben nur wenig Gepäck. Alles Notwendige tragen wir auf dem Rücken: Zelt, Isomatte, Schlafsack, Unterwäsche, Pullover, Faserpelzjacke, Kompass, Kartenmaterial, Fotoausrüstung und natürlich einige Lebensmittel sowie eine Flasche Mineralwasser. Unsere Rucksäcke wiegen jeweils 15 Kilogramm. Wer mehr auf den Schultern schleppt, dem vergeht auf einer so langen Wandertour rasch die Lust. »Gewichtsreduktion« heißt das Motto meines Vaters beim Reisen, wenn er – seit ich denken kann – Jahr für Jahr in irgendeinen abgelegenen Winkel der Welt aufbricht und für einige Wochen oder Monate verschwindet. Nur mit wenig Gepäck kann er beweglich und leichtfüßig unterwegs sein, meint er. Denn er liebt es, sich »auf das Wesentliche zu beschränken«, und braucht nicht viel zum Glücklichsein – sagt er jedenfalls.

Von diesem »Glücklichsein« kann ich an unserem ersten Wandertag noch nicht viel spüren, denn mein roter Rucksack drückt und zerrt an beiden Schultern. Ich spüre, dass selbst 15 Kilo ein ziemliches Gewicht sind, wenn man eine solche Last den ganzen Tag auf den Schultern trägt. Ich muss mich erst daran gewöhnen. Zudem kann ich noch immer nicht glauben, dass ich wirklich unterwegs bin – über Wiesen und Asphalt und demnächst über Berge und Täler. Was verspreche ich mir eigentlich davon?

Am Abend, nachdem wir das Zelt am Ufer der Isar aufgebaut haben, bin ich ziemlich geschafft. Beim Tagebuchschreiben kann ich den Kugelschreiber kaum noch halten, geschweige denn einen klaren Gedanken fassen. Ich will nur noch liegen, ein bisschen Musik aus dem MP3-Player hören und dann schlafen. »Morgen früh«, sagt Papa, »sollten wir rechtzeitig aufstehen, um gut Strecke zu machen.« Na toll! Ich habe das Gefühl, dass ich auf dieser Tour meinen Körper intensiver kennenlernen werde, als ich eigentlich will.

An dieser Stelle sind vielleicht noch ein paar Worte zum Tagebuchschreiben angebracht. Als Papa mich vor einigen Wochen fragte, ob ich nicht Lust hätte, auf unserer Reise ein Tagebuch zu führen, um alle Erlebnisse und Erfahrungen aus meiner Sicht zu notieren, war ich nicht so begeistert. Zuvor hatte ich nämlich noch nie ein Tagebuch geführt. In meinem ganzen Leben noch nicht. Irgendwie ist das nicht so mein Ding. Ich muss nicht alles schriftlich festhalten, was ich so erlebe oder was mir gerade durch den Kopf geht. Und große Geheimnisse, die man nur seinem Tagebuch anvertraut, habe ich auch nicht. Aber jetzt möchte ich es einfach mal versuchen. Vielleicht ist es ja auch ganz spannend, all das Erlebte Tag für Tag in Notizen festzuhalten. Wenn ich es so recht überlege, habe ich richtig Lust, all das aufzuschreiben, was wir in den nächsten Wochen erleben werden und was mir wichtig erscheint – und was Papa womöglich gar nicht so mitkriegt, weil sein Blick ein anderer ist als meiner. Ich bin gespannt, ob ich das Tagebuchschreiben über zweieinhalb Monate auch durchhalten werde.

Am nächsten Morgen bekomme ich kaum die Augen auf. Mein Rücken tut weh, und ich friere. Am liebsten würde ich noch ein Stündchen im Schlafsack liegen bleiben, doch Papa sagt mit total übermotivierter Stimme: »Wäre toll, wenn du jetzt aufstehst, Aaron. Es ist schon sechs Uhr. Wir haben wieder blauen Himmel. Lass uns rasch packen, damit wir loskommen. Frühstücken können wir im nächsten Gasthof. Einverstanden!?«

»Lieber wäre mir, wenn du mir jetzt ein Marmeladenbrot machst.«

»Und wo soll ich Brot und Marmelade hernehmen?«, fragt Papa und rüttelt leicht am Zeltgestänge.

»Keine Ahnung. Lass dir was einfallen!«Völlig verpennt blicke ich auf die Wände unseres Biwaks. Als ich mit der Hand gegen die rote Plane streife, zucke ich zusammen: »Das Zelt ist ja klitschenass!«

»Das ist nur Morgentau. Die Sonne muss gleich aufgehen!«

Schön und gut, denke ich, doch durch den Zelteingang sehe ich eine Wiese mit kniehohen Gräsern, die nur so vor Nässe tropfen. Und da soll ich jetzt raus! Meine Güte! Heute wird es bestimmt lange dauern, bis mein Körper seine Betriebstemperatur erreicht hat.

»Zehn Minuten noch, okay?«, rufe ich, schlüpfe zurück in den warmen Schlafsack und hänge meinen Gedanken nach. Plötzlich läuft immer der gleiche Filmstreifen ab, immer wieder sehe ich die Bilder vom Tag unseres Aufbruchs in Hamburg vor mir. Wie ich am frühen Morgen barfuß aus meinem Zimmer tapste und mir in der Küche einen Tee kochte, mir ein Käsebrot machte und einen Apfel schnitt. Aus Papas Arbeitszimmer hörte ich leise Stimmen. Es war der Fernseher, den er schon zur frühen Morgenstunde angestellt hatte. Wahrscheinlich hatte auch er kaum geschlafen. Spontan wollte ich in sein Arbeitszimmer gehen, ließ es dann aber bleiben, denn ich weiß, dass Papa, ebenso wie Mama und ich, den Tag gern ungestört beginnt. Jeder von uns genießt es am Morgen, eine halbe Stunde Auszeit für sich zu haben, bevor der Tag mit all seiner Hektik beginnt und man für alles und jeden ansprechbar zu sein hat. Diese morgendliche Auszeit gilt in unserer Familie als stilles Abkommen, das jeder respektiert. Also schlich ich auf Zehenspitzen mit meiner Tasse Tee und dem Frühstücksteller zurück in mein Zimmer, schloss die Tür und setzte mich auf die Bettkante. Der Rucksack war schon gepackt und stand neben meinem Bett. Ich hatte also noch etwas Zeit für mich, ehe wir zum Bahnhof fahren würden, um den Zug nach München zu nehmen.

An diesem Morgen wollte ich für mich sein, wollte allein frühstücken, ohne Mama und Papa. Zu viel ging mir durch den Kopf: Ich dachte an mein Abiturzeugnis, das ich vor drei Tagen im großen Hörsaal der Hamburger Universität erhalten hatte, dachte daran, was ich mit dem Zeugnis nun machen sollte. In einer blauen Mappe lag es auf meinem Schreibtisch. Zwei Zettel mit ein paar Noten. Das war alles. Dafür hatte ich mich jahrelang angestrengt. Ich hatte Vokabeln und Formeln gelernt, hatte diskutiert und philosophiert, gebüffelt, für Referate recherchiert und sie ausgearbeitet, alle möglichen Texte vorgetragen und zahllose Ordner angelegt. All das – bloß für zwei weiße Bögen mit ein paar Noten darauf. Hatte sich der ganze Stress überhaupt gelohnt?

Ich stand vom Bett auf und ging hinüber zum Schreibtisch, schlug die blaue Mappe auf und schaute mir noch mal das Abiturzeugnis an: zweimal eine Eins – in Sport und Darstellendes Spiel, zweimal eine Zwei (in Philosophie und Deutsch); in Englisch allerdings nur eine Vier – vielleicht, so dachte ich, hätte ich mehr tun sollen. Zeit hatte ich gehabt, aber nicht immer Lust. Und dann weiter: In Bio eine Drei, in Mathe eine Drei. Nach der Grundschule hatte ich von meiner damaligen Klassenlehrerin keine Gymnasialempfehlung erhalten. Gemeinschaftskunde, Geographie und Bildende Kunst: ebenfalls Drei. Sonstiges: Über Jahre hinweg hatte ich die Licht-AG an meiner Schule geleitet, hatte für alle Theater- und Musikaufführungen das Licht und den Ton eingerichtet. Acht Jahre lang war ich frühmorgens um sieben aufgestanden und bei Wind und Wetter ins Gymnasium geradelt. Acht Jahre lang hatte ich auf dem Gymnasium ein Ziel vor Augen gehabt – und nun? Zweifel und Unsicherheit vermischten sich mit der Frage: Wie wird man erwachsen?

»Zeit zum Aufbruch! Los jetzt, Aaron, aufstehen! Die zehn Minuten sind vorbei!« Papa reißt mich aus meiner Gedankenwelt. Schlaftrunken krieche ich aus dem Zelt, recke meine Glieder und fühle mich noch ein bisschen benommen. Der Himmel ist klar, rundum ist es grün. Bäume, Buschwerk, Wiesen. Dünner Morgennebel zieht über die Isar, die unermüdlich dahinfließt. Träge und unwillig ziehe ich mich an, und plötzlich ist es, als würde in meinem Kopf ein Blitz einschlagen, und mir wird klar: Aaron Moser, dein Abi-Zeugnis spiegelt dein ganzes Leben wider. Deine Noten sind nicht schlecht, aber auch nicht herausragend. Aaron Moser, du bist eine Drei – befriedigend. Dieses Wissen wird mich begleiten, über die Alpen und nach Italien – und wer weiß wohin?

SMS-Nachricht von Aaron an
seine Mutter:

Liebe Mama, hab schon was
gelernt! Papa bestimmt, wann wir
morgens aufstehen. Ich hoffe, das
bessert sich. Zudem treibt er mich
ganz schön an! Bin gespannt,
wann ich den ersten Wutanfall
kriege. Das hier ist alles überhaupt
nicht mein Ding. Liebe Grüße, Dein
Aaron!

Im tiefen Wald das Glück
des Zu-Fuß-Reisens

Der Vater

Unser Weg führt durch blühende Wiesen und hohe, schattige Alleen. Manchmal wird der Wald richtig dschungelartig, während wir dem Flusslauf der Isar weiterhin folgen. Es ist für mich die reine Freude, wenn ich zu Fuß reise und einen Schritt vor den anderen setzen kann. Ich liebe es, den Körper einfach »laufenzulassen«, liebe es, wenn ich mit immergleichen Schritten Strecke mache und mein Körper zu einer Art Automat wird, mit dem ich mir meine geistige Kraft nutzbar mache. Alles am Körper ist dann Funktion, nichts hemmt mich, und jedes Detail fördert die Unabhängigkeit des Unterwegsseins, eine Leidenschaft, die vor allem vom Gleichmaß meiner Schritte bestimmt wird. Vermutlich bin ich ein Getriebener vom Drang, zu gehen, denn ich mag es einfach, weite Strecken zu Fuß zurückzulegen. Dieses gleichförmige Gehen lernte ich schon als junger Mensch bei den Tuareg in der Sahara und bei den Beduinen der Sinai-Wüste, wo ich viele Monate lebte. Dort, in wüster Weite, lernte ich mit dem gleichförmigen Gang eines Kamels Schritt zu halten, was uns Menschen in westlicher Zivilisationswelt nur selten gelingt. Nur schwerlich können wir über mehrere Stunden oder mehrere Tag ein gleichartiges Gehtempo beibehalten. Wie sollten wir auch? Schließlich haben wir es ja nie gelernt. Doch die Nomaden haben dem Kamel die monotone Gangart abgeschaut und jenen andersartigen Laufrhythmus verinnerlicht, der es ihnen ermöglicht, große Strecken zu Fuß zurückzulegen, das Kamel im Schlepptau.

Überdies hat mir das Gehen in großen Weiten viele Einblicke in den eigenen Kosmos ermöglicht, die mir neue Türen öffneten, die vermutlich sonst verschlossen geblieben wären. So wurde das Gehen und Unterwegssein für mich zu einer Existenzbedingung; und im Eingebundensein mit der Natur lernte ich, dass das Zu-Fuß-Reisen der kleinste Schritt ist, um sein Leben zu verändern. Denn in freier Natur, wo ich den weiten Raum ganz hautnah erfahren und erkunden kann und wo ich außer Wandern nichts muss, bin ich offen für alles, sodass mir auch alles passieren kann. Somit stimme ich Lord Byron vollauf zu, der einmal schrieb: *Das Wesen des Reisens liegt nicht darin, wohin man reist, sondern in dem, was man auf dem Weg dahin sieht und lernt.*

Entlang der Isar folgen wir Heinrich Heines Reiseroute von 1828.

Darüber hinaus war es auch die Ursprünglichkeit nie zuvor gesehener Landschaften, die mich nicht nur begeisterten, sondern die ich auch als aufregend, inspirierend und wohltuend empfand und die mir die nötige Kraft vermittelten, um Dinge in meinem Leben zu verstehen und zu ordnen, die mich seit langer Zeit bedrängten und mir gelegentlich sogar die Luft zum Atmen nahmen: das schulische und gesellschaftliche Zuschütten von Wünschen und Sehnsüchten, das zerstörerische Ironisieren von Interessen und Begabungen sowie die fortwährende familiäre Fremdbestimmung, vor allem durch den Stiefvater, dem ich entkommen wollte, da seine Beziehung zu mir durch Fremdheit und Gleichgültigkeit geprägt war, die oft schmerzlich waren und jede Liebe auslöschten.

In den sechziger und siebziger Jahren, in denen ich als junger Mensch den vorgestanzten Formen und dem starren Gesellschaftskorsett kleinbürgerlicher Weltanschauung zu entsprechen hatte, wurden Bücher zu etwas ganz Besonderem für mich. Damals habe ich alles gelesen, was ich in die Hände bekam. Vor allem im zwanzig Quadratmeter großen Arbeitszimmer meines Opas, das in der Familie als »Dunkelkammer« bezeichnet wurde, weil es ein Raum ohne Fenster war. Dort roch es nach Zigarrenrauch, an den Wänden hingen alte Ölgemälde, auf denen Stillleben mit Obstschalen und Straßenszenen aus der Zeit der Musketiere zu sehen waren. Neben wuchtigen Möbeln aus den zwanziger Jahren füllte ein großer Bücherschrank mit schmucken Holzschnitzereien den Raum aus. Hinter vier Glastüren standen wunderschöne Bücher, die meine Neugier weckten. Sie hatten kunstvolle Einbände und goldbraune Buchrücken mit altdeutscher Schrift. Dort standen »Robinson Crusoe«, »Die Schatzinsel«, »Der Graf von Monte Christo«, »Lederstrumpf«, »Der Seewolf« – sowie alle Bände von Goethe, Schiller, Lessing und Heinrich Heine. Interessiert und erwartungsvoll las ich mal hier, mal dort, blätterte in Romantexten und Aphorismen, überflog Gedichte und Lieder. Auch wenn ich damals so manches Werk noch nicht verstand, so erkannte ich doch mit der Zeit, dass Bücher Bestandteile unserer Identität sind, und für mich wurden sie gelegentlich zu großen Weiten, die ich Tag um Tag durchschritt, um ihre verborgenen Geheimnisse und versteckten Botschaften zu erkunden.

Besonders neugierig machte mich schon damals Heinrich Heines Art zu schreiben. Sarkastisch und ungezwungen, voller Auflehnung gegen *alte Zwänge, Zensur und intriguirende Pfaffen.* Später wurden Heines geistreiche, spöttische und selbstironische Dichtung sowie seine Lust, sich an Widerständen aller Art zu reiben, für mich zu einer Metapher für die Entdeckung eigener Freiräume, um selbst zu entscheiden, welche Art von Leben ich führen wollte. Und als ich schließlich als Heranwachsender Heines »Reisebilder« las, also jenes Buch, in dem Heine über seine Reisen durch den Harz, nach England, Polen und Italien berichtete, wünschte ich mir – fasziniert und berührt zugleich –, eines Tages selbst auf den Spuren Heinrich Heines zu reisen, um ein Stück Welt kennenzulernen, das mir bis dahin völlig fremd war.

Mehr als dreißig Jahre gingen allerdings ins Land, ehe sich mein Wunsch erfüllte. Dreißig Jahre, in denen es mich, von ruheloser Reiselust gepackt, rund um die Welt trieb. Vor allem war ich immer wieder zu Fuß unterwegs. Wie ein Nomade wanderte ich auf fünf Kontinenten und empfand zuweilen wie die Krieger der Turkana, ein afrikanisches

Naturvolk im Norden Kenias, bei dem ich vor Jahren mehrere Monate lang lebte. Dort konnte ich miterleben, dass die Männer, wenn sie längere Strecken zu Fuß durch die wüste Weite gewandert waren, kurz vor ihrem Ziel noch einmal haltmachten und einen Moment warteten, damit ihre Seele sie einholte. Denn: »Nur zu Fuß hält die Seele Schritt.«

Und nun ging es also von München über die Alpen und nach Italien. Diese Reiseidee spukte mir schon seit der Harzwanderung im Kopf herum. Sie war nicht plötzlich da, sondern flackerte wie ein Leuchtfeuer am Horizont, verschwand dann wieder im Alltagsdunst, ehe sie sich immer wieder in mein Leben drängte, bis die Sehnsucht zunehmend größer wurde und sich eine innere Stimme meldete, der ich vertrauen konnte und die mir sagte: »Komm, geh einfach los! Wenn nicht jetzt, wann dann?«

Keinen Bock auf Erwachsensein

Der Sohn

Heute ist definitiv nicht mein Tag! Dieser Mittwoch verspricht nichts Gutes. Es ist der zweite Reisetag, und wir zelten wieder am Ufer der Isar, diesmal inmitten eines dichten Waldstücks. Kaum 50 Kilometer sind wir gelaufen, und ich fühle mich hundeelend. Ich habe Halsschmerzen und kann kaum schlucken. Mein Kopf glüht, und alle Glieder sind schlapp. Ich schaffe es nicht mal, aus dem Schlafsack zu kriechen, möchte lieber im Zelt bleiben, niemanden sehen und keinen einzigen Schritt gehen. Doch Papa nervt. Ich soll Fieber messen und Tabletten nehmen; erst dann meint er besorgt: »Das sieht gar nicht gut aus, Aaron!«

Ach nee! Das hab ich mir auch schon gedacht.

»Und nun?«, frage ich mit krächzender Stimme.

»Wir müssen erst mal abwarten. Mit fast vierzig Fieber kannst du unmöglich weiterlaufen!«

»Ganz schön doof.« Mehr fällt mir nicht ein. Ich bin einfach enttäuscht, genervt und wütend.

»Mach dir keine Sorgen. Das wird schon!«

»Das sagst du immer. Aber manchmal glaub ich nicht daran. Überleg doch mal, wir sind erst zwei Tage unterwegs, und ich fühl mich total ausgepowert. Vielleicht hättest du mich gar nicht mitnehmen sollen! War bestimmt ein Riesenfehler. Wenn es mir weiter so mies geht, versaue ich noch die ganze Tour.«

»Nun mach mal halblang. Du fühlst dich gerade mal einen Tag schlecht. Gib dir einfach ein bisschen Zeit, davon haben wir ja genug. Das kommt schon wieder in Ordnung. Versuch jetzt erst einmal ein bisschen zu schlafen. Vielleicht geht es dir dann morgen besser!«

Ich verpenne einen ganzen Tag, wache nur kurz auf, um reichlich zu trinken und Medikamente zu nehmen. Doch tags darauf geht es mir keinen Deut besser. Im Gegenteil: Jetzt plagt mich auch noch Schüttelfrost, mir ist übel, und meine Nase ist komplett verstopft. Nur gut, dass Papa inzwischen einen kleinen Gasthof gefunden hat, wo ich mich auskurieren kann. »Dort kommst du bestimmt viel schneller wieder auf die Beine, als wenn wir weiterhin auf einer klatschnassen Wiese kampieren«, meint er. Damit hat er ohne Frage recht.

Während Papa unser Zelt abbaut und meinen Rucksack packt, liege ich zusammengekrümmt auf einer Holzbank. Nur vage nehme ich die Isar wahr, die immerzu fließt und fließt und fließt. Ich friere und zittere. Es kostet mich Mühe, nicht mit den Zähnen zu klappern. Warum musste es mich ausgerechnet jetzt erwischen! Schließlich wollte ich nach dem Abitur doch so viel! Ich wollte feiern, bis die Nacht zum Tag wird, wollte »chillen«, bis das Sofa Beulen schlägt, wollte alle neuen Filme im Kino sehen, wollte alles lesen, was mich interessiert und was sich an Büchern und Zeitschriften seit Monaten in meinem Zimmer stapelt, wollte für meinen großen Bruder Dirk eine Superhochzeit organisieren und immer für ihn da sein, wollte ein guter Sohn sein, auf den die Eltern stolz sein können – und wollte vor allem mit Power über die Alpen nach Florenz wandern.

Und nun? Nun kauere ich auf einer Holzbank an der

Isar. Ein Häufchen Elend, das so viel möchte, aber einfach nicht kann. Zu schlapp, zu müde, zu krank.

Will ich vielleicht zu viel?

Gut möglich, dass es einer ganzen Menge Leute in meinem Alter so geht. Doch das hilft mir nicht. Denn was in mir rumort, ist nicht so leicht abzuhaken. Es ist die Tatsache, dass ich nach dem bestandenen Abitur weder eine richtige Aufgabe noch ein Ziel habe, das zu erreichen sich lohnt. Nichts ist im Augenblick richtig klar für mich. Alles Mist, denke ich – und plötzlich fliegen meine Gedanken einige Tage zurück, zum Abi-Ball im »Parlament«, einem schicken Restaurant im Hamburger Rathaus. An jenem Abend sagten einige Schulkollegen immer wieder einen Satz, mit dem ich überhaupt nichts anfangen konnte: »Endlich das Abi in der Tasche, und nun geht es richtig los!«

Was zum Teufel sollte das heißen? Was sollte denn nun »richtig losgehen«? Das Leben? Das Erwachsenwerden? Eigentlich habe ich überhaupt keinen Bock auf Erwachsensein! Mir gefällt mein Leben so, wie es ist – so, wie es *war*! Warum muss sich jetzt alles ändern? Wieso kann es nicht noch ein paar Jährchen so weitergehen? War doch fast paradiesisch: mit einem Bein im Schüleralltag, mit dem anderen in der Erwachsenenwelt. So konnte ich in den letzten Jahren immer nach Belieben in die eine oder andere Welt wechseln. Gar nicht mal schlecht!

Viele meiner Freunde wussten genau, was sie nach dem Abitur machen wollten: Studium oder Lehre, Zivildienst oder Bundeswehr, und manch einer hatte sich zu einem sozialen Jahr im Ausland entschlossen. Und ich? Ich habe noch immer keine klare Vorstellung, wie es weitergehen soll. Papa meinte mal, ich würde leben, als wäre ich gerade vom Himmel gefallen. »Eben noch in den Wolken und nun hier auf der Erde!« Vielleicht hat er damit gar nicht so unrecht.

Und dann ist da noch was: Eine Sache, die eigentlich sehr angenehm ist, mir aber auch Probleme bereitet. Meine Eltern sind nämlich der Meinung, ich solle beruflich nur etwas machen, was mir wirklich Spaß macht! Alles gut und schön. Doch woher soll ich wissen, was mir über Jahrzehnte Spaß machen wird? Wofür soll ich mich entscheiden? – Aaron, denke ich manchmal, du hast es wirklich ganz gut getroffen: Du bist achtzehn Jahre alt, bist gesund, hast das Abitur bestanden, hast einen super Bruder, tolle Freunde – und nette Eltern, die dich unterstützen, wo sie nur können. Was will ich also mehr?

Doch was mache ich daraus? Was mache ich mit diesen Möglichkeiten? Oder ist es gerade dieses große Maß an Freiheit und Unterstützung, dass mich zur Zeit so beunruhigt, mich vielleicht sogar hemmt? Kann ich damit vielleicht gar nicht umgehen? Und vor allem: Woher soll ich wissen, was das Richtige für mich ist? Kann ich das überhaupt in meinem Alter? Vieles ist manchmal so unklar. Doch einiges weiß ich: Ich habe mein Abi in der Tasche und will nicht rumsitzen oder mich selbst bemitleiden. Ich will über die Alpen und durch Italien wandern und will versuchen, wieder der alte Aaron zu sein, der »einfach vom Himmel gefallen ist« und immer Spaß am Leben hat.

Eine halbe Stunde später brechen wir auf. Zu meiner Entlastung schleppt Papa den größten Teil unseres Gepäcks. Er torkelt regelrecht, und ich gehe sozusagen neben mir. Der Weg zieht sich hin. Es ist sehr viel weiter, als ich dachte. Und ich fühle mich alles andere als leicht und beschwingt. Was soll man auch erwarten, wenn man mit Fieber und Halsbeschwerden Kilometer um Kilometer Wald und Wiese durchquert? Es scheint eine Ewigkeit zu dauern, bis wir nach Wolfratshausen kommen.

In einem Gasthof falle ich fix und fertig in ein schnee-weißes Bett. Geschafft, denke ich, und sinke in einen tiefen und langen Schlaf.

Drei Tage bleibe ich im Bett, nehme alle möglichen Medikamente gegen Halsentzündung, Fieber und Übelkeit. Ich trinke unzählige Liter Tee und Wasser – und bin nach drei Tagen wieder auf den Beinen. Alles ist wieder gut! Endlich können wir unsere Wanderung fortsetzen. Hinein ins Alpenvorland.

> SMS-Nachricht von Aaron an
> seinen Freund Kjell:
>
> Hallo, Kjell! Bisher hab ich nicht viel
> erlebt. Bin krank und liege seit zwei
> Tagen in einem Hotelbett, das
> ziemlich quietscht. Echt ätzend! Zu
> Hause wär's jetzt schöner. Hoffe,
> dir geht's besser als mir. LG – Aaron

Den Alpen ganz nah

Der Sohn

In breiter Front türmt sich vor uns die Alpenkette auf, der wir immer näher kommen. Bergrücken reiht sich an Bergrücken. Hier und da erkenne ich auf den hohen Gipfeln weiße Flecken. Das müssen Schneefelder sein, die der Sonne und dem Sommer hartnäckig trotzen. Ich kann es kaum erwarten, dorthin zu kommen. Dieses Ziel vor Augen, habe ich mich in den letzten Tagen an einen völlig anderen Lebensrhythmus gewöhnt und ihn angenommen, als hätte es nie etwas anderes gegeben. Ein Lebensrhythmus, der in aller Herrgottsfrühe beginnt. Meist weckt mich Papa um sechs Uhr. Dann folgt eine Katzenwäsche mit der Wasserflasche. Zum Frühstück gibt es nur ein paar Kekse, während wir schon mit dem Abbau des Zeltes beginnen und die Rucksäcke packen. Nach einem Blick auf die Landkarte brechen wir gegen sieben auf. Dann heißt es »Strecke machen«, wobei jeder von uns seinen eigenen Rhythmus hat. Meistens laufen wir zwei oder drei Stunden. Danach machen wir eine Pause.

Wenn wir in ein Dorf kommen, kehren wir ab und an in einem Gasthof ein, nehmen ein zweites Frühstück zu uns oder kaufen im Supermarkt einige Lebensmittel. Gegen Mittag legen wir eine Stunde Rast ein, ehe wir erneut den Rhythmus des Laufens aufnehmen: zwei Stunden gehen, fünfzehn Minuten Pause, zwei Stunden gehen, fünfzehn Minuten Pause. Und das bis zum Sonnenuntergang.

Abends liegen wir dann unter freiem Himmel, schlafen im Tausendsternehotel. Echt super! Alles ist so schön einfach und geregelt.

Während ich zu Hause in Hamburg nur auf Asphalt oder Steinplatten unterwegs bin, laufe ich nun über Waldboden und Wiesen, Schotter und Sand. Manchmal habe ich das Gefühl, als würde ich neu gehen lernen. Dadurch erlebe ich auch meinen Körper ganz neu. Vor allem ist es jetzt nicht die geistige Anspannung, die meinem Körper täglich eine Menge Energie abzieht, sondern es ist die körperliche Anstrengung, die mich müde macht. Es ist das stetige Gehen und das Rucksackschleppen, das meinen Körper sehr viel stärker in Anspruch nimmt, als ich es gewohnt bin. Nicht Nerven und Geist sind jetzt gefordert, wie ich es vom Schulalltag her kenne, sondern meine Muskeln. Wenn meine Beine das eigene Gewicht und das Gewicht des Rucksacks jeden Tag acht Stunden tragen, bin ich am Abend ziemlich »feddich«. Ausgepumpt, mit schmerzenden Muskeln in Rücken und Beinen, bin ich froh, wenn ich mich auf die Isomatte fallen lassen kann. Alle viere von mir gestreckt, liege ich dann im Zelt und denke: Mensch, Aaron, du überschreitest eine Grenze, du musst aufpassen, sonst wirst du ein anderer. Willst du das? Nein, natürlich nicht. Doch das Verrückte ist, dass mir der neue Lebensrhythmus echt Spaß macht. Ich finde mich in dieser neuen Welt gut zurecht. Und selbst das Ausgelaugtsein am Abend fühlt sich verdammt gut an. Auch habe ich, im Gegensatz zu meiner Schulzeit, beim täglichen Wandern keine Kopfschmerzen mehr. Es scheint, als würde mir das Rucksacklaufen doch ganz gut tun. Selbst nachts schlafe ich absolut ruhig, während ich zu Hause oft wach werde und mich alle möglichen Problemchen plagen.

Eigentlich komme ich mit allem ganz gut klar. Nur: der Rucksack zieht und zerrt an den Schultern. Besonders der Tragegurt auf der rechten Seite drückt manchmal so heftig, dass er sich durchs T-Shirt in die Haut gräbt. Am Abend massiere ich die Schultern häufig mit einer Schmerzsalbe. Wahrscheinlich muss sich mein Rücken erst auf die Schlepperei einstellen. Vielleicht ist es in ein oder zwei Wochen ja schon besser. Dann werde ich mich wohl an die fünfzehn Kilo Gepäck gewöhnt haben. Papa meint: »Das wird schon!«

Durch diesen anderen Lebensrhythmus ist mir in den letzten Tagen auch das Zeitgefühl total abhandengekommen. Zeit hat eigentlich gar keine Bedeutung mehr. Ob Montag, Dienstag oder Mittwoch, es ist mir völlig egal. Ich zähle die Tage nicht mehr. Wichtig ist nur: Wie wird heute das Wetter? Welches Dorf ist unser nächstes Ziel? Wie viele Kilometer wollen wir am Tag wandern? Wann gibt es etwas

Südtirol: Rast unter dem Kreuz.

zu essen? Alles andere ist mir beim Zu-Fuß-Reisen unwichtig. Ich brauche nicht mal eine Uhr. Unser Tag beginnt mit der Morgendämmerung und hört mit dem Sonnenuntergang auf. Wenn es hell wird, stehen wir auf und trotten los; wenn es dunkel wird, legen wir uns schlafen. Ich muss nur laufen, und dabei brauchen wir uns noch nicht einmal besonders zu beeilen, weil wir genügend Zeit für unsere Wanderung eingeplant haben. Das gefällt mir!

SMS-Nachricht von Aaron an
seine Mutter:

Hallo, Mama! Haben uns heute mal
so richtig was gegönnt und in einer
Gaststube zu Mittag gegessen.
Kohlroulade mit Knödel und
Rotkohl. Zum Nachtisch Obstsalat
mit Sahne. Mmmhh, alles echt
lecker! Jetzt liegen wir mit vollem
Bauch im Zelt. Wünsche dir für
morgen einen schönen Tag! Liebe
Grüße von deinen Männern!

Mit der Postkutsche über die Alpen

Der Vater

Wer zu Beginn des 19. Jahrhunderts mit einer Postkutsche über die Alpen reiste, ließ sich auf ein großes Abenteuer ein. Da knirschte das Zuggeschirr, knarrten die Wagenräder, schnaubten die Pferde, während die Hufe der Gäule über einen braunen Hohlweg hämmerten und die Kutsche hinter sich herzogen, als besäße sie kein Gewicht. Schnurgerade rollte das Gespann Kilometer um Kilometer dahin, holperte über kantiges Kopfsteinpflaster oder welligen Erdboden, und die Räder hüpften, wirbelten und schleiften, sodass sich die Fahrgäste an Ledergriffen und Fensterrahmen festhalten mussten. Dünne Fahnen graugelben Staubs wogten hinter der schlingernden Karosse her, und der frische Zugwind strich Kutscher und Beifahrer um die sonnengebräunten Gesichter, die über die auf und ab nickenden Pferdeköpfe hinweg wachsam auf die Poststraße schauten, welche sich durch das hügelige Land schlängelte. Ohne Unterlass ging es bergauf und bergab, durch endlose Täler und dichte Wälder, immerzu nach Süden – geradewegs nach Italien!

Einer der Fahrgäste im Kutscheninneren war ein Mann von dreißig Jahren. Ein junger deutscher Dichter: viel verehrt, viel beneidet, aber auch verspottet und verachtet. Sein Name: Heinrich Heine. In jenen spätsommerlichen Tagen des Jahres 1828, als Heinrich Heine in einer Kutsche nach Italien reiste, war ihm bereits der Durchbruch als Schrift-

Fassadenbild in Mittenwald: Per Postkutsche ging es einst durch Stadt und Land.

steller gelungen. Mit seinem »Buch der Lieder« und vor allem den ersten beiden Bänden der »Reisebilder«, in denen er unter anderem auch seine berühmte »Harzreise« veröffentlicht hatte, war ihm der Sprung in die Literaturszene gelungen. Innerhalb kürzester Zeit war er eine literarische Berühmtheit geworden, die allerdings neben Lob und Bewunderung auch eine Menge Widerspruch und Anfeindung erfuhr. Zu bissig und frivol formulierte er zuweilen, zu vehement und drastisch war sein Urteil über das Spießbürgertum. Und so schrieb die »Berliner Schnellpost« im Juli 1826 zur Veröffentlichung seines ersten »Reisebilder«-Bandes: *Sein neuestes Werk wird ebenfalls – und wohl noch mehr als die früheren – hier entschiedene Bewunderer und dort entschiedene Widersacher finden, der Verfasser hat zu viel poetisches Talent, als daß er nicht die ersteren, und zu viel Witz, als daß er nicht die letzteren zu allen Zeiten sich erwecken sollte. Er teilt das Los aller Schriftsteller, denen der Himmel die fatale Kapazität verliehen hat, über das Tun und Treiben der Menschen ihren Humor frei walten zu lassen (…).*

Die Ungnädigkeit mancher Rezensenten, die Heines Verse und Bücher empört ablehnten, war für den jungen Dichter nicht nur Diffamierung und Kränkung, sondern auch Grundakkord seiner Italienreise, als er schrieb: *Über die Gräber meiner Wünsche zog die Hoffnung wieder ihr heiteres Grün.* Damals tauchte Heine mit spitzer Feder ins Reich der Fabel ein, um der Kritik und Anfeindung seiner Verächter zu begegnen, die die Leichtigkeit seiner Verse als Leichtsinn bespöttelten: *Einem Adler, der auf seinem einsamen Lieblingsfelsen sitzt und solcher Verhöhnung zuhört, muß recht mitleidig zumute werden. (…) Seine Mittiere, besonders die Menschen, glauben, der Adler könne nicht singen, und sie wissen nicht, daß er dann nur singt, wenn er aus ihrem Bereich ist, und daß er aus Stolz nur von der Sonne gehört sein will. (…) Ich habe selbst erfahren, wie solche Kritiken lauten: Das Huhn stellt sich dann auf ein Bein und gluckt, der Sänger habe kein Gemüt; der Truthahn kullert, es fehle ihm der wahre Ernst; die Taube girrt, er kenne nicht die wahre Liebe; die Gans schnattert, er sei nicht wissenschaftlich; der Kapaun kikert, er sei nicht moralisch; der Dompfaff zwitschert, er habe leider keine Religion; der Sperling piepst, er sei nicht produktiv genug; Wiedehöpfchen, Elsterchen, Schuhuchen, alles krächzt und ächzt und schnarrt – Nur die Nachtigall stimmt nicht ein in diese Kritiken (…) und stürzt sich begeistert in die geliebten Dornen und blutet und singt.*

Im Spätherbst des Jahres 1827 war Heine einem Angebot des liberalen Großverlegers Cotta gefolgt, der ihm in München eine feste Redakteursstelle bei der Zeitung »Neue allgemeine politische Annalen« angeboten hatte. Cotta, der

Verleger von Goethe und Schiller, war damals dreiund-
sechzig Jahre alt und noch voller Vitalität. Heine zog in jenen Tagen ins Palais Rechberg an der Hundskugel, wo sein
Gartenzimmer bald voller Bilder Münchner Maler hing.
Denn: *Am liebsten bin ich unter jungen Malern, die besser
aussehen als ihre Bilder,* schrieb er am 1. April 1828 in einem
Brief an den ehemaligen Offizier und Diplomaten Karl August Varnhagen von Ense, der einer seiner treuesten und
engsten Vertrauten war.

Nach einer anfänglichen Phase der Kränklichkeit nahm
Heine die bayerische Hauptstadt genauer in Augenschein:
*München ist (...) eine Stadt, gebaut von dem Volke selbst,
und zwar von aufeinanderfolgenden Generationen, deren
Geist noch immer in ihren Bauwerken sichtbar, so daß man
dort, wie in der Hexenszene des »Macbeth«, eine chronolo-
gische Geisterreihe erblickt, von dem dunkelrohen Geiste
des Mittelalters, der geharnischt aus gotischen Kirchenpfor-
ten hervortritt, bis auf den gebildet lichten Geist unserer
Zeit, der uns einen Spiegel entgegenhält, worin jeder selbst
sich mit Vergnügen anschaut. In dieser Reihenfolge liegt
eben das Versöhnende; das Barbarische empört uns nicht
mehr, wenn wir es als Anfänge und notwendige Übergänge
betrachten. Wir sind ernst, aber nicht unmutig beim Anblick jenes barbarischen Doms, der sich noch immer, in stie-
felknechtlicher Gestalt, über die ganze Stadt erhebt und die
Schatten und Gespenster des Mittelalters in seinem Schoße
verbirgt.*

Heine lebte in München, wie er selbst schrieb, *als grand
Seigneur, und die 5½ Menschen hier, die lesen können, lassen mir auch merken, daß sie mich hochschätzen. Wunderschöne Weiberverhältnisse – indessen, diese befördern weder meine Gesundheit noch meine Arbeitslust.* Und so teilte

er einem anderen Freund mit: *Ich lebe viel und schreibe wenig. (…) Man glaubt in München, ich würde jetzt nicht mehr so gegen den Adel losziehn, da ich im Foyer der Noblesse lebe und die liebenswürdigsten Aristokratinnen liebe – und von ihnen geliebt werde. Aber man irrt sich. Meine Liebe für Menschengleichheit, mein Haß gegen Klerus war nie stärker wie jetzt, ich werde fast dadurch einseitig.* Mit solchen Ansichten war Heine politisch angreifbar, und in München war ihm in manchen Kreisen darüber hinaus von Anfang an unverhohlener Antisemitismus entgegengeschlagen. Zudem behagte ihm die Redaktionsarbeit mit ihren festen Verpflichtungen nicht besonders.

Im Juli 1828 mussten die »Annalen« ihr Erscheinen einstellen, weil es an Lesern und Abonnenten fehlte. Heine plante zu diesem Zeitpunkt zwar, auf lange Sicht in München zu bleiben – er bemühte sich um eine Professur für Literaturgeschichte an der Universität –, aber das Ende der Zeitschrift, für die er gearbeitet hatte, gab ihm nun die willkommene Gelegenheit, den schon lange gehegten Wunsch einer Italienreise zu verwirklichen. Am 4. August 1828 verließ Heinrich Heine in einer Postkutsche die Stadt München und fuhr gen Süden. *Es war damals auch Winter in meiner Seele,* Gedanken und Gefühle waren wie eingeschneit, *es war mir verdorrt und tot zumute, dazu kam die leidige Politik (…) und ein alter Nachärger und der Schnupfen,* schrieb er, während vor ihm eine Reiseroute lag, die einem geographisch abgesteckten Traum glich. Von München ging es über Innsbruck, Brixen, Trient, Verona, Brescia, Mailand und Marengo nach Genua. Und weiter führte ihn sein Weg nach Lucca und Florenz. Vier Monate sollte die Reise dauern.

Natürlich erfüllte Heine damals all die Klischees eines

Italienreisenden, denn kein Land hatte in jenen Tagen die Sehnsucht der Deutschen so sehr geweckt wie Italien. Das Reisen ins Land der Zitronen- und Orangendüfte war populär und modern geworden. Eine neue Mobilität breitete sich um die Wende vom 18. zum 19. Jahrhundert aus, und der Begriff »Bewegung« wurde zum Indikator einer allgemeinen Aufbruchsstimmung, während die politische Gegenwart vom philiströsen Gegenteil geprägt war, vom Stillstand der konservativen Restauration, des Metternich'schen Zensur- und Unterdrückungssystems.

Vor allem die gehobene Bürgerschicht und der Adel, die über die nötigen finanziellen Mittel verfügten, gingen damals auf große Tour, getrieben von Fernweh, Neugier und Begegnungslust, frei nach dem Motto: »Reisen bildet.« Vermutlich war auch Heinrich Heine vom Virus der »Südsehnsucht« gepackt, wenngleich er selbst seine angegriffene Gesundheit als Grund für seine Reise angab. Zu einer sommerlichen Badereise mit Kuraufenthalt in Lucca hatte ihm auch sein Hamburger Freund und Verleger Julius Campe geraten, der am 14. Januar 1828 in einem Brief an den Schriftsteller Karl Immermann schrieb: *Heine (...) war kränklich und fürchtete sein Ende! Für den Fall sollte ich seine Papiere haben. Wenn das Clima* (in München) *ihm lästig werden will, geht er nach Italien. Ich habe 2 Jahre in diesem Lande zu Fuß herumgelaufen; oft mit Heine darüber gesprochen u(nd) den Wunsch dahin bei ihm belebt. Unendlich würde es mich ergötzen, ihn dort zu sehen, mit seinem plastischen Blick. Er würde uns Italien auf eine neue Weise eröffnen: des bin ich überzeugt.*

Nun also war Heine endlich unterwegs, konnte den grauen Alltag und all seine Sorgen wegen der unklaren beruflichen Situation hinter sich lassen. Er brauchte sich um nichts zu kümmern und keinerlei Vorsorge zu treffen. Wie lange hatte er diesen Augenblick herbeigesehnt! Und wie oft hatte er von Münchner Terrassen auf die Berge am Horizont geschaut und sich Flügel gewünscht, *um hinzueilen nach seinem Residenzland Italien.* Denn: *Einst sogar, in der goldenen Abenddämmerung, sah ich auf der Spitze einer Alpe ihn ganz und gar, lebensgroß, den jungen Frühlingsgott, Blumen und Lorbeeren umkränzten das freudige Haupt, und mit lachendem Auge und blühendem Munde rief er:* »*Ich liebe dich, komm zu mir nach Italien!*«

In euphorischer Hochstimmung reiste Heinrich Heine mit seinem Bruder Maximilian, der ihn bis Tirol begleitete, nun also gen Süden. *Tirily! Tirily! Ich lebe!,* hielt er fest und schilderte seine Empfindungen: *Ich fühle den süßen Schmerz der Existenz, ich fühle alle Freuden und Qualen der Welt, ich leide für das Heil des ganzen Menschengeschlechts, ich büße dessen Sünden, aber ich genieße sie auch.*

Und nicht bloß mit den Menschen, auch mit den Pflanzen fühle ich, ihre tausend grünen Zungen erzählen mir allerliebste Geschichten, sie wissen, daß ich nicht menschenstolz bin und mit den niedrigsten Wiesenblümchen ebenso gern spreche wie mit den höchsten Tannen. Ach, ich weiß ja, wie es mit solchen Tannen beschaffen ist! Aus der Tiefe des Tals schießen sie himmelhoch empor, überragen fast die kühnsten Felsenberge – Aber wie lange dauert diese Herrlichkeit? Höchstens ein paar lumpige Jahrhunderte, dann krachen sie altersmüd zusammen und verfaulen auf dem Boden. Des Nachts kommen dann die hämischen Käuzlein aus ihren Felsenspalten hervorgehuscht und verhöhnen sie noch obendrein: »*Seht, ihr starken Tannen, ihr glaubtet euch mit den Bergen messen zu können, jetzt liegt ihr gebrochen da unten, und die Berge stehen noch immer unerschüttert.*«

Mit Heinrich Heine
am Karwendelgebirge

Der Vater

Wir haben Anfang Juli, und das gute Wetter hält an. Nach Aarons Erkrankung lassen wir uns viel Zeit, damit jeder für sich sein Tempo findet. So genießen wir hinter Urfeld die Ausblicke auf den Walchensee und das dahinterliegende Alpenpanorama. Hinter dem ausgedehnten Gewässer steigt der Weg Richtung Wallgau leicht an, und die Temperatur klettert zur Mittagszeit bis auf 30 Grad. Eine Bullenhitze. Trotzdem kommen wir gut voran. Und mein Respekt vor der Leistungsfähigkeit meines Sohnes wächst täglich. Ich staune über Aarons disziplinierte Haltung, ohne die eine solche Wanderung gar nicht möglich wäre. Ihm ist überhaupt nicht anzumerken, dass er einige Tage das Krankenlager hüten musste. Er ist wieder topfit. Und so schaffen wir etwa vier Kilometer pro Stunde, ob auf Trampelpfad, Wiesengrund oder asphaltierter Straße.

Kilometer für Kilometer läuft Aaron voran, obwohl ihn der Rucksack zeitweise plagt. Doch er sagt kein Wort. Stoisch geht er seinen Weg, wobei sein Gang zuweilen tänzelnd wirkt. In den Pausen erzählt er mir, welche Musikstücke auf seinem MP3-Player ihn so beflügeln. Zum Beispiel »Dance« von Minor Majority oder »Erste Wahl« von Johannes Oerding.

Durch eine ursprüngliche, hügelige Landschaft folgen wir weiter dem Isartaler Wanderweg. Mal geht es geradeaus, mal einige hundert Meter bergauf, dann wieder leicht bergab, mal links, mal rechts. Und das Hochgebirge rückt immer näher, wächst vor uns wie ein gewaltiges Hindernis in den Himmel. Bald erscheint die Alpenkette als eine schier unüberwindbare Felsbarriere, die den Römern einst den Weg nach Norden versperrte. Für sie waren die Alpen ein wilder, unzugänglicher Naturgroßraum, den sie »montes horribiles«, schreckliche Berge, nannten. Sie hatten keinerlei Kenntnis von fruchtbaren Tälern und blühenden Almen, die bis in vegetationslose, eisbedeckte Höhenlagen reichen. Erst dem Punier Hannibal gelang die wohl spektakulärste Alpenüberquerung.

Im Frühling des Jahres 218 v. Chr. brach er von Karthago aus auf, um auf dem Landweg Rom zu nehmen. Mit einem Teil seiner Armee, die damals aus 120000 Mann Fußvolk, 16000 Reitern und 58 Elefanten bestand, durchschiffte er

Bei Sonnenschein wandert der eigene Schatten stetig mit durchs felsige Alpenland.

das Mittelmeer und überquerte den Ebro, die Pyrenäen und die reißende Rhone. Südlich des Montblanc wagte er dann die Überschreitung der Alpen. Doch eisige Schneestürme, tödliche Gletscherspalten und die Angriffe wilder Bergstämme dezimierten sein Heer. Als Hannibals Armee nach fünfzehn entbehrungsreichen Tagen das Hochgebirge endlich überwunden hatte, zählte die Streitmacht nur noch 20000 Mann der Fußtruppen und 6000 Reiter.

Mittlerweile gelten die Alpen als größte Weg- und Wasserscheide Europas. Eine faszinierende Bergwelt, die sich auf einer Fläche von 200000 Quadratkilometern erstreckt. Rund 14 Millionen Menschen leben in diesem Naturgroßraum, der zum bedrohten Paradies geworden ist. Denn trotz spektakulärer Lawinenunglücke und immenser Überschwemmungskatastrophen (oft Folge ökologischer Sündenfälle) sind die Alpenländer noch immer nicht politisch und ökologisch vereint. Nationale Zersplitterung, spezifische Interessen und individuelle Eigenarten wirken nach wie vor trennend. Auch in Zeiten der Globalisierung sind »die Alpen« nur begrifflich vereint.

Nach jeder Rast beginnen wir die neue Etappe mit ein paar steifen Schritten, ehe wir in unseren Gehrhythmus zurückfinden. Lustvoll stiefeln wir dann Schritt für Schritt einer grandiosen Gebirgswelt entgegen, die sich bei zartestem Himmelblau in ihrer ganzen Herrlichkeit präsentiert. Wir sehen die Schöttelkarspitze (2050 Meter) und die etwa 18 Kilometer lange Nördliche Karwendelkette, die sich von Scharnitz über Mittenwald bis Wörner erstreckt, ehe sie sich nach Osten wendet, bis ins Johannestal bei Hinterriß. Mit ihren fünfundzwanzig Gipfeln, die eine Durchschnittshöhe von 2400 Metern erreichen, gilt sie aber nur als niedrigster Gebirgszug der vier hintereinander verlaufenden Karwendelketten. Dennoch wirkt sie fast überirdisch in ihrer Dimension und ihrer Schönheit. Ein Stück versteinerte Ewigkeit. Ein Wunderland für alle, die gelernt haben zu schauen.

Ein paar Kilometer vor Mittenwald lassen wir uns auf einer herrlichen Blumenwiese nieder. Und während Aaron sich im Schatten einiger Apfelbäume der Länge nach ausstreckt und ins Blaue hinein träumt, lege auch ich mich ins Gras, strecke die Beine aus und blättere in meinen Heine-Notizen, lese Verszeilen, die jeder kennt, der sich für Literatur interessiert. Verszeilen, die längst zu Klassikern der Weltliteratur geworden sind: *Denk' ich an Deutschland in der Nacht,/Dann bin ich um den Schlaf gebracht,/Ich kann nicht mehr die Augen schließen,/Und meine heißen Tränen fließen.*

Oder: *Ich weiß nicht, was soll es bedeuten,/Daß ich so traurig bin;/Ein Märchen aus alten Zeiten,/Das kommt mir nicht aus dem Sinn.*

Und: *Im wunderschönen Monat Mai,/Als alle Knospen sprangen,/Da ist in meinem Herzen/Die Liebe aufgegangen.*

Heinrich Heines Leben war Komödie und Lustspiel, Drama und Tragödie. Ein Leben voller Scharfsinn, Witz und Lebenslust, voller Enttäuschung, Leid und Qual. Am 13. Dezember 1797 wurde der große deutsche Dichter in Düsseldorf geboren. In jenen Tagen hatten die Franzosen die Macht in weiten Teilen Europas übernommen. Und mit viel Geschick wusste Napoleon Bonaparte den fortschrittlichen Zeitgeist mit dem eigenen Herrschaftsanspruch zu vereinen. Er sah sich als *Fürsprecher und Erfüller* der Französischen Revolution und brachte eine Menge politisch-sozialer Reformen auf den Weg. Er schaffte die Leibeigenschaft sowie die Steuerfreiheit von Adel und Klerus ab, sorgte für die Gewerbefreiheit, und statt der »historisch gewachsenen« Autoritäten, die sich auf Abstammung aus adligem Geblüt gründeten, galt nun die formalrechtliche Gleichheit für jeden Staatsbürger. Zudem veranlasste Napoleon die rechtliche Gleichstellung aller Konfessionen sowie die (vorübergehende) Gleichstellung der Juden. Nicht zuletzt deshalb war Heine ein großer, wenn auch nicht unkritischer Napoleon-Verehrer.

Als Kind dieser Ära und Sohn des jüdischen Kaufmanns Samson Heine und seiner Frau Betty (geb. van Geldern) kam Heinrich Heine, der eigentlich Harry Heine hieß, in einem Hinterhaus der Altstadt von Düsseldorf auf die Welt. Er selbst verlegte als junger Mann seinen Geburtstag scherzhaft in die Neujahrsnacht der Jahrhundertwende von 1799 auf 1800 und schrieb später in seinen »Memoiren«: *Um meine Wiege spielten die letzten Mondlichter des achtzehnten und das erste Morgenrot des neunzehnten Jahrhunderts.*

Mit drei Geschwistern (Schwester Charlotte und den Brüdern Gustav und Maximilian) wuchs Harry Heine in Düsseldorf auf, das damals rund 20000 Einwohner zählte. Die Mutter übernahm im Hause Heine die Erziehung, von der besonders der Sohn Harry profitierte. Erst als er, in Paris ans Krankenbett gefesselt, bis in seine Kindheit zurückblickte, berichtete Heine in seinen »Memoiren« von diesem familiären Schliff: *Meine Mutter aber hatte große, hochfliegende Dinge mit mir im Sinn, und alle Erziehungspläne zielten darauf hin. Sie spielte die Hauptrolle in meiner Entwicklungsgeschichte, sie machte die Programme aller meiner Studien, und schon vor meiner Geburt begannen ihre*

Erziehungspläne. Ich folgte gehorsam ihren ausgesproche-
nen Wünschen, jedoch gestehe ich, daß sie schuld war an der
Unfruchtbarkeit meiner meisten Versuche und Bestrebun-
gen in bürgerlichen Stellen, da dieselben niemals meinem
Naturell entsprachen. Letzteres, weit mehr als die Weltbe-
gebenheiten, bestimmte meine Zukunft.

In uns selbst liegen die Sterne unseres Glücks.

Zuerst war es die Pracht des Kaiserreichs, die meine Mut-
ter blendete, und da die Tochter eines Eisenfabrikanten un-
serer Gegend, die mit meiner Mutter sehr befreundet war,
eine Herzogin geworden und ihr gemeldet hatte, daß ihr
Mann sehr viele Schlachten gewonnen und bald auch zum
König avancieren würde, – ach da träumte meine Mutter
für mich die goldensten Epauletten oder die brodiertesten
Ehrenchargen am Hofe des Kaisers, dessen Dienst sie mich
ganz zu widmen beabsichtigte.

Deshalb mußte ich jetzt vorzugsweise diejenigen Studien
betreiben, die einer solchen Laufbahn förderlich, und ob-
gleich im Lyceum schon hinlänglich für mathematische Wis-
senschaften gesorgt war und ich bei dem liebenswürdigen
Professor Brewer vollauf mit Geometrie, Statik, Hydrosta-
tik, Hydraulik und so weiter gefüttert ward und in Loga-
rithmen und Algebra schwamm, so mußte ich doch noch
Privatunterricht in dergleichen Disziplinen nehmen, die
mich instand setzen sollten, ein großer Stratege oder
nötigenfalls der Administrator von eroberten Provinzen zu
werden.

Mit dem Fall des Kaiserreichs mußte auch meine Mutter
der prachtvollen Laufbahn, die sie für mich geträumt, ent-
sagen; die dahin zielenden Studien nahmen ein Ende, und
sonderbar! sie ließen auch keine Spur in meinem Geiste zu-
rück, so sehr waren sie demselben fremd. Es war nur eine

*mechanische Errungenschaft, die ich von mir warf als un-
nützen Plunder.*

Gleichwohl fand Heines Mutter, er *müsse durchaus Jurisprudenz studieren. Und von den sieben Jahren, die ich auf
deutschen Universitäten zubrachte, vergeudete ich drei
schöne blühende Lebensjahre durch das Studium der römischen Kasuistik, der Jurisprudenz, dieser illiberalsten Wissenschaft.*

Gleichwohl *bewies* Heines Mutter große *Aufopferung
(…),* als sie ihrem Sohn Harry *in schwieriger Zeit nicht bloß
das Programm seiner Studien, sondern auch die Mittel dazu
lieferte!*

Als ich die Universität bezog, erinnerte sich Heine, *waren die Geschäfte meines Vaters in sehr traurigem Zustand,
und meine Mutter verkaufte ihren Schmuck, Halsband und
Ohrringe von großem Werte, um mir das Auskommen für
die vier ersten Universitätsjahre zu sichern.*

Schließlich führte Heine *jenes gottverfluchte Studium zu
Ende.* Doch machte er *von solcher Errungenschaft* keinen
Gebrauch. Vermutlich, weil er *fühlte, daß andere ihn in der
Advokasserie und Rabulisterei leicht überflügeln würden.*
Also hängte er seinen *juristischen Doktorhut an den Nagel,*
was seiner Mutter überhaupt nicht recht war. Sie war eher
ein Vernunftmensch, *und nicht von ihr erbte* Heine *den
Sinn für das Phantastische und die Romantik. Sie hatte, wie
ich schon erwähnt, eine Angst vor Poesie, entriß mir jeden
Roman, den sie in meinen Händen fand, erlaubte mir keinen Besuch des Schauspiels, versagte mir alle Teilnahme
an Volksspielen, überwachte meinen Umgang, schalt die
Mägde, welche in meiner Gegenwart Gespenstergeschich-
ten erzählten, kurz, sie tat alles mögliche, um Aberglauben
und Poesie von* ihrem Sohn *zu entfernen.*

Ganz anders Heines Vater, über den er in liebevollen Worten schrieb: *Eine grenzenlose Lebenslust war ein Hauptzug im Charakter meines Vaters, er war genußsüchtig, frohsinnig, rosenlaunig. In seinem Gemüte war beständig Kirmes, und wenn auch manchmal die Tanzmusik nicht sehr rauschend, so wurden doch immer die Violinen gestimmt. Immer himmelblaue Heiterkeit und Fanfaren des Leichtsinns. Eine Sorglosigkeit, die des vorigen Tages vergaß und nie an den kommenden Morgen denken wollte. Dieses Naturell stand im wunderlichsten Widerspruch mit der Gravität, die über sein strengruhiges Antlitz verbreitet war und sich in der Haltung und jeder Bewegung des Körpers kundgab. Wer ihn nicht kannte und zum ersten Male diese ernsthafte, gepuderte Gestalt und diese wichtige Miene sah, hätte gewiß glauben können, einen von den sieben Weisen Griechenlands zu erblicken. Aber bei näherer Bekanntschaft merkte man wohl, daß er weder ein Thales noch ein Lampsakus war, der über kosmogonische Probleme nachgrüble. Jene Gravität war zwar nicht erborgt, aber sie erinnerte doch an jene antiken Basreliefs, wo ein heiteres Kind sich eine große tragische Maske vor das Antlitz hält.*

Er war wirklich ein großes Kind mit einer kindlichen Naivetät, die bei platten Verstandesvirtuosen sehr leicht für Einfalt gelten konnte, aber manchmal durch irgendeinen tiefsinnigen Ausspruch das bedeutendste Anschauungsvermögen verriet.

Das Verhältnis zwischen Vater und Sohn muss eine besondere Verbindung gewesen sein. Und die Worte, die Heinrich Heine in den »Memoiren« für seinen Vater fand, sind für mich ein zentraler Text im gesamten Werk des Dichters. Diese Aufzeichnungen und Gedanken zeigen nicht nur ein Stück der inneren Welt des Schriftstellers, sondern bieten überdies einen Einblick in den sensiblen und inspirierenden Kosmos eines Autors, ohne den die Geschichte der Literatur anders verlaufen wäre. Es sind berührende Reflexionen, die eine Vater-Sohn-Beziehung offenbaren, welche vor allem durch Vertrauen und Zuneigung geprägt war.

So war es nicht verwunderlich, dass Heinrich Heine während seiner Italienreise, als er in Florenz von der schweren Erkrankung des Vaters erfuhr, sich sofort auf die Rückreise machte. Ende November 1828 reiste er über Bologna, Ferrara, Padua und Venedig nach München. Und von dort ging es weiter nach Hamburg, wo seine Eltern mittlerweile wohnten. Nur: als er die Stadt an der Elbe erreichte, kam er zu spät. Vater Samson Heine war bereits am 2. Dezember gestorben.

Hiernach lebte Heinrich Heine fast ein Vierteljahrhundert in Paris. Er war sechsundfünfzig Jahre alt und schwerkrank, als er in seiner sprichwörtlich gewordenen »Matratzengruft« noch einmal Rückschau hielt und in seinen »Memoiren« schriftlich niederlegte, was sein Vater für ihn bedeutete: *Er war von allen Menschen derjenige, den ich am meisten auf dieser Erde geliebt. Er ist jetzt tot seit länger als 25 Jahren. Ich dachte nie daran, daß ich ihn einst verlieren würde, und selbst jetzt kann ich es kaum glauben, daß ich ihn wirklich verloren habe. Es ist so schwer, sich von dem Tod der Menschen zu überzeugen, die wir so innig liebten. Aber sie sind auch nicht tot, sie leben fort in uns und wohnen in unserer Seele.*

Es verging seitdem keine Nacht, wo ich nicht an meinen seligen Vater denken mußte, und wenn ich des Morgens erwache, glaube ich oft noch den Klang seiner Stimme zu hören wie das Echo eines Traumes. Alsdann ist mir zu Sinn, als müßt ich mich geschwind ankleiden und zu meinem Vater hinabeilen in die große Stube, wie ich als Knabe tat.

Mein Vater pflegte immer sehr frühe aufzustehen und sich an seine Geschäfte zu begeben, im Winter wie im Sommer, und ich fand ihn gewöhnlich schon am Schreibtisch, wo er ohne aufzublicken mir die Hand hinreichte zum Kusse. Eine schöne, feingeschnittene, vornehme Hand, die er immer mit Mandelklei wusch. Ich sehe sie noch vor mir, ich sehe noch jedes blaue Äderchen, das diese blendend weiße Marmorhand durchrieselte. Mir ist, als steige der Mandelduft prickelnd in meine Nase, und das Auge wird feucht.

Zuweilen blieb es nicht beim bloßen Handkuß, und mein Vater nahm mich zwischen seine Knie und küßte mich auf die Stirn. Eines Morgens umarmte er mich mit ganz besonderer Zärtlichkeit und sagte: »Ich habe diese Nacht etwas Schönes von dir geträumt und bin sehr zufrieden mit dir, mein lieber Harry.« Während er diese naiven Worte sprach, zog ein Lächeln um seine Lippen, welches zu sagen schien: mag der Harry sich noch so unartig in der Wirklichkeit aufführen, ich werde dennoch, um ihn ungetrübt zu lieben, immer etwas Schönes von ihm träumen.

Diese Zeilen machen deutlich, dass das Vater-Kind-Verhältnis ebenso wichtig ist wie die Mutter-Kind-Beziehung. Eine soziologische Grundwahrheit, die in unserer Gesellschaftsordnung noch immer nicht selbstverständlich ist. Noch heute sind viele Mütter alleinerziehend, und nach wie vor gibt es eine Menge zu kurz gekommener Söhne (oder Töchter), die sich nach dem sehnen, was sie am nötigsten brauchen: einen Vater, auf den man sich verlassen kann, der sich für sie interessiert und ein gleichberechtigter Elternteil ist; einen Vater, der seinen Sohn (seine Tochter) in den Arm nimmt, ihm (oder ihr) Vertrauen schenkt – und vor allem Liebe, ohne Wenn und Aber.

Heinrich Heine war Student, Kaufmann und Poet. Querdenker, Rebell und Dichter. Aufgewachsen am Rhein, blieben dem jungen Heine bereits zur Schulzeit in Düsseldorf Ausgrenzungserfahrungen nicht erspart. Sein rötliches Haar, seine jüdische Herkunft sowie sein ungewöhnlicher Vorname machten ihn immer wieder zum Ziel von Hänselei und Bosheit. Kein Wunder, dass sich Heine mit seinem Geburtsnamen Harry niemals so recht anfreunden konnte. Denn: *In meiner Vaterstadt,* berichtete Heine in seinen Erinnerungen, *wohnte* ein Lumpensammler, *ein Mann, welcher »der Dreckmichel« hieß, weil er jeden Morgen mit einem Karren, woran ein Esel gespannt war, die Straßen der Stadt durchzog und vor jedem Hause stillhielt, um den Kehricht, welchen die Mädchen in zierlichen Haufen zusammengekehrt, aufzuladen und aus der Stadt nach dem Mistfelde zu transportieren. Der Mann sah aus wie sein Gewerbe, und der Esel, welcher seinerseits wie sein Herr aussah, hielt still vor den Häusern oder setzte sich in Trab, je nachdem die Modulation war, womit der Michel ihm das Wort »Haarüh!« zurief. War solches sein wirklicher Name oder nur ein Stichwort? Ich weiß nicht, doch soviel ist gewiß, daß ich durch die Ähnlichkeit jenes Wortes mit meinem Namen Harry außerordentlich viel Leid von Schulkameraden und Nachbarskindern auszustehen hatte. Um mich zu nergeln, sprachen sie ihn ganz so aus, wie der Dreckmichel seinen Esel rief (…). Als ich mich bei meiner Mutter darüber beklagte, meinte sie, ich solle nur suchen, viel zu lernen und gescheit zu werden, und man werde mich dann nie mit einem Esel verwechseln.*

Im Alter von siebenundzwanzig Jahren ließ Heine seinen Vornamen ändern. Statt Harry hieß er nun Christian Johann Heinrich. Eine Namensänderung, die anlässlich seiner Taufe in Heiligenstadt erfolgte. Der Konfessionswechsel zum Christentum fiel ihm als Jude nicht leicht; es war eine innere Zerreißprobe, doch die einzige Möglichkeit, um als promovierter Jurist eine Anstellung »in Amt und Würden« zu erhalten, denn Juden war eine solche Laufbahn ansonsten verwehrt.

Es folgten Reisen nach England, Polen und Italien, ehe Heine 1831 das politisch erstarrte Deutschland verließ und nach Frankreich übersiedelte. In Paris lebte er mehr als zwei Jahrzehnte, arbeitete als Dichter und kritischer Publizist, kämpfte als streitbarer Aufklärer und Sensualist mit seinen lyrischen, satirischen und polemischen Texten gegen die festgefahrene Gedankenwelt des Spießbürgertums und gegen bornierte Akademiker. Er widersetzte sich jedem Absolutheitsanspruch der Wissenschaft und engagierte sich für gesellschaftlichen Wandel, für Menschenverbrüderung und die Annäherung der alten Erbfeinde Deutschland und Frankreich.

In Frankreich machten ihn seine Veröffentlichungen zum namhaften Vertreter der literarischen Avantgarde, während seine Texte in Deutschland oft Empörung hervorriefen. Manche Kritiker zwischen Hamburg und München nannten ihn gar einen Verräter, einen *Verächter des Vaterlands*, der den Franzosen *den freien Rhein abtreten* wolle.

Es kam, wie es kommen musste: Im Dezember 1835 wurde die literarische Tätigkeit Heinrich Heines – und anderer Autoren – durch einen Bundestagsbeschluss eingeschränkt. Und im April 1844 erließ das preußische Innenministerium einen Grenzhaftbefehl gegen Heine und andere Mitarbeiter der »Deutsch-Französischen Jahrbücher«. Die Anklage lautete auf »versuchten Hochverrat und Majestätsverbrechen«. Da aber Düsseldorf zur Zeit von Heines Geburt französisches Territorium war, besaß er in Frankreich das Aufenthaltsrecht und war auch vor Auslieferungsersuchen geschützt.

Im Juli 1844 wagte sich Heine dennoch ein letztes Mal nach Deutschland. Mit dem Dampfschiff reiste er in Begleitung seiner Frau Mathilde von Le Havre nach Hamburg, um im Verlag von Julius Campe beim Druck seiner »Neuen Gedichte« und des Poems »Deutschland. Ein Wintermärchen« zugegen zu sein.

1848 verschlechterte sich Heines Gesundheitszustand rapide. (Er soll an den Spätfolgen einer Duellverletzung gelitten haben, zudem spricht man von Syphilis sowie einer tuberkulösen Infektion oder Bleivergiftung.) Es begann eine qualvolle Leidenszeit. Fortschreitende Lähmungserscheinungen fesselten Heine immer mehr ans Bett. Zeitweise konnte er kaum noch sehen. Doch trotz schwerer Krankheit blieb sein Arbeitspensum erstaunlich. Er verfasste Berichte, Gedichte und Versepen, schrieb Prosa, Lyrik, die autobiographischen Fragmente »Geständnisse« und »Memoiren« sowie das Spätwerk »Romanzero«, in dem er literarisch Abschied vom Leben nahm:

Ich habe gerochen alle Gerüche
In dieser holden Erdenküche;
Was man genießen kann in der Welt,
Das hab ich genossen wie je ein Held!
Hab Kaffee getrunken, hab Kuchen gegessen,
Hab manche schöne Puppe besessen;
Trug seidne Westen, den feinsten Frack,

Mir klingelten auch Dukaten im Sack.
Wie Gellert ritt ich auf hohem Roß;
Ich hatte ein Haus, ich hatte ein Schloß.
Ich lag auf der grünen Wiese des Glücks,
Die Sonne grüßte goldigsten Blicks,
Ein Lorbeerkranz umschloß die Stirn,
Er duftete Träume mir ins Gehirn,
Träume von Rosen und ewigem Mai –
Es ward mir so selig zu Sinne dabei,
So dämmersüchtig, so sterbefaul –
Mir flogen gebratne Tauben ins Maul,
Und Englein kamen, und aus den Taschen
Sie zogen hervor Champagnerflaschen –
Das waren Visionen, Seifenblasen –
Sie platzten – Jetzt lieg ich auf feuchtem Rasen,
Die Glieder sind mir rheumatisch gelähmt,
Und meine Seele ist tief beschämt.
Ach, jede Lust, ach, jeden Genuß
Hab ich erkauft durch herben Verdruß;
Ich ward getränkt mit Bitternissen
Und grausam von den Wanzen gebissen;
Ich ward bedrängt von schwarzen Sorgen,
Ich mußte lügen, ich mußte borgen
Bei reichen Buben und alten Vetteln –
Ich glaube sogar, ich mußte betteln.
Jetzt bin ich müd vom Rennen und Laufen,
Jetzt will ich mich im Grabe verschnaufen.
Lebt wohl! Dort oben, ihr christlichen Brüder,
Ja, das versteht sich, dort sehn wir uns wieder.

Rückschau, aus »Romanzero«

Nach fast achtjährigem Leiden starb Heinrich Heine am 17. Februar 1856 in Paris. Drei Tage später gaben ihm etwa hundert Menschen auf dem Friedhof Montmartre das letzte Geleit, unter ihnen berühmte Pariser Zeitgenossen wie Alexander Dumas und Théophile Gautier.

Mit Lamas zur Zugspitze

Der Vater

Dann erreichen wir Mittenwald, ein Städtchen mit 8000 Einwohnern am Fuße des Karwendel. Gemütlich und romantisch. Hier zieren farbige Bilder die Fassaden vieler Holzhäuser. Wir sehen religiöse Motive wie auch Bilder von Land und Leuten oder fröhliche Kutschfahrten. Kein mondäner Ort mit Touristenrummel, Discos und Leuchtreklamen, eher ein Geheimtipp für Naturgenießer. Zudem gilt Mittenwald als eines der bedeutendsten deutschen Zentren des Streich- und Zupfinstrumentenbaus. Vor allem im Bereich des Geigenbaus können die Mittenwalder auf eine dreihundertjährige Tradition zurückschauen. Noch heute gibt es zehn selbständige Geigenbaumeister sowie eine Fachschule für Geigenbau, die vor hundertfünfzig Jahren zur Ausbildung sogenannter »Heimarbeiter« gegründet wurde. Verschiedenste Geigenteile werden hier seit Hunderten von Jahren hergestellt und in die ganze Welt verkauft.

Wir erleben Mittenwald bei herrlichstem Sonnenwetter, sind fasziniert von der grandiosen Karwendelwand, die sich östlich der Isar, gleich hinter dem Ortszentrum, über 2300 Meter erhebt. Eine steile Felswand, die den gesamten Ort überragt. Der Anblick dieser grauen Riesenwand weckt in mir Erinnerungen an jene Tage, als ich mit Aaron im Wettersteingebirge unterwegs war. Mehr als zehn Jahre ist es her, dass wir mit drei Lamas zur Zugspitze (2964 Meter) zogen, nur 35 Kilometer Luftlinie von Mittenwald entfernt. Bis heute habe ich nicht den Blick unserer Lamas vergessen, mit denen wir über Stock und Stein unterwegs waren: ihre großen, fast glasigen braunen Augen. Und obwohl dieser Aufstieg zum Gipfel der Zugspitze schon so lange zurückliegt, sind all die Bilder dieser Tour noch lebendig in mir. Aaron war damals sechs Jahre alt und stapfte in seinen ersten Bergstiefeln über üppige Wiesen und steile Waldhänge zur Ehrwalder Alm und zur Hochfeldernalm hinauf – im Schlepptau drei Lamas. Und das kam so: Im Sommer 1997 machten meine Frau Rita, Aaron und ich ein paar Tage Urlaub im österreichischen Ehrwald. Auf einer ausgedehnten Wanderung entdeckten wir am Fuß der Zugspitze ein großes blaues Indianerzelt mit einer kleinen Feuerstelle. Gleich daneben ein holzumzäuntes Freigehege mit einem Dutzend Lamas.

»Papa, schau mal, das sind richtige Lamas!«, rief Aaron erstaunt und kletterte vorsichtig auf den Holzzaun. Neben dem großen Korral stand ein Gasthof, wo ich Hans Kronspiess und Hans Valentin kennenlernte. Hans eins und Hans zwei waren beide fünfzig. Zwei urige Bergcowboys, die bereits seit einem Jahrzehnt mit neunzehn Lamas durch Bayern und Tirol trekkten. Der eine ein selbständiger Malermeister und Hersteller von Werbe- und Verkehrsschildern, der andere ein ehemaliger Musiker, Koch, Skilehrer und Bergführer, der nun im Qualitätsmanagement arbeitete. Beide liebten die Natur und ihre Lamas.

Eines Abends, als Aaron schon längst in seinem Bett lag, saßen Hans eins, Hans zwei sowie Rita und ich in der Gaststube. Der Wein floss reichlich und beflügelte unsere Phantasie. In dieser Nacht beschlossen wir, die Zugspitze mit Lamas zu besteigen. Irgendwie verrückt, denn Jahr für Jahr kommt es an Deutschlands höchstem Berg immer wieder zu tragischen Todesfällen. Hans eins und Hans zwei kannten die Gefahren eines Gipfelaufstiegs: Sie hatten Kälte und Nebel, Sturm und Lawinen auf vielen Bergtouren erlebt. Gleichwohl war die Besteigung der Zugspitze mit ihren Lamas ein Traum, den beide schon seit Jahren hegten. Ein Traum, dessen Gelingen für beide den Beginn einer neuen Trekking-Epoche an der Zugspitze bedeuten würde. In anderen Alpenregionen wurden Lamas nämlich schon seit Jahren bei Gebirgswanderungen und Trekkingtouren eingesetzt – sie sind pflegeleicht und kräftig, schwindelfrei und trittsicher. Zudem verfügen die vierbeinigen Lasttiere in steilem Gelände über eine enorme Wendigkeit.

Nach einer einjährigen Planungs- und Vorbereitungszeit brach unsere kleine Karawane Mitte September 1998 von Ehrwald in Tirol zur Zugspitze auf. Wir waren zu fünft: Hans eins, Hans zwei, meine Frau Rita, Aaron und ich. Zudem waren drei Lamas mit von der Partie: Ricardo, Rocky und Pepe. In ihren Satteltaschen steckten die Lebensmittel sowie die Foto- und Campingausrüstung.

Rasch ging es bergan. Aaron führte damals Pepe am langen Seil, ein ruhiges, gutmütiges und aufmerksames Tier mit langhaarigem braunem Fell. Schon einige Tage zuvor hatte sich mein Sohn mit Pepe angefreundet, ihm zu fressen und zu trinken gebracht und mit ihm gesprochen, als wäre er sein bester Freund. Und noch viele Jahre später hing ein Foto von Pepe über dem Schreibtisch in seinem Zimmer.

Während der Bergwanderung erlebten wir eine atemberaubende Landschaft von verschwenderischer Fülle. Aaron beobachtete Schafe, Gämsen und Murmeltiere, ehe er mit meiner Frau an der Hochfeldernalm zurückblieb. Ein weiterer Aufstieg wäre zu gefährlich für ihn gewesen. Als

Großstadtkind war Aaron mit sechs Jahren noch nicht so trittsicher, wenngleich er mir im Brustton der Überzeugung versicherte, er würde den Aufstieg zum Gipfel schaffen. Er wandte damals all seine Überredungskünste an, um mich zu überzeugen. Doch ich blieb hart. Schweren Herzens machte ich ihm klar, dass die weitere Ersteigung der Zugspitze für ihn zu riskant sei.

Nie werde ich vergessen, wie Aaron sich mit Tränen in den Augen von Pepe verabschiedete. Er streichelte das Tier ein letztes Mal am Kopf und fuhr mit den Händen durch das haarige Fell. »Mach's gut, Pepe, du wirst es bestimmt auf die Zugspitze schaffen!«, sagte er. Ein letzter Blick, ein letztes Winken – dann zogen Hans eins, Hans zwei und ich mit den Lamas weiter, vorbei an brüchigen Gesteinsstufen und glattgeschliffenen Felswänden. Unter unseren Stiefeln knirschte nun Geröll, als würden wir über ein Kugellager

Unsere Lamas haben das goldene Gipfelkreuz der Zugspitze erreicht.

aus Steinschotter und Felsmarmeln gehen. Der Hang, den wir erklommen, war steiler als ein Kirchendach.

Schließlich kletterten wir steile Serpentinenpfade hinauf, die so schmal waren, dass wir nicht neben unseren Lamas gehen konnten. Stattdessen liefen sie an langer Leine hinter uns her. An heiklen Stellen mussten wir ungeheuer aufpassen, um keinen falschen Schritt zu tun. Doch irgendwann schwamm der Boden unter meinen Füssen. Verwitterungsschutt brach wie Blätterteig auseinander, und ich verlor das Gleichgewicht, stürzte vornüber. Der einzige Halt war die Halsleine meines Lamas, an der ich mich auf trittsicheren Boden zog. Doch auch Pepe rutschte im Geröll, wühlte mit seinen Vorder- und Hinterläufen im lockeren Gestein. Er versuchte seine Lasten abzuwerfen, als einige Spannriemen am Sattel rissen und einer der Rucksäcke in eine kesselartige Tiefe stürzte, unerreichbar für uns. Nun war uns endgültig klar: Wir waren mitten im Berg und durften uns keinen Fehler mehr erlauben!

Weiter bergauf querten wir die deutsch-österreichische Grenze und rasteten in 2040 Meter Höhe über dem Reintal. Hier stieß das Auge an hochaufragende Bergwände, die ringsum wie überdimensionale Drachenzähne wirkten. Tief unten im Tal lag das Jagdschloss von Ludwig II., überragt von den schroffen Törlspitzen.

Zwei Stunden später begleiteten uns eisige Windböen durch den panzerartigen Steinfriedhof des Plattsteigs, wo sich unsere Paarhufer mit flatternden Haaren geschickt durch das zerborstene Terrain tasteten. Mehr und mehr zwangen uns mächtige Blockbarrieren zu Umwegen über terrassenartige Felsbänder, ehe wir in der Abenddämmerung die Knorrhütte (2052 Meter) erreichten – eine einsame Almhütte inmitten steiniger Mondlandschaft, zu der nur viermal im Jahr ein Hubschrauber Lebensmittel und Getränke transportiert.

Hier wollten wir übernachten.

Als wir die Hüttentür aufmachten, schlugen uns Wärme und Menschelndes entgegen: »Ja, wo kummt denn ihr her?«, fragte jemand und übertönte lautes Stimmengewirr. Die Hütte war proppenvoll, doch im oberen Geschoss fanden wir noch Plätze für die Nacht. Rasch verstauten wir unser Gepäck, versorgten Ricardo, Rocky und Pepe mit Hafer und Wasser, ehe wir in einer gemütlich warmen Stubenecke eine deftige Erbsensuppe mit Wurst und Brot bekamen.

Nachts unterm Dach, auf engem Matratzenlager weckten mich immer wieder schnarchende Schläfer – und das Fauchen des Windes, der angriffslustig um die Almhütte pfiff. Als ich mit Hans eins und Hans zwei gegen Mitternacht noch mal vor die Tür trat, sahen wir, dass sich der Himmel bezog. Leichte Graupelschauer fielen aus dichtem Wolkennebel. Und es dauerte nur gefühlte zehn Minuten, da stand unsere Schutzhütte zwischen zwei Himmeln. Wolken oben, Wolken unten – dazwischen wir. Der Hüttenwirt meinte skeptisch: »Schau ma mal!« Und als wir mit nachdenklichen Mienen wieder in die Schlafsäcke krochen, wussten wir: Wenn die Wolkengeschwader nicht abzogen, saßen wir fest! Keine schöne Vorstellung.

Doch wir hatten Glück. Früh um sechs, beim ersten Augenaufschlag, strahlte der Himmel enzianblau. Föhnwetter. Sofort hatten wir gute Laune und machten uns über Marmeladen-, Wurst- und Käsebrote her. Dann beluden wir die Lamas und zogen auf dem Nordalpenweg durch einen schier endlosen Felsgarten. Ein steinernes Meer, wo weder Busch noch Baum wuchsen. Alles war karg und felsig. Nur hier und da krallten sich Moos, Gras oder ein paar kümmerliche Pflanzen an das übereinandergetürmte Geröll. Umso üppiger waren die phantastischen Steingebilde, die oft Fabelwesen glichen. Selbst die umliegenden Berggipfel hatten hier gespenstische Namen: Höllentalspitze, Teufelsgrat, Hundsstallkopf.

Das letzte Stück zum Gipfel, auf einer Höhe von »zwo sieben« (2700 Meter), oberhalb der Sonn-Alpin-Station, war für unsere Lamas zu steil. Also führten wir Ricardo, Rocky und Pepe in die Kabine eines Fahrstuhls, mit dem die Tiere (eines nach dem anderen) zum Höhenkamm der Zugspitze hinaufschwebten. Als die Lamas wenig später die Terrasse des Gipfelplateaus betraten, herrschte große Aufregung. Hunderte von Touristen aus aller Welt wollten die ersten Lamas auf der Zugspitze begrüßen. Wir fühlten uns leicht überfordert und waren irritiert. Mit so viel Aufmerksamkeit hatten wir nicht gerechnet. Zudem machten wir uns Sorgen um unsere Lamas. Immer wieder blickten wir zu ihren aufgerichteten Ohren. Eine Art Stimmungsbarometer: Fühlen sich die Tiere belästigt, legen sie die Ohren zurück – und spucken. Doch nichts dergleichen geschah. Stattdessen ertrugen Ricardo, Rocky und Pepe stoisch die allgemeine Bewunderung auf Deutschlands höchstem Berg. Und während Hans eins, Hans zwei und ich die phantastische Aussicht genossen und unsere Blicke zum Karwendelgebirge oder den Stubaier und Zillertaler Alpen schweiften, standen unsere Lamas ganz gelassen neben dem feuervergoldeten Eisenkreuz des Ostgipfels, das vier Meter hoch ist und über drei Zentner wiegt. 1881 wurde es auf dem Westgipfel der Zugspitze vom Blitz getroffen und nach der Reparatur auf dem zwei Meter niedrigeren Ostgipfel aufgestellt. Dort steht es noch heute.

Über lockere Gesteinshänge wandert unsere kleine Lama-Karawane
zum Gipfel der Zugspitze.

Über Seefeld ins Inntal

Der Sohn

Von Mittenwald bis Seefeld sind es nur 20 Kilometer. Wir lassen uns für diese Tagesetappe sechs Stunden Zeit, weil die Strecke landschaftlich traumhaft schön ist. Vorbei an hohen alten Bäumen, laufen wir durch das Isartal, wo zu beiden Seiten des Weges mächtige Felswände aufragen. Das Grün der Bäume, Büsche und Wiesen ist hier unglaublich vielfältig. Ich habe noch nie so viele Grüntöne gesehen. Ein echter Farbenrausch. Absolut cool!

All das begeistert mich so sehr, dass meine Beine wie ein Motor schnurren. Manchmal möchte ich an mehreren Stellen gleichzeitig sein, möchte hierhin oder dorthin laufen und kann mich gar nicht sattsehen an den phantastischen Bergwänden. Wenn meine Blicke mal etwas länger an einer Felswand hängenbleiben, sehe ich in den Strukturen der Felsen lachende Gesichter oder seltsame Phantasietiere, und in den Baumrinden entdecke ich unheimliche Fratzen, während Zweige und Äste zu langen Armen werden. So kommt es, dass ich an Szenen aus »Der Herr der Ringe«, »Excalibur« und »Braveheart« denke – immer tiefer werde ich in eine Fantasywelt hineingezogen, in der ich mit bärtigen Zwergen und edlen Elfen durch diese traumschöne Landschaft stiefel. Manchmal bin ich so sehr in meine Traumwelt versunken, dass ich gar nicht mitkriege, wie schnell die Zeit vergeht.

Ohne große Steigung kommen wir schließlich bei Scharnitz zur deutsch-österreichischen Grenze, die wir nicht einmal bemerken, weil es keinerlei Kontrollen gibt. Dann überqueren wir die Isar und folgen dem Drahnbach nach Süden. Linker Hand geht's zur Rosshütte (1751 Meter) und zur 2221 Meter hohen Seefelder Spitze. Wir aber folgen dem alten Römerweg: ein schmaler Saumpfad, der um mehrere dichtbewaldete Berghänge führt. Längere Zeit geht es hier bergauf, sodass wir nur mühselig vorankommen. Zum Glück ist es heute nicht so drückend heiß. Die Sonne hat sich hinter einer Wolkendecke versteckt und lässt sich nur ab und zu mit ein paar schüchternen Strahlen blicken. Trotzdem rutscht Papa auf dem unebenen Boden immer wieder aus, stolpert über Wurzeln und flucht wie ein Rohrspatz.

Dann liegt sie vor uns: die Stadt Seefeld. 1964 und 1976 war sie Austragungsort der nordischen Skidisziplinen bei

Mittenwald liegt zu Füßen der Nördlichen Karwendelkette.

den Olympischen Winterspielen in Innsbruck. Im Wettstreit um Gold, Silber und Bronze sausten hier Frauen wie Männer die umliegenden Schneehänge hinunter. Als wir die Ortsmitte erreicht haben, sehen wir hoch über der Stadt viele Skiabfahrten und Sessellifte.

»Im Winter muss das ein geiles Skigebiet sein. Hier würde ich gern mal mit meinen Freunden die Pisten runterwedeln«, sage ich begeistert. Doch für Papa ist das »too much«.

»Schau dich doch mal um«, sagt er. »Hier gibt es nichts weiter als Restaurants und Hotels. Das ist doch völlig krank. Nichts ist biologisch gewachsen«, schimpft er. »Guck mal die Berghänge hinauf. Überall hat man riesige Schneisen in die Wälder geschlagen und Tausende von Bäumen abgeholzt. Die Natur wurde buchstäblich an den Rand gedrängt. Das sind doch keine schönen Berghänge, das ist ein total zerstörter Flickenteppich. Und all das nur, damit der

Kirche in Seefeld: ein andächtiger Ort zwischen Berg und Wiese.

84

Skizirkus funktioniert. So ein Irrsinn! – Selbst die Häuser erzählen hier keine Geschichten mehr. Alles ist akkurat in Reih und Glied gebaut. Und alles wirkt gleich und langweilig. Kein bisschen Individualität oder Gemütlichkeit. Schau dir nur die Vorgärten an, hier scheint ein Nachbar dem anderen den Rasen zu messen. Alles ist millimetergenau abgesteckt. Die Leute, die hier wohnen, müssen einen irren Ordnungstick haben. Wenn ich hier länger bleiben müsste, würde ich verrückt werden.«

»Du übertreibst mal wieder, Papa. Nun komm mal runter von deiner Palme und hol erst mal Luft!«

Eine halbe Stunde später, als es zu dämmern beginnt, erreichen wir den Campingplatz von Seefeld, der etwas außerhalb des Ortes zwischen Wäldern, Wiesen und Bergen liegt. Über dem Eingang hängt ein großes Banner mit der Aufschrift »Seefeld – das Nonplusultra!« Doch außer einem kleinen Einkaufsladen, einem Restaurant und sauberen Wasch- und Duschräumen bietet der Platz nicht mehr als eine große Wiese, die einem Fußballfeld gleicht. Wer hier sein Zelt aufschlägt, findet an einem aufgeheizten Sonnentag kaum Schatten. Wo also ist das »Nonplusultra« dieses Campingplatzes? Es sind die Preise, die ungewöhnlich hoch sind. Zwischen Flensburg und Innsbruck zählt Seefelds Campingplatz ohne Zweifel zu den teuersten.

Am nächsten Tag kommt so richtig Freude auf, denn das Hinabsteigen ins Inntal ist ein absoluter Höhepunkt unserer Fernwanderung. Auf geschotterten Wanderwegen und schmalen Bergpfaden laufen wir stundenlang bergab. Der Abstieg ist nicht beschwerlich, doch immer wieder liegt allerhand loses Geröll auf dem Weg. Deshalb haben wir heute beide Wanderstöcke dabei, um die Trittfestigkeit des Bodens zu prüfen. Vorsicht ist angesagt! Trotzdem bleibt aber genügend Zeit, um die herrlichen Ausblicke auf die umgebenden Zwei- und Dreitausender zu genießen, die in mir ein Abenteuergefühl aufkommen lassen.

Bei einer Kurzrast strecken wir uns auf einer Wiese aus, das tut den Beinen gut. Als wir weiterziehen, lausche ich manchmal in meinen Körper. War da nicht eben was? Vielleicht ein Stechen im Knie? Oder ein Ziehen in der Wade? Ganz deutlich merke ich, dass ich von Tag zu Tag hellhöriger werde für die Zeichen meines Körpers. Ich muss aufpassen, damit ich mich nicht selbst verrückt mache.

Wenn wir ab und an eine Gruppe von Wanderern treffen, grüßen wir im Vorbeigehen kurz oder fragen »Woher?« und »Wohin?«. Oft wandern wir aber auch allein – über grasbewachsene Hügel und durch dichte Gebirgswälder, wo es ganz auffällig nach Kiefernnadeln duftet. Auf einer Strecke von 25 Kilometern steigen wir aus einer Höhe von etwa 1200 Metern (Seefeld) auf 600 Meter hinab und gelangen über Zirl und Völs nach Innsbruck.

SMS-Nachricht von Aaron an seine Freunde Kjell und Kevin:

Moin, moin Jungs! Alles klar bei euch? Bin gerade in Seefeld, wo es superheiße Skipisten gibt. Nächsten Winter müssen wir hier mal Ferien machen. Dann rocken wir die Berge! LG – Aaron

Mit Heinrich Heine durch Tirol

Der Vater

Tirol zeigt sich von seiner schönsten Seite, als wir Innsbruck erreichen. Sonne, blauer Himmel und die Farbenpracht hübscher Häuser satt. Wir sind begeistert von der imposanten Lage der Stadt, die sich mitten im Gebirge befindet und wo das Thermometer an rund sechzig Tagen im Jahr auf über 25 Grad Celsius klettert. Eine Stadt, die Heinrich Heine jedoch nicht so gefiel. *Innsbruck selbst ist eine ungewöhnliche, blöde Stadt,* schrieb er. *Vielleicht mag sie im Winter etwas geistiger und behaglicher aussehen, wenn die hohen Berge, wovon sie eingeschlossen, mit Schnee bedeckt sind und die Lawinen dröhnen und überall das Eis kracht und blitzt.*

Beim Flanieren auf Heines Wegen durch die anheimelnde Altstadt kommen Aaron und ich auch zum »Goldenen Dachl« – ein spätgotischer Prunk-Erker mit goldenen Schindeln und üppigem Freskenschmuck, der fünfhundert Jahre alt ist. Hierher kommen die Menschen in Scharen. Es herrscht ein unglaubliches Gewusel und Gewimmel. Zudem: Gaststätten und Sonnenschirme. Blumenkästen, Tirolerhüte und klickende Fotokameras. Wohl jeder, der zum »Goldenen Dachl« will und durch die Herzog-Friedrich-Straße spaziert, landet zwangsläufig auf einem Touristenfoto, das dann irgendwo zwischen Tokio und San Francisco auf einer Computerfestplatte gespeichert wird. Eine Be-

Das »Goldene Dachl« in der Altstadt von Innsbruck ist fünfhun-
dert Jahre alt.

trachtungsweise, die mir als ziemlich egozentrisch bewusst ist: denn der Tourist ist immer der andere.

Ich kann mich noch genau erinnern, dass ich Anfang der sechziger Jahre als Kind an den Händen meiner Eltern durch die bunten Giebelgassen Innsbrucks spazierte, bis hin zum »Goldenen Dachl«, dessen Dach 2657 feuervergoldete Kupferschindeln schmücken. So ein Dach voller Sonnengold hatte ich noch nie gesehen, und ich stellte mir damals vor, mit einer langen Leiter zum »Dachl« hinaufzusteigen, um die goldenen Ziegel zu berühren.

Nur ein paar Schritte weiter kamen wir zum berühmten Hotel »Goldener Adler«, das bereits im Jahr 1390 erbaut wurde. Gleich rechts neben der Eingangstür findet man eine steinerne Tafel, auf der die Namen berühmter Gäste eingraviert wurden, die hier logierten: 1548 war es der König von Tunis, 1780 Johann Wolfgang von Goethe,

Innsbruck: Im Gasthaus »Goldener Adler« übernachtete 1828 Heinrich Heine.

Auf einer steinernen Tafel des Gasthauses »Goldener Adler« in Innsbruck sind namhafte Gäste eingraviert – auch Heinrich Heine.

und 1832 übernachtete hier Heinrich Heine, wobei man sich im Datum irrte! Nicht 1832 stieg Heine hier ab, sondern 1828. Nicht zu vergessen der Tiroler Freiheitskämpfer Andreas Hofer (1767–1810), der im »Goldenen Adler« am Mariä-Himmelfahrts-Tag des Jahres 1809 Quartier bezog.

Als Landeskommandant hatte Hofer einst die Tiroler Schützenkompanien in einem Volksaufstand gegen die bayerischen und französischen Besatzer seiner Heimat geführt. Und genau vor der Gaststube des »Goldenen Adlers« war es, wo Andreas Hofer im Jahr 1809 zu den Einwohnern der Stadt sprach: *Grüß enk Gott, meine lieben Innsbrucker, weil ös mi zum Oberkommandanten g'wöllt hobt, so bin i holt do. Es sein aber viel andre do, dö koane Innsprucker sen. Alle, dö unter meine Waffenbrüder sein wöll'n, dö müssen für Gott, Koaser und Vaterland als tap-*

fere, rödle und brave Tyroler streiten; dö aber dös nit thun wöll'n, dö soll'n heimziehen. Dö meine Waffenbrüder werden wöll'n, dö soll'n mi nit verlassen; i wer enk aa nit verlassen, so wahr i Andere Hofer hoaß! G'sogt hob i enks, g'söhen hobt's mi, b'hiet enk Gott!

Fast zwanzig Jahre nach dieser Ansprache saß Heinrich Heine in der Gaststube des »Goldenen Adlers« und bemerkte, dass *noch jede Ecke mit* den *Bildnissen und Erinnerungen* an Andreas Hofer bestückt war. Interessiert erkundigte er sich damals beim Wirt nach dem Südtiroler Freiheitskämpfer, und sofort *war der alte Mann überfließend von Redseligkeit und vertraute mir mit klugen Augenzwinkern, daß jetzt die Geschichte auch ganz gedruckt heraus sei, aber auch ganz geheim verboten; und als er mich nach einem dunklen Stübchen geführt, wo er seine Reliquien aus dem Tirolerkrieg aufbewahrt, wickelte er ein schmutzig blaues Papier von einem schon zerlesenen grünen Büchlein, das ich zu meiner Verwunderung als Immermanns »Trauerspiel in Tirol« erkannte. Ich sagte ihm, nicht ohne errötenden Stolz, der Mann, der es geschrieben, sei mein Freund.* Worauf der Gastwirt kaum glauben mochte, dass Heines Literatenfreund Karl Leberecht Immermann (1796–1840) *ein Preuße sei … Er ließ sich nicht ausreden, daß der Immermann ein Tiroler sei und den Tirolerkrieg mitgemacht habe* – *»wie könnte er sonst alles wissen?«*

Tags darauf verliert sich der Stadtlärm von Innsbruck in einem hohen Fichtenwald. Über Mutters und Gärberbach geht es wie bei einer Achterbahnfahrt bergauf und bergab. Dann wieder wandern wir durch hohe Kiefernwälder, überqueren plätschernde Bäche und laufen in breiten Tunneln unter der Eisenbahn und der Autobahn hindurch. Es folgt der steile Aufstieg zum Hochplateau von Igls. Je höher wir hier stapfen, desto tiefer sind wir gebeugt. Erhitzt und schweißnass erreichen wir schließlich das Plateau, 817 Meter über dem Meeresspiegel. Hier sitzen wir auf unseren Rucksäcken und trinken reichlich Mineralwasser, essen Kekse und Bananen – und saugen die Bilder des malerischen Panoramas in uns auf, ehe wir weiterziehen, vorbei an alten, einzeln stehenden Bauernhäusern und dem Dorf Vill.

Aaron geht heute forsch voran und übernimmt immer wieder die Führung, unbekümmert und voller Energie, wie es zuweilen seine Art ist. Seine Beine fliegen regelrecht dahin, tragen Körper und Rucksack durch die Landschaft, als gehöre sie ihm. In den Ohren stecken wieder die kleinen schwarzen Kabel seines MP3-Players; er hört Songs von deutschen und englischen Rockbands. In den letzten Tagen habe ich ihn einige Male darauf aufmerksam gemacht, dass er von der Natur nur wenig mitbekommt, wenn er immer diese Stöpsel in den Ohren hat.

»Ich kann mit Musik besser laufen«, hat er mir daraufhin erklärt. »Manche Musik passt bestens zu meinem Gehrhythmus.« Mit dieser Weisheit steht er wahrlich nicht allein da. Nicht nur für ihn ist Musik die ideale Begleitung beim »Streckemachen«. Viele Läufer sind heutzutage auf ihren Joggingpfaden mit dem iPod unterwegs, verbinden Bewegung, Computer und Musik. Vielen tut die Musik beim Laufen einfach gut; sie fördert Entspannung und Konzentration – im Einklang mit der stetigen Bewegung.

Auch ich empfinde zuweilen ganz ähnlich, etwa wenn ich durch eine Wüste wandere und mir die Landschaft nach Tagen oder Wochen zu monoton erscheint. Dann greife auch ich gern zum MP3-Player und genieße den Motivationsschub der Klaviermusik von Hélène Grimaud oder lausche den beruhigenden Gitarrenklängen von Neil Young und seiner ungeheuer hohen, viel zu schmalen und fast weinerlichen, fisteligen Stimme, die ich so sehr liebe. Zudem mag ich beim Unterwegssein auch die Songs der norwegischen Gruppe Minor Majority, die vor allem Rock- und Popballaden spielen, die mich berühren und in eine wunderbare Phantasiewelt entführen. Die Lieder haben einen melodischen Fluss und einen angenehmen Rhythmus, sind weder zu kompliziert noch zu hämmernd. Nie werde ich müde, die Alben dieser Gruppe beim Wandern zu hören.

Nur: wenn ich – wie heute – bei herrlichstem Sonnenschein zu Fuß in einer so traumhaften Landschaft unterwegs bin, sind mir die Geräusche der Natur sehr viel lieber als Musik aus iPod- oder MP3-Stöpseln. Dann möchte ich nichts anderes hören als meine Schritte, meinen Atem, die Geräusche des Windes, der Bäume und der Vögel.

Heinrich Heine hatte in Tirol sehr viel weniger Glück mit dem Wetter als wir. Dunkles Gewölk und stetiger Regen begleiteten ihn, während die Postkutsche ohne Unterlass über buckligen, steinigen Erdboden holperte. Und wenn er *dann und wann* seinen *Kopf zum Wagen* hinausstreckte, erblickte er *himmelhohe Berge, die* ihn *ernsthaft ansahen und* ihm *mit den ungeheuern Häuptern und langen Wolkenbärten eine glückliche Reise zunickten. Hie und da bemerkte* er *auch ein fernblaues Berglein, das sich auf die Fußzehen zu stellen schien und den anderen Bergen neugierig über die Schultern blickte (...). Dabei kreischten überall die Waldbäche, die sich wie toll von den Höhen herabstürzten und*

*in den dunklen Talstrudeln versammelten. Die Menschen
steckten in ihren niedlichen, netten Häuschen, die über der
Halde, an den schroffsten Abhängen und bis auf die Berg-
spitze zerstreut liegen; niedliche, nette Häuschen, gewöhnlich mit einer langen, balkonartigen Galerie, und diese
wieder mit Wäsche, Heiligenbildern, Blumentöpfen und
Mädchengesichtern ausgeschmückt. Auch hübsch bemalt
sind diese Häuschen, meistens weiß und grün, als trügen
sie ebenfalls die Tiroler Landestracht, grüne Hosenträger
über dem weißen Hemde. Wenn ich solch Häuschen im
einsamen Regen liegen sah,* notierte Heine, *wollte mein
Herz oft aussteigen und zu den Menschen gehen, die gewiß
trocken und vergnügt da drinnen saßen. Da drinnen,
dachte ich, muß sich's recht lieb und innig leben lassen, und
die alte Großmutter erzählt gewiß die heimlichsten Geschichten.*

Dennoch brauste Heines *Wagen unerbittlich* an diesen
Häuschen vorbei, und er blickte *oft zurück, um die bläulichen Rauchsäulen aus den kleinen Schornsteinen steigen
zu sehen,* während der Regen *immer stärker* vom Himmel
fiel, *daß ihm fast die Tropfen aus den Augen herauskamen.*
So konnten ihn – *bei trüber Witterung und ähnlicher Ge-
mütsstimmung – die schönsten Landschaften (…) nicht ent-
zücken.*

Erst als Heines Kutsche *über die Berge Tirols* kletterte
und die *traulichen Tannenwälder rauschten,* kam ihm *so
manch vergessenes Liebeswort ins Gedächtnis zurück.* Vor
allem wenn ihn *die großen blauen Bergseen so unergründ-
lich sehnsüchtig anschauten, dann dachte* er an *eine ver-
altete Geschichte, die* er *selbst nur* noch *aus einigen Lieder-
reimen* kannte:

Es waren zwei Königskinder,
Die hatten einander so lieb,
Sie konnten beisammen nicht kommen,
Das Wasser war viel zu tief –

Diese Worte klangen in dem reisenden Dichter immer wieder nach, *als er, bei einem von jenen blauen Seen, am jenseitigen Ufer einen kleinen Knaben und am diesseitigen ein kleines Mädchen sah, die beide in der bunten Volkstracht, mit bebänderten, grünen Spitzenhütchen auf dem Kopfe, gar wunderlieblich gekleidet waren und sich hinüber und herüber grüßten –*

Sie konnten beisammen nicht kommen,
Das Wasser war viel zu tief.

Dann weiter und weiter.

Im südlichen Tirol klärte sich das Wetter endlich *auf, die Sonne von Italien ließ schon ihre Nähe fühlen, die Berge wurden wärmer und glänzender. Ich sah schon Weinreben, die sich daran hinaufrankten. Wenn ich mich aber zum Wagen hinauslehne, so lehnt sich mein Herz mit mir hinaus und mit dem Herzen all seine Liebe, seine Wehmut und seine Torheit. (…) Während die Sonne immer schöner und herrlicher aus dem Himmel hervorblühte und Berg und Burgen mit Goldschleiern umkleidete, wurde es auch in meinem Herzen immer heißer und leuchtender, ich hatte wieder die ganze Brust voll Blumen, und diese sproßten hervor und wuchsen mir gewaltig über den Kopf, (…) als mich all die großen italienischen Augen plötzlich ansahen und das buntverwirrte italienische Leben mir leibhaftig, heiß und summend, entgegenströmte.*

So kam Heinrich Heine nach Italien.

SMS-Nachricht von Aaron an
seine Mutter:

Hallo, Mama! Heute ist ein großer
Schäferhund bellend auf mich
zugerannt. Im letzten Moment hat
ihn eine Frau zurückgepfiffen.
Dicht vor mir hat er sich hingelegt,
mich angestarrt und angeknurrt.
Ich hatte echt die Panik, war froh,
als wir wieder aus dem Dorf raus
waren. Ich denke an dich – LG –
Dein Aaron

Auf rutschigem Höhenpfad

Der Vater

Immer wieder fasziniert mich die Vorstellung, dass Heinrich Heine in der Postkutsche an den gleichen Flussläufen und Bergen vorbeigebraust ist, die auch wir auf unserem Weg durch die Alpen erleben. Es ist dieselbe Reise und doch eine ganz andere. Zu viel hat sich in fast zweihundert Jahren auf Heines Reiseroute verändert. Wenig ist so geblieben, wie es zu seiner Zeit war: manchmal ein Gasthof, ein alter Brunnen, eine Kirche oder die Ruinen einer alten Burg. So offenbart sich nicht immer eine Brücke zwischen Vergangenheit und Gegenwart, auch wenn ich mich in Heines Texte vertiefe und seine anschaulichen Beobachtungen lese. Vieles erleben Aaron und ich eben ganz anders. Etwa unsere Nächte im Zelt zwischen Almwiesen und schroffen Hängen. Nächte, die ohne Lampe so dunkel sind, dass wir die Hand nicht vor Augen sehen. Nächte, in denen es im Zelt feucht und kalt wird. So wie heute: Eingemummelt liegen wir in unseren Schlafsäcken. Wir befinden uns auf einer Höhe von etwa 1000 Metern. Es dämmert, und ich taste nach unserem kleinen Wecker. 5.50 Uhr. Ich fühle mich belebt und ausgeschlafen. Was wird uns der heutige Tag bringen? Wie weit werden wir wohl kommen?

Bis zum Brennerpass in den Ostalpen, dem höchsten Punkt unserer Wanderung, ist es noch ein ganzes Stück

Weg. Ob wir es morgen tatsächlich bis zum Grenzübergang zwischen dem österreichischen Bundesland Tirol und der zu Italien gehörenden Autonomen Provinz Bozen-Südtirol schaffen, hängt aber vor allem vom Wetter ab. Also lausche ich dem Wind, der um das Zelt saust. Es ist aber nur ein leichtes Brausen, das nicht bedrohlich wirkt. Die Bergluft ist ziemlich frisch, doch meine Zunge fühlt sich merkwürdig an, rau und trocken wie Schmirgelpapier. Ich nehme einen Schluck aus der Wasserflasche, greife nach den Stiefeln, drehe den Kopf und sehe, dass Aaron noch schläft. Er liegt auf dem Rücken, die Knie leicht angewinkelt und den Schlafsack bis hinauf zum Kinn gezogen. Leise streife ich mir Hose und Hemd über, öffne den Reißverschluss des Biwaks, rappele mich auf und trete ins Freie. Sofort habe ich Wald und Wiesen im Blick, und den Flusslauf der Sill, dem wir seit Innsbruck gefolgt sind. Zu meiner Rechten entdecke ich ein paar Hummeln, die sich von Blume zu Blume arbeiten. Dann bemerke ich einige Vögel, die auf unsichtbaren Luftströmen segeln. Alles wirkt so herrlich unberührt. Nur: der Himmel ist wolkenverhangen. Die Sonne ist noch nirgendwo zu sehen, nicht einmal als matte Scheibe.

Ich nutze die frühe Morgenstunde und spaziere ohne Rucksack ein Stück an der Sill entlang – ein gerade mal 35 Kilometer langer Flusslauf, der östlich des Brennerpasses entspringt. Seit zwei Tagen sind wir ihm flussaufwärts gefolgt. Immer wieder bin ich überrascht, wie viele Wasserläufe es in den nördlichen Alpen gibt, die sich überall ihren Weg bahnen. Nie ist man weit von strömendem Wasser entfernt. Manchmal rauscht und plätschert es den ganzen Tag.

Schweigend gehe ich durch feuchte Wiesen, bleibe gelegentlich stehen und betrachte die Vegetation: hier ein paar bunte Flechten an einem Felsblock, dort einige zu Kissen verflochtene Pflanzen. Nach fünfzehn Minuten steigt von den Füßen her eine angenehme Wärme auf, und ich kehre zu unserem Biwak zurück. Aaron hat sich gerade aus dem Schlafsack gepellt. Gähnend räkelt er sich vor dem roten Zelt. Seine Bewegungen wirken noch schwerfällig und unkoordiniert.

»Morgen!«, rufe ich von weitem.

»Moin, moin, wie weit ist es noch?«

»Bis nach Florenz?«

»Haha, guter Witz, Papa. Ich meine, bis zum Brenner.«

»Ich glaube nicht, dass wir es heute schaffen. Vielleicht morgen. Es kommt aufs Wetter an.«

»Sieht ja heute nicht so gut aus,« meint Aaron und schlüpft in Hemd und Hose.

»Ich bin gespannt, ob sich die Wolken noch auflösen«, erwidere ich und ziehe meinen Rucksack aus dem Zelt. Wortlos packen wir zusammen und lösen routiniert unser kleines Lager auf. Eine Stunde später sind wir wieder unterwegs. Schritt für Schritt folgen wir der Sill und erreichen nach etwa einer Dreiviertelstunde das Dorf Steinach am nördlichen Teil des Wipptals. Unweit der barocken Dorfkirche mit mächtiger Doppelturmfassade kehren wir in einem Gasthof zum Frühstück ein. Es gibt Wurst, Käse, Brot und Joghurt.

Gut gestärkt ziehen wir eine Stunde später weiter. Doch inzwischen ist starker Wind aufgekommen, den wir besonders im Gesicht spüren. Wenn wir bergauf gehen, packen uns die kräftigeren Böen an den Rucksäcken und stoßen uns fast um. Gebeugt stemmen wir uns dann gegen den Wind und kommen nur mühsam vorwärts.

Bei Stafflach, das lediglich aus ein paar Häusern und einer Tankstelle besteht, suchen wir den Wipptaler Wanderweg. Windschiefe Hinweisschilder führen uns in Richtung St. Jodok. Nach zwei Kilometern merken wir, dass wir anscheinend in die falsche Richtung gehen. Wir kehren um und fragen einen einsilbigen Bauern mit wettergegerbtem Gesicht und Schlapphut nach dem richtigen Weg. Er zeigt uns einen schmalen Trampelpfad, der hundert Meter oberhalb der Bahnlinie verläuft, die nach Italien führt. Wir folgen diesem Weg, der uns bergan in zahllosen Serpentinen in immer dichter werdenden Wald führt. Irgendwann stoßen wir dort dann auf einen Höhenweg, dem wir in Richtung Gries folgen, ein kleines Dorf vor dem Brennerpass, den wir aber heute nicht mehr erreichen. Denn der Wandergott verlässt uns – und Regen setzt ein. Erst tröpfelt es, dann nieselt es. Trotzdem laufen wir weiter. Aaron brummelt zwar grimmig und missgestimmt vor sich hin, doch auch als sich so langsam ein richtiger Wolkenbruch entwickelt, lassen wir uns nicht abschrecken. Mit den Regenponchos, in denen wir nun mitsamt unseren unförmigen Rucksäcken stecken, trotten wir weiter voran und sehen aus wie zwei Glöckner von Notre-Dame.

Erst als es wie aus Kübeln schüttet, der Regen uns über Stirn und Haare rinnt und der schmale Saumpfad sich in eine Schlammbrühe verwandelt, ist kein Schritt mehr sicher. Auf dem rutschigen Untergrund können wir das Gleichgewicht kaum noch halten und gehen schließlich beide zu Boden. Erst Aaron, dann ich.

»Ein Dach über dem Kopf wäre jetzt nicht schlecht«, meint Aaron lachend. Doch bis Gries ist es zu weit, und rundum gibt es nichts, wo wir ein Zelt aufschlagen könnten. Zu steil sind die Hangseiten auf beiden Seiten des

Pfads. Also trotten wir weiter, bis Aaron nach weiteren fünfzehn Minuten ein flaches Fleckchen Erde entdeckt, wo wir das Biwak errichten können.

Trotz des Regens brauchen wir nur ein paar Minuten, dann steht unser kleines Schutzhaus aufrecht. Bloß die Verankerung im Waldboden macht uns einige Probleme. Während wir uns abmühen, das Zelt mit Heringen und Halteleinen zu befestigen, versinken wir immer wieder bis zu den Knöcheln in dem sumpfigen Boden zwischen grünem Moos, gelbbraunen Flechten und abgebrochenem Astwerk. Es dauert eine Weile, bis das Biwak mit drei langen Halteleinen an einigen Baumstämmen festgezurrt ist. »So, das muss reichen«, meine ich und schaue noch einmal zu den Baumkronen hinauf, über denen sich tiefschwarzes Wolkengebräu festgesetzt hat. »Ich glaube nicht, dass sich das Wetter heute noch bessern wird.«

»Es sieht wirklich übel aus«, stimmt mir Aaron zu und schlüpft ins Zelt. Kaum haben wir den Reißverschluss hinter uns zugezogen, werfen wir die klatschnasse Kleidung in eine Ecke und ziehen etwas Trockenes aus den Rucksäcken an.

»Jetzt können wir nur warten, bis die Regenwolken weiterziehen«, sage ich und spüre eine große Schwere, ein Gefühl der Lethargie. Es ist, als wären meine Glieder plötzlich zentnerschwer, und ich lasse mich auf den ausgerollten Schlafsack zurückfallen.

»Schön wäre jetzt ein heißer Kakao, und anschließend könnte ich ein saftiges Steak mit Bratkartoffeln und reichlich Ketchup verdrücken!«

»Daraus wird heute nichts«, entgegne ich. »Du musst dich wohl mit ein paar Äpfeln und wassergetränkten Biskuitkeksen begnügen. Das ist alles, was wir noch haben.«

In dieser Nacht ergießt sich nicht nur eine regelrechte Sintflut über uns. Wir erleben das ganze Ensemble gruseliger Alpenwitterung: Der Wind wühlt im Astwerk der Bäume, und unheimliches Sausen erfüllt die Luft. Erste Blitze zucken durch die Finsternis, gefolgt von krachendem Donner. Es ist, als würde die Wetterküche ihr ganzes Repertoire aufbieten. So etwas wünsche ich keinem Menschen, der in der Natur übernachtet. Wir fühlen uns wie in einem wasserfallumtosten Ballon und dämmern in den Schlafsäcken dahin. Wachsein und Schlaf vermischen sich und begegnen einander in Halbträumen, durch die wir das Rauschen des Regens hören.

Am nächsten Morgen tut uns alles weh. Wir haben schlecht geschlafen und schlecht gelegen. Die Nacht war einfach zu nass, zu kalt, zu anstrengend. Wind und Regen haben ununterbrochen gewütet. Nicht einen Moment gab es Ruhe. Aaron und ich haben kaum ein Auge zugetan. Und auf meine Frage »Alles gut?« antwortet mein Sohn nur mit einem kurzen Nicken und reißt dann gähnend den Mund auf.

Völlig übernächtigt kriechen wir schließlich aus dem Biwak. Der Regen hat zum Glück nachgelassen. Am freigeblasenen Himmel blinzelt die Sonne mit mildem Schein. Warmes Licht flutet an einigen Stellen wie ein Strahlenfächer durch das dichte Wucherwerk der Baumkronen. Und für eine kurze Weile stehen wir unter den tropfenden Zweigen des grünen Blätterdachs ganz still da, um ein paar Sonnenstrahlen zu erhaschen, die uns die stürmische Regennacht vergessen lässt. Es sind Augenblicke, die wir wie ein kleines versöhnliches Geschenk empfinden.

Nur mit Widerwillen machen wir uns dann ans Packen, denn alles ist nass: Zelt, Matten, Schlafsäcke, Pullover, Hosen, Hemden, T-Shirts, Unterwäsche, Socken und ein paar Lebensmittel. Nur die Fotoausrüstung und unsere Tagebücher stecken in einem wasserdichten Beutel. Als wir aufbrechen, sagt Aaron: »Was würde ich jetzt für ein Paar Gummistiefel geben!« – denn die Erde ist weich und schwammig. Schon nach wenigen Metern stellen wir fest, dass Vegetation und Boden vom nächtlichen Dauerregen noch glitschiger geworden sind. Immer wieder saugen sich die Stiefel im Morast fest. Streckenweise müssen wir sogar sprudelnde Bäche durchqueren, die wie aus einem geöffneten Wasserhahn die Bergrücken hinabschießen und in schmalen Gräben, Erdspalten oder Bachbetten verschwinden. Dann wieder klettern wir über umgestürzte Stämme und pflanzenüberwucherte Felsblöcke, laufen durch morsches Unterholz. Nicht selten ist die Vegetation so dicht, dass wir den bemoosten, schlüpfrigen Untergrund kaum sehen können. Wir müssen auf der Hut sein, um nicht den Halt zu verlieren.

Im selben Maße, wie die Sonne am Himmel höher steigt, verändert sich auch der Wald. Die Feuchtigkeit, die er während der nächtlichen Regenflut aufgesogen hat, schwitzt das dichte Blattwerk nun wieder aus. Um uns herum wabert dichter Wasserdampf. Es ist wie in einer Großwaschküche. Zudem riecht es leicht nach Moder: süßlich und schwer. Ist es der Wald? Vielleicht der Erdboden? Oder ist es der Geruch unseres Schweißes? Sind wir es, die wie ungelüftete alte Schränke muffeln?

Die nächsten Stunden ziehen sich hin. Das mühsame, zögerliche Gehen auf dem schlüpfrigen Höhenpfad, der sich wie ein gewundenes Band um die Berghänge windet, strengt ganz schön an, zumal die Riemen unserer Rucksäcke an ungewohnter Stelle drücken. Es sind die nassen

Sachen, die, anders gepackt als sonst, unsere Traglast auf den Schultern aus dem Gleichgewicht bringen. Dreimal bleibe ich mit beiden Stiefeln im Morast stecken, sodass ich mein Schuhwerk mit den Händen ausgraben muss, während Aaron sehr viel besser mit dem morastigen Waldboden zurechtkommt. So läuft er unverdrossen voraus, glitscht, rutscht und schlittert freudig, als wäre er mit Schlittschuhen auf einem Eispfad unterwegs. Nur auf manchen Lichtungen bleibt er stehen, wartet auf mich und frotzelt: »Bist du auch schon da! Bei deinem Tempo kommen wir nie ins nächste Dorf.«

»Wenn ich im Schlamm versinke, kann ich keine Strecke machen. Du hättest mir ja auch mal helfen können!«

»Entspann dich, Papa! Nun reg dich doch nicht gleich auf. Wenn wir nach Gries kommen, gehen wir in den nächsten Gasthof. Dann ist alles wieder gut!«

»Okay, einverstanden«, stimme ich zu und kann mich nur mühsam beherrschen, als Aaron fragt: »Hast du nicht auch ziemlichen Hunger?«

»Doch, habe ich.«

»Ein herrliches Frühstück wäre jetzt toll … mit Brot, Schinken, Käse und Obst.«

Aaron spricht mir aus der Seele. Vor allem der Südtiroler Markenspeck, der als einziger den Namen »Südtirol« tragen darf, hat es mir angetan. Ein Gastwirt in Steinach hat mir erzählt, dass es heutzutage in Südtirol fast dreißig anerkannte Hersteller des berühmten Markenspecks gibt. Der Rohschinken ist einst aus der Notwendigkeit entstanden, das Schweinefleisch haltbar zu machen. Als sein Geheimnis gilt die lange Reifezeit von zweiundzwanzig Wochen in frischer Bergluft. Dadurch soll der Südtiroler Markenspeck viel milder, zarter und ausgewogener im Geschmack sein als die nordischen Räucherschinken, aber dennoch würziger und intensiver als die Rohschinken aus dem Mittelmeerraum.

Zwei Stunden später sind wir in Gries, einem gemütlichen Dorf, umgeben von einzelnen Höfen, die auf wiesenbewachsenen Höhen und bewaldeten Berghängen stehen. Schon zur Römerzeit war Gries eine wichtige Station vor dem Brennerpass. Hier rasteten Karl der Große, Albrecht Dürer sowie Goethe und Mozart auf ihrem Weg über die Alpen. Kein Wunder, dass manche Straßengasthöfe schon seit Jahrhunderten bestehen. Erst nach der Fertigstellung der Brennerautobahn und der damit verbundenen Umleitung des Transitverkehrs ist es in Gries ruhiger geworden. Ein netter Ferienort ohne Massentourismus, der uns ein Gefühl von Geborgenheit vermittelt. Genau das Richtige! Und als wir etwas später in einer gemütlichen Pension ein Doppelzimmer beziehen, sind wir in kindlicher Jubelstimmung.

»Mit Balkon und heißem Wasser«, lacht Aaron, reißt sich die feuchtschmutzigen Kleider vom Leib und springt unter die heiße Dusche, während in der geräumigen Bauernküche ein deftiges Frühstück für uns zubereitet wird. Wir sind uns einig: Hier bleiben wir erst einmal. Nach sintflutartiger Regennacht und morastiger Wegstrecke haben wir uns einen Ruhetag verdient.

SMS-Nachricht von Aaron an
seinen Freund Kjell:

Hallo, Kjell! Gestern Nacht waren
wir in der Regenhölle. Nur

Dunkelheit und Wasser. Stell dir vor, du müsstest unter einem Wasserfall zelten! Ich hab gedacht, unser Zelt schwimmt weg. Jetzt erholen wir uns in einer netten Pension. Hätte gerade Lust, mit dir durch Hamburg zu ziehen und mal wieder Party zu machen. Aber in den nächsten Wochen musst du für mich mitfeiern! Das schaffst du schon. Sei gegrüßt! Aaron

Der Indianer am Brennersee

Der Sohn

Ich sehe ihn schon von weitem und traue meinen Augen kaum, denke, ich bin im falschen Film. Ein ziemlich heruntergekommener Mann mit langem grauen Haarzopf, der auf einer Bank sitzt und über den Brennersee schaut. Rundum viel Grün. Ein paar kleine Kinder toben am Uferstrand, und ein Angler steht mit hohen Gummistiefeln im Wasser. Gleich hinter dem See liegt die Brenner-Autobahn, die meistbefahrene Verbindung zwischen Österreich und Italien. Das Rauschen des Verkehrs dringt bis zu uns herüber.

Als uns der Mann auf der Bank entdeckt, hebt er die rechte Hand und winkt. Schnell schaue ich weg, richte die Augen stur auf den Weg und sage zu Papa: »Lass uns weitergehen!« Zu spät! Schon erhebt sich die merkwürdige Gestalt schwerfällig von der Bank, faltet die Hände hinter dem Nacken, dehnt und streckt den langen Körper und ruft mit krächzender Stimme zu uns herüber: »Habt ihr vielleicht einen Schnaps dabei?«

Papa und ich schauen uns an, wollen nicht glauben, was wir da eben gehört haben.

»Mit Alkohol können wir nicht dienen«, meint Papa. »Schnaps haben wir nicht dabei, nur Mineralwasser.« Nun ist der Mann schon näher gekommen, und wir haben keine Möglichkeit mehr, dieser Begegnung auszuweichen. Also nehmen wir die Rucksäcke von den Schultern und stellen sie auf den Boden.

»Ganz schön heiß heute«, betreibt Papa Smalltalk und schaut zum See hinunter. Ich sehe mir den Mann indessen genauer an. Er ist mindestens ein Meter neunzig groß, wirkt mager und verwahrlost. Zu einer ausgefransten beigefarbenen kurzen Hose mit Löchern trägt er ein zerschlissenes Hemd, dessen Ärmel aufgekrempelt sind. Die Füße stecken in verschmutzten roten Socken und vergammelten Bergstiefeln. Während der rechte Stiefel von einem langen Schnürsenkel zusammengehalten wird, ist der linke mit schwarzem Isolierband umwickelt. Seine grauen, nach hinten gekämmten Haare hängen als Pferdeschwanz bis auf die Schultern herab. Eine große, mit einem Gummiband befestigte Vogelfeder steckt im Haar. Irgendwie sieht er wie ein Indianer aus, denke ich. Ein Alpen-Indianer. Doch sein Gesicht ist überhaupt nicht indianisch. Zur Hälfte mit Bartstoppeln bedeckt, ist es ziemlich hohlwangig. Unter seinen Augen hängen dicke schwere Tränensäcke, die ihn müde aussehen lassen. Sein Dialekt kling österreichisch. Und seine Sachen stecken nicht in einem Rucksack oder einer Umhängetasche, sondern in mehreren Plastiktüten, die er in einem silbernen Einkaufswagen übereinandergestapelt hat. Ich überlege, wie er mit dem Einkaufswagen einer großen Supermarktkette bis hierher an den Brennersee gekommen ist. Immerhin ist die nächste Stadt viele Kilometer entfernt. Doch irgendwie ist es mir unangenehm, nachzufragen.

»Wenn ihr schon nichts Vernünftiges zu trinken habt, könnt ihr mir aber doch bestimmt etwas zu futtern geben, oder?«, meint der Grauhaarige mit breitem Lachen.

Ich halte mich zurück, während Papa sagt: »Klar, was zu

essen haben wir.« Dabei kramt er einen Apfel sowie ein belegtes Käsebrot aus dem Rucksack.

»Nicht schlecht. Dank dir. Ihr seid sicher Vater und Sohn, oder? Wohin wollt ihr denn?«

»Heute erst mal über den Brenner und dann weiter nach Gossensaß und Sterzing«, erzählt Papa.

»Bis nach Sterzing? Und was wollt ihr da?«

Ich werfe Papa einen genervten Blick zu und erkläre dann: »Unser endgültiges Ziel ist Florenz.«

»Was, Florenz? Zu Fuß? Das ist unmöglich. So 'n Quatsch. Verarschen kann ich mich auch selber. Woher kommt ihr überhaupt?«

»Wir sind in München gestartet, vor etwa zehn Tagen.«

»Von München bis hierher zu Fuß?«

»Ja, zu Fuß«, bestätige ich.

»Ihr seid ja total durchgeknallt. Warum macht ihr denn so was Verrücktes? Seid ihr auf der Flucht?«

Papa und ich schauen uns grinsend an, wobei ich mir nicht vorstellen kann, dass diese Frage anders als ironisch gemeint ist. Dann sage ich: »Wir haben einfach Bock drauf – und folgen der alten Reiseroute von Heinrich Heine!«

»Alles klar, verstehe! Heine kenne ich, hab früher ja mal studiert, in Wien … Kunst, Geographie und so 'n ganzen Kram, ist aber schon lange her. Das war in einem anderen Leben. Jetzt bin ich hier …« Er schiebt sein silbern schimmerndes Haar hinter die Ohren zurück, holt tief Luft und atmet schwer. Sein Blick senkt sich, und eine ganze Weile schaut er zu Boden, ehe er sagt: »Wusste gar nicht, dass Heine über den Brenner gewandert ist.«

»Ist er auch nicht. Er ist mit der Postkutsche gefahren«, sagt Papa und nimmt Heines Italienbuch aus dem Rucksack. »Steht alles hier drin.«

Er schlägt das Buch auf der ersten Seite auf, beginnt kurz zu lesen und blättert dann weiter.

»Tolle Sache, die ihr da macht«, kichert er. »Aber bis Florenz ist es ein weiter Weg.«

»Das wissen wir. Doch erst einmal wollen wir zur Grenze. Ist es noch weit bis Italien?«

Er schüttelt den Kopf. »Nicht mehr weit. Dort vorn müsst ihr durch den Wald, dann geht's einen schmalen Weg mit Holzzaun rauf ... und gleich dahinter seit ihr auch schon an der Straße, die nach Italien führt. Wichtig ist, dass ihr euch dort drüben im Wald immer rechts haltet«, macht er uns klar und verlangt dann zwei Euro.

»Zwei Euro? Wofür?«, lacht Papa und schüttelt den Kopf.

»Für meine Auskunft. Ich bin doch kein Auskunftsbüro. Ich mach Urlaub!«

»Mit einem Einkaufswagen?«, fragt Papa ironisch und klopft mit der Hand auf die Plastiktüten.

»Das geht euch nichts an«, erwidert er und kneift die Augen zusammen, als müsse er sie vor der Sonne schützen.

»Ich hab ja bloß gefragt«, entschuldigt sich Papa und geht einen Schritt zurück.

»Wisst ihr was, gebt mir jetzt zwei Euro, und dann verschwindet!«

Wieder schüttelt Papa den Kopf, zückt aber dann sein Portemonnaie, worauf der Grauhaarige seinen Preis auf fünf Euro erhöht. »Jetzt ist aber Schluss«, winkt Papa ab. »Mehr als einen Euro gibt es nicht. Ich glaube, das reicht für die Auskunft!«

Rasch greift der Mann nach dem Geldstück, lässt es in seiner Hosentasche verschwinden und geht wieder zu seiner Bank. Dort steckt er sich eine selbstgedrehte Zigarette an, legt sich auf seinen schmuddeligen Mantel und pustet den Rauch in die Luft. Er fühlt sich sichtlich wohl, während wir unsere Rucksäcke umschnallen und wieder losstiefeln.

»Ich hab mir gleich gedacht, dass so ein Typ nur ein paar Euro abzocken will«, sage ich, als wir weiter durch den Wald laufen, wo wir mit den Rucksäcken immer mal wieder an den Ästen der Birken und Tannen hängen bleiben. Doch schon nach wenigen hundert Metern spüre ich ein unangenehmes Gefühl. Ich schäme mich ein wenig vor mir selbst und weiß auch, warum. Es hat mit dem »grauhaarigen Alpen-Indianer« zu tun. Wahrscheinlich ist es die Diskrepanz zwischen seinem und unserem Leben, die mich irritiert und die ich nicht so leicht beiseiteschieben kann. Es ist dieser krasse Unterschied zwischen meinem und seinem Leben. Ein Leben ohne Dach über dem Kopf, ohne feste Bleibe, ohne Zuhause, ohne Job. Vielleicht ständig auf der Suche nach einer Notschlafstelle. Immer auf der Straße vom Betteln leben und das ganze Hab und Gut, das man noch besitzt, bei sich tragen – in Taschen, Rucksäcken, Körben oder Plastiktüten. Unvorstellbar. Wie leicht kann man doch im Leben aus der Bahn geworfen werden! Wie leicht kann man alles verlieren – und abfällig als »Berber« oder »Penner« bezeichnet werden. Was wird aus mir, wenn ich im Leben mal Schiffbruch erleide und niemand da ist, der mich auffängt?

Kaum eine halbe Stunde später erreichen wir den Grenzübergang nach Italien. Auf einem großen weißen Hinweisschild steht »Brenner«. Trotz einer Höhe von 1372 Metern ist es der niedrigste Pass des Alpenhauptkamms. Wir schauen uns um, sehen die alten Zöllnerhäuser, die seit Jahren nicht mehr genutzt werden. Hier gibt es keine Passkontrolle und keinen Schlagbaum mehr. Wir gehen – einfach

Am Grenzübergang Brenner kommen wir von Österreich nach
Italien.

so – von einem Land ins andere. Schon komisch. Nur eine
große, schmutzige Italienflagge, die sich im leichten Wind
an einem hohen Mast bewegt, zeigt uns, dass wir Österreich verlassen.

Gleich hinter der Grenze befindet sich die italienische
Ortschaft Brenner. Eine große Enttäuschung. Denn Brenner ist kein Ort zum Wohlfühlen. Alles wirkt düster und
ausgestorben. Die Häuser, die Imbissbuden, die Einkaufsläden und auch die Menschen wirken düster. Selbst der
Himmel ist mit dicken, schweren Wolken verhangen. Nur
die Speisekarten einiger Gasthäuser machen mir Freude, sie
lassen mich wissen: Das italienische Südtirol ist ein Land
zwischen Knödeln und Spaghetti.

SMS-Nachricht von Aaron an
seinen Freund Michael:

HIHO, Michi! Wir sind jetzt in
Italien!!!!!!! Haben gerade die
Grenze überschritten. Bamm, ich
habe es echt gepackt. Leider
hängen gruselige Wolken am
Himmel. Ich hoffe, meine
Sonnenbrille kommt noch zum
Einsatz. LG – Aaron.

Immer am Eisack entlang

Der Vater

Jenseits des Brennerpasses folgte Heinrich Heine dem Flusslauf des Eisack (italienisch: Isarco), der *auf der anderen Seite* seines *Weges dahinschoß*. Es ist der zweitgrößte Fluss Südtirols, der in einer Höhe von 1990 Metern am Brenner entspringt und gen Süden fließt. Ein 96 Kilometer langer und lebendiger Wasserlauf, der für die Stromerzeugung vieler Orte in dieser Region wichtig ist. Das ist auch der Grund, weshalb der Eisack an einigen Stellen gestaut und teilweise abgeleitet wird. Sein Name geht auf die ersten, rätischen Siedler in dieser Gegend zurück, die ihn »Isarci« nannten. Die indogermanische Wurzel dieses Wortes, »es« oder »is«, bedeutet »fließendes« Wasser. Die ab 600 n. Chr. eingewanderten Bajuwaren hängten das »Ache« daran, was zu dem Namen »Eisach« führte, der bis ins 19. Jahrhundert hinein gebräuchlich war und den auch Heine verwendete.

Während Heinrich Heine mit der Postkutsche durch das weitläufige Eisacktal fuhr, kommen wir sehr viel langsamer voran, sehen aber so manches, was vielleicht auch Heine beim Blick aus dem Kutschenfenster schon auffiel: Bergbauern, die das Gras noch mit der Sense schneiden; Kuhhirten, die ihre Tiere auf die Alm führen; Feldarbeiter, die an steilen Hängen das Heu mit einer großen Gabel auf einen Ziehschlitten laden, der von einem trittsicheren Pferd

gezogen wird; Männer mit robusten Schultern, die Sperr-
zäune reparieren und Weideflächen von Heckenrosen oder
Waldanflug frei halten. Und ab und an eine kleine Almhütte. Vor einer dieser hölzernen Behausungen sitzt Georg.
Sein ganzes Leben hat er geschuftet, hat auf Feldern gearbeitet oder das Vieh versorgt. Immer hat er mit den Händen
gearbeitet. Vom Melken bis zum Schleppen vieler Lasten.
Von fünf Arbeitstagen in der Woche konnte er nur träumen. Und auch viel Geld hat er nie verdient. Meist hat es
gerade so gereicht. Doch für ein Leben unten im Ort, in
Gossensaß, war es doch nie genug. Jetzt ist er zweiundsieb-
zig Jahre alt. Und wenn er im Abendlicht auf seiner Holzbank sitzt, wirkt sein Gesicht so schroff und abweisend wie
die Felsen ringsum.

Ganz schlicht und einfach ist auch sein windschiefes
Häuschen gebaut. Der Fußboden ist aus gestampftem Lehm,

Immer wieder geht es in Tirol durch blühende Wiesen und bewaldete Bergrücken.

Bänke, Stühle, Tisch und Bett sind aus rohem Holz gezimmert und meist verräuchert wie der Speck und die Wurst, die über der Feuerstelle und dem Abzug hängen. Vor dem Haus ist ein Verschlag mit ein paar Hühnern. Gleich daneben drei Ziegen, drei Milchkühe, vier Katzen. Ein wuscheliger Hund liegt zu seinen Füßen. »Mit den Tieren komme ich viel besser aus als mit den Menschen«, sagt er. Aaron schaut irritiert, und ich frage, ob ich ein paar Fotos machen kann. Er nickt. Seine Augen blicken ohne Neugier. Sie schauen mich einfach an. Unbeirrt und natürlich. Ich fühle mich leicht verunsichert, mache aber trotzdem einige Fotos – von ihm, von seinem Haus, von seinen Tieren. Mehrmals drücke ich auf den Auslöser. Nun habe ich einige Bilder. Aber mit der Wirklichkeit haben sie nichts zu tun. Es gibt Dinge, die kann man nicht fotografieren.

An der ehemaligen Bahnstation Schelleberg vorbei, heute völlig vergessen und verwaist, folgen wir über einen Hügel mehreren Serpentinen, die uns nach Gossensaß führen. Ein kleiner Ort im Tal, wo rund 1100 Menschen leben. Viele Häuser mit holzvertäfelten Balkonen und farbenfrohen Blumenkästen sind mit Holzschindeln gedeckt. Früher war der Ort ein wichtiger Rastplatz auf dem Weg zum Brennerpass. Heute ist Gossensaß ein heimeliger Kurort mit warmen Thermalwasserquellen. Die Menschen im Café, wo wir uns mit reichlich Kuchen und Cola stärken, reden in einem breiten Dialekt, der für uns fast nicht zu verstehen ist. Dafür ist ihre Freundlichkeit umso deutlicher spürbar. Mehrmals treten völlig wildfremde Menschen an unseren Tisch und fragen, ob wir Vater und Sohn seien, die auf Wanderschaft sind. Mit einem Lächeln nicken wir und ernten im gleichen Moment heftiges Schulterklopfen, aufmunternde Worte und viele gute Wünsche für unseren Weg.

Dann geht es weiter. Kilometer für Kilometer setzen wir einen Fuß vor den anderen und kommen schließlich nach Sterzing, das, von hohen Bergen umringt, in einem malerischen Tal liegt. In einer beschaulichen Pension finden wir ein Quartier für die Nacht, schlafen in einem riesigen Doppelbett mit Bauernmalerei. Über unseren Köpfen hängt ein großes Marienbild in prachtvollem Rahmen.

Als ich tags darauf gegen neun Uhr die Augen aufmache, denke ich, dass ich lange nicht mehr so tief geschlafen habe. Kein Traum, keine störenden Geräusche. Nichts als tiefer, satter Schlaf. Und Aaron? »Eine super Nacht«, meint er. »Wären da nicht die Schmerzen in meinem Rücken und die steifen Glieder!«

Zwei Stunden später laufen wir wieder am Fluss entlang. Erst auf Feld- und Schotterwegen, dann auf ermüdendem Asphalt. Unsere Stimmung ist beschwingt, obwohl sich die Blasen mehren, die wir aber gar nicht richtig wahrnehmen, nicht wahrnehmen wollen. Wir sind euphorisiert bis zur Unvernunft. Und weil die Berge so gigantisch wirken, der Himmel darüber so blau leuchtet, ein paar Kühe mit ihren Glocken so nett bimmeln und wir jene Düfte von Pflanzen und Gräsern schnuppern, die vielleicht auch Heinrich Heines Postkutsche einst umwehten, gelingt es uns, die aufkommenden Schmerzen zu verdrängen. Erst als wir am Abend den Rucksack abnehmen, uns mit einem Taschentuch den Schweiß aus dem Nacken wischen und die feuchtgeschwitzten Socken von den glühenden Füßen ziehen, sehen wir, dass wir eine Menge Blasen und blutige Risse an den Füßen haben. Uns bleibt das Lachen im Hals stecken, als wir die vielen Blasen an Zehen und Fersen beäugen. Doch ohne Umschweife gestehen wir uns ein: Wenn wir in den kommenden Tagen und Wochen lustvoll weiterlaufen wollen, müssen wir Füße und Beine mehr schonen, müssen wir ein paar Gänge runterschalten. Sonst wird unsere weitere Wanderung alles andere als lustig sein.

In Franzensfeste übernachten wir im Hotel Post Reiffer. Wir versinken förmlich in den Matratzen der Betten, die so weich sind wie Vanillepudding. Wenn wir in der Nacht das Fenster öffnen, scheint der Fluss mitten im Zimmer zu rauschen. Denn nur einen Steinwurf entfernt strömt der Eisack mit Getöse durch den kleinen Ort.

Gleichwohl haben wir Glück, dass wir in Franzensfeste noch kurz vor Ladenschluss einen Supermarkt erreichen, um einige Lebensmittel und Getränke einzukaufen. Ein geöffnetes Restaurant finden wir allerdings nirgends. Franzensfeste wirkt weltentrückt und gottverlassen. Es herrscht eine leicht bedrückende Atmosphäre, die sich auf uns überträgt. Wir sind weder mit uns noch mit der Welt im Einklang und fragen uns erstmals, ob der Alpen-Indianer vielleicht recht hatte und wir es vielleicht gar nicht zu Fuß bis nach Florenz schaffen werden.

Am nächsten Morgen geht es uns verblüffend gut. Lust und Laune, Freude und Heiterkeit sind zurück. Von etwaigen Zweifeln ist keine Rede mehr. Wir sind unterwegs, um nach Florenz zu wandern. Das ist es, was wir wollen. Basta! Mit diesem euphorischen Gefühl gehen wir zum Frühstück und sitzen anschließend noch im Vorgarten unter schattigen großen Bäumen, wo ich einen zweiten und dritten Kaffee trinke, während Aaron ganz beiläufig über den Beruf des Kameramanns spricht. Schon seit München hält er unsere Wanderung mit einer HD-Kamera fest, um vielleicht (mit der Unterstützung eines Fernsehsenders) einen TV-Film daraus zu machen. Ich habe den Eindruck, er liebäugelt mit der Möglichkeit, ein Studium an einer Medienakademie zu beginnen.

Als wir gegen zehn Uhr loslaufen, ist es bereits unglaublich heiß. Über 30 Grad Celsius. Wir folgen einem relativ neu angelegten Fuß- und Radweg, der nach etwa einem Kilometer unter der Autobahn hindurchführt. Linker Hand liegt der blaugrüne Stausee des Eisack, rechter Hand gehen wir auf asphaltiertem Grund einen etwa drei Meter breiten Weg entlang, der uns in ein dichtes Waldgebiet führt, in dem sich der Lago di Varna (Vahrner See) erstreckt, ein Biotop und Badesee. Auf einem kleinen Uferstrich mit gelbem Sand lagern ein paar Familien. Wir stellen unsere Rucksäcke zu bunten Sonnenschirmen, Picknickkörben, Plastikspielzeug, Hautcremes, Handtüchern, Sonnenhüten – und ziehen rasch unsere Badehosen an. Dann gehen wir langsam in den See und lassen uns hineingleiten. Herrlich ist es, als ich mit regelmäßigen, ruhigen Stößen losschwimme. Je weiter ich mich von dem kleinen Seestrand entferne, desto leiser werden auch die Stimmen vom Ufer, bis sie fast ganz verebben. Und in der Mitte des Sees höre ich nichts mehr außer dem gleichmäßigen Schwappen meiner Schwimmbewegungen. Um mich herum nur grüner Wald und blauer Himmel. Eine blaugrüne Lautlosigkeit, die plötzlich von Aarons kräftiger Stimme durchbrochen wird: »Hallo, Papa, ist das nicht superstill hier?«

»Ja, superstill!«, gebe ich lachend zurück, lege mich auf den Rücken und schwimme mit geschlossenen Augen weiter. Es ist ein Gefühl, als würde ich dem See, dem Wald und der Sonne gehören.

20 Kilometer weiter kommen wir nach Brixen, eine der ältesten Städte Südtirols. Im Jahr 901 wird der Name erstmals urkundlich erwähnt. Später kreuzten sich hier wich-

tige Handelsrouten, die durch das Pustertal und über den Brenner führten. In der hübschen Altstadt von Brixen, überragt vom mächtigen Dom Mariä Himmelfahrt und seiner Doppelturmfassade, denke ich an die Worte von Stefan Zweig, der einst über Südtirol schrieb: *Norden und Süden, Stadt und Landschaft, Deutschland und Italien, all diese scharfen Kontraste gleiten sanft ineinander. Selbst das Feindlichste scheint hier gesellig und vertraut.* Dafür ist Brixen ein treffendes Beispiel. Und so finden wir am Abend, unweit des barocken Doms, nicht nur eine Unterkunft für die Nacht, sondern auch die angesprochene Geselligkeit in einem gemütlichen Gasthaus. Bei Knödeln, Schweinebraten, Blutwurst und Sauerkraut tanken wir Entspannung, während Aaron verständnislos den Kopf schüttelt: »Mensch, Papa, das mit der Blutwurst versteh ich nicht. Wie kannst du so etwas essen? Das schmeckt doch nicht.«

»Ich wollte es mal probieren«, erkläre ich. »Eine derart deftige Blutwurst habe ich seit meiner Kindheit nicht mehr gegessen.« Doch schon nach zwei Bissen weiß ich, dass ich mich lieber dem Schweinebraten widme.

Als wir fertig sind, kommt der Kellner noch einmal an unseren Tisch, bringt einen Teller mit weichen, gefüllten Oliven – typisch italienisch – und fragt, ob wir noch einen Wunsch haben. Ich bestelle ein Glas Rotwein, und Aaron nimmt eine Cola. Dann hole ich Heines »Reisebilder« hervor, blättere ein bisschen in dem Buch und suche jene Stelle, an der Heine seine Eindrücke von Brixen festgehalten hat: *Brixen war die zweite größere Stadt Tirols, wo ich einkehrte. Sie liegt in einem Tal, und als ich ankam, war sie mit Dampf und Abendschatten übergossen. Dämmernde Stille, melancholisches Glockengebimmel, die Schafe trippelten nach ihren Ställen, die Menschen nach den Kirchen;*

überall beklemmender Geruch von häßlichen Heiligenbildern und getrocknetem Heu.

Anderntags machen wir uns sehr früh auf den Weg. Das Hochgebirge ist am Horizont gut sichtbar, während wir ohne Hast unsere Schritte setzen. Unter schnell fliegenden Wolken tauchen wir erneut in eine Wald-Wiesen-Feld-und-Felsen-Landschaft ein. Es ist eine Freude, mit dem Eisack Schritt zu halten, der neben uns dahinrauscht. Fast mühelos laufe ich an diesem Morgen und schließe das Bild des Flusses ganz in mich ein. Ich freue mich über die so rasch wiedergewonnene Gleichmäßigkeit der Bewegungen und spüre, wie das Gehen meinen ganzen Körper erfasst. Obwohl meine Füße am vergangenen Abend ziemlich wund gelaufen waren, fühle ich mich heute sehr gut. Ich scheine gar nicht genug vom Laufen kriegen zu können. Und so komme ich, im Rausch körpereigener Drogen, nach stundenlangem Gehen einmal mehr in einen Zustand, den man als »Zen der Bewegung« bezeichnen kann: Ich gehe und gehe und gehe, ohne dass mein Verstand so richtig bei der Sache ist. Der Kopf ist eigentlich gar kein Teil mehr von mir, und das Gehen wird zu einer automatischen Angelegenheit. Ich gehe, ohne dass ich es merke. Ein Schritt setzt sich vor den anderen. Es passiert einfach so, wie das Ein- und Ausatmen. Dies sind Augenblicke, in denen Glückshormone durch meinen Körper fluten.

Und auch Aaron, dessen blessierte Füße mit Blasenpflastern versehen sind, geht wie ein Aktivator. Mit gleichbleibenden Schritten hefte ich mich an seine Fersen und sehe deutlich, dass er nicht mehr so eckig geht wie am gestrigen Tag. Auch seine rucksackbedingten Schmerzen scheinen nachgelassen zu haben. Ich bewundere seine Willensstärke. Wenn er ein Ziel vor Augen hat, ist er wie ein Terrier, der über schier grenzenlose Kräfte verfügt. Ganz deutlich merke ich auch, dass er am Morgen seinen Kopf auf »Wandern« umschaltet. Es ist, als würde er einen Hebel umlegen und ganz rasch in seinen gewohnten Trott finden, um sich zu holen, was man beim Wandern braucht – diese durch gleichmäßige Bewegung veränderte Wahrnehmung.

Die meiste Zeit führt unsere Route am Eisack entlang. Wir laufen durch eine hügelige Landschaft mit viel Grün und hohen Bergen, genießen herrlichste Ausblicke. Im Osten liegen die Dolomiten und weiter im Westen die monumentalen Felsmassive der Ortler-Gruppe. Alles weit weg, aber im Kopf ganz präsent. Neben wundervollen Naturschönheiten passieren wir Orte, die ich nur von der Landkarte kenne: Milland, Albeins, Klausen, Waidbruck. Alles Orte ohne viel Leben. Aufgereiht stehen hier die Häuser an der Straße. Wir sehen kaum Menschen. Hin und wieder mal ein paar Kinder, doch ihre Mütter und Väter lassen sich nicht blicken. Dafür sehen wir viele Hunde, oft knurrend oder kläffend. Manche sind angekettet, können sich kaum bewegen, andere zerren und schleifen die eigene Hütte an einer Kette hinter sich her. Wieder andere toben in feinmaschigen Zwingern herum. Oft sind nicht Stille und Ruhe unsere Begleiter, sondern Gebell und Autolärm.

Mittlerweile sind wir über einen halben Quadratmeter der Landkarte gelaufen, die wir jeden Morgen und jeden Abend vor uns ausbreiten. Mit einem blauen Filzstift haben wir die Reiseroute Heinrich Heines eingezeichnet, mit einem roten Stift kennzeichnen wir unsere eigenen Tagesetappen. In zwei Wochen haben wir etwa 300 Kilometer geschafft. Eine ansehnliche Strecke, wobei wir täglich 20 bis 35 Kilometer zurücklegen, je nach Lust und Laune. Zudem richten wir uns nach den landschaftlichen Gegebenheiten und unserer jeweiligen Tagesform. Unsere sportiven Leistungsgrenzen sind noch lange nicht erreicht. Darum geht es uns aber auch gar nicht. Wir lassen uns Zeit, weil es nun mal eine ganze Weile braucht, bis wir mit Sinnen und Gedanken dort sind, wo unsere Körper gehen. Und es dauert auch immer eine gewisse Zeit, bis man die Geschwindigkeit der eigenen Wahrnehmung der seiner Füße angepasst hat. Ein Waldstück bei Tempo 120 ist beispielsweise nicht mehr als ein grünbraun verwischter Farbstreifen und hat mit einer Schritt für Schritt ergangenen Erlebniswelt nichts zu tun. Doch bei entsprechender Langsamkeit, also zu Fuß, werde ich mir der Einzigartigkeit jedes Baumes gewahr. Das ist es, was wir beide wollen: das Tempo unseres Unterwegsseins selbst bestimmen, damit wir die Welt, die sich uns Schritt für Schritt eröffnet, wieder intensiv erleben, mit ihren Tausenden von Einzelheiten. Nur auf diese Weise wird die konfuse Welt für mich wieder so, wie sie eigentlich sein sollte: überschaubar und einzigartig.

Ganz anders erleben wir Bozen. Hier erfasst Hektik das Auge, trotz des beschaulichen Waltherplatzes mit der Marmorstatue des Minnesängers Walther von der Vogelweide – den Heine als den größten deutschen Lyriker ansah –, trotz der verkehrsberuhigten Altstadt mit ihren schmucken historischen Häusern, über deren Dächern das Massiv des Rosengartens in den Himmel aufragt. So schön die Hauptstadt Südtirols sich auch präsentiert, unsere Blicke schrecken ein wenig zurück vor rollenden Blechschlangen, lauten Straßenlokalen, überfüllten Fußgängerzonen und grellen Beschriftungen. Zudem ist es hier unheimlich heiß. Die Stadt nimmt uns in den Schwitzkasten. Am eigenen

Leib erfahren wir, dass der Bozener Talkessel zu den wärmsten Regionen Italiens gehört. Die schroffen Hänge und Felsen, die uns hier umgeben, sind mit einem feinen Aderwerk aus Rebstöcken überzogen.

Kein Wunder also, dass wir uns nach Wald und Wiesen zurücksehnen, deren grüne Flächen den Blick zur Ruhe kommen ließen, nach den glucksenden Wassern der gezähmten Etsch, die uns ein ebenso angenehmer, plätschernder Begleiter war wie zuvor der Eisack, der sich in der Nähe von Bozen mit ihr vereint. Und wir wünschen uns zurück in die weiten Täler, die sich zwischen den hohen Bergfronten erstrecken, über denen sich die Wolken in den blauen Himmel zu stürzen scheinen. All das vermissen wir, nachdem wir unsere Rucksäcke für einige Stunden bei der Gepäckaufbewahrung am Busbahnhof untergebracht haben, um zu einem Gasthaus zu schlendern, wo wir in einem Vorgarten an weißen Tischdecken sitzen und eine deftige Wurst- und Käseplatte mit würzigem Roggenbrot verzehren. Dazu trinkt jeder zwei Gläser eiskalte Milch, und anschließend lassen wir uns den obligatorischen Apfelstrudel schmecken.

Ein paar Schritte weiter kaufen wir in einem Supermarkt noch etwas Wegzehrung für die beiden nächsten Etappen – von Bozen soll es nach Salurn und Trient gehen. Dann sind wir auch schon wieder unterwegs. 55 Kilometer laufen wir stetig leicht bergab durch eine friedliche Landschaft, vorbei an unzähligen Apfelplantagen, immer an der rauschenden Etsch entlang, während die hohen Berge zuweilen dicht heranrücken. Immer tiefer tauchen wir in das »richtige Italien« ein: Die Temperaturen nehmen zu, die Luft wird samtiger, die Vegetation exotisch-lieblich, die Bauweise der Häuser beschaulich-mittelalterlich; die Kirchenfassaden sind kunstvoll verziert, die Gesichter fröhlicher. Egal wo wir nun sind, wir spüren die mediterrane Lust am Leben – und die Hauptsprache ist nun Italienisch.

SMS-Nachricht von Aaron an
seinen Freund Kevin:

Hi, Kevin! Warst du mal wieder im
Kino? Was läuft so zur Zeit? Und
was macht deine Bewerbung? Hast
du schon einen Studienplatz? – Mir
geht's ganz gut. Alles im blauen
Bereich! Machs gut, bis bald!
Aaron

Bullenhitze in Trient

Der Vater

Heine erreichte Trient *an einem schönen Sonntag des Nachmittags (...) zur Zeit, wo die Hitze sich legt und die Italiener aufstehen und in den Straßen auf und ab spazieren.* Diese Stadt, notierte Heine, *liegt alt und gebrochen in einem weiten Kreis von blühend grünen Bergen, die, wie ewig junge Götter, auf das morsche Menschenwerk herabsehen. Gebrochen und morsch liegt daneben auch die hohe Burg, die einst die Stadt beherrschte, ein abenteuerlicher Bau aus abenteuerlicher Zeit, mit Spitzen, Vorsprüngen, Zinnen und mit einem breitrunden Turm, worin nur noch Eulen und österreichische Invaliden hausen. Auch die Stadt selbst ist abenteuerlich gebaut, und wundersam wird einem zu Sinn beim ersten Anblick dieser uraltertümlichen Häuser mit ihren verblichenen Freskos, mit ihren zerbröckelten Heiligenbildern, mit ihren Türmchen, Erkern, Gitterfensterchen und jenen hervorstehenden Giebeln, die (...) auf grauen alterschwachen Pfeilern ruhen, welche selbst einer Stütze bedürften. Solcher Anblick wäre allzu wehmütig, wenn nicht die Natur diese abgestorbenen Steine mit neuem Leben erfrischte, wenn nicht süße Weinreben jene gebrechlichen Pfeiler (...) umrankten und wenn nicht noch süßere Mädchengesichter aus jenen trüben Bogenfenstern hervorguckten und über den deutschen Fremdling lächelten, der, wie ein schlafwandelnder Träumer, durch die blühenden Ruinen einherschwankt.*

Heine fühlte sich in Trient *wie in einem Traume, wo man sich auf irgend etwas besinnen will, was man ebenfalls einmal geträumt hat.* Er *betrachtete abwechselnd die Häuser und die Menschen* und hatte das Gefühl, als hätte er *diese Häuser* schon einmal *in ihren besseren Tagen gesehen, als ihre hübschen Malereien noch farbig glänzten, als die goldenen Zieraten an den Fensterfriesen nicht so geschwärzt waren und als die marmorne Madonna, die das Kind auf dem Arme trägt, noch ihren wunderschönen Kopf aufhatte, den jetzt die bilderstürmende Zeit so pöbelhaft abgebrochen.* Und auch die Menschen schienen ihm nicht fremd. Besonders *die Gesichter der alten Frauen* kamen ihm *vor, als wären sie herausgeschnitten aus jenen altitalienischen Gemälden, die* er *einst als Knabe in der Düsseldorfer Galerie gesehen* hatte. *Ebenfalls die alten Männer schienen* ihm *so längst vergessen wohlbekannt, und sie schauten* ihn *an mit ernsten Augen, wie aus der Tiefe eines Jahrtausends. Sogar die kecken jungen Mädchen hatten so etwas jahrtausendlich Verstorbenes und doch wieder blühend Aufgelebtes ...*

Angerührt von dem, was sich seinen Augen darbot, schrieb Heine: Es war, *als sei die ganze Stadt nichts anderes als eine hübsche Novelle, die ich einst einmal gelesen, ja, die ich selbst gedichtet, und ich sei jetzt in mein eigenes Gedicht hineingezaubert worden und erschräke vor den Gebilden meiner eigenen Schöpfung. Vielleicht auch, dachte ich, ist das Ganze wirklich nur ein Traum, und ich hätte herzlich gern einen Taler für eine einzige Ohrfeige gegeben, bloß um dadurch zu erfahren, ob ich wachte oder schlief.*

Wir erreichen Trient in der Abenddämmerung, also etwa zur gleichen Tageszeit wie damals Heine. Über den westlichen Bergen Monte Bondone (2091 Meter) und Paganella (2125 Meter) färbt sich gerade der Himmel rot. Leichter Wind erhebt sich, streift sanft durch die uralte Stadt, die einst von den Kelten gegründet wurde, ehe die Römer sie eroberten und »Tridentum« nannten. Heute zählt Trient rund 114000 Einwohner. Die Stadt ist Sitz des Erzbistums Trient und beherbergt eine Universität mit 15000 Studenten.

Auch zur späten Nachmittagsstunde ist es hier noch immer sehr heiß – über 30 Grad Celsius. Und die Menschen auf den Straßen bewegen sich schwerfällig durch die drückende Schwüle. Es ist, als würde die ganze Stadt den Atem anhalten und darauf warten, dass sich die Wolken, die an den Bergkuppen rund um die Stadt hängen, endlich entladen und den ersehnten Regen bringen.

Wir haben Glück, dass das Touristenbüro noch geöffnet hat. In letzter Minute frage ich nach einem Doppelzimmer. »Möglichst mit Fernsehen!«, ruft Aaron durch das weit aufgesperrte Fenster von der Straße her, wo er auf unsere Rucksäcke aufpasst.

»You want a room with television?«, fragt die junge Dame im Verkehrsbüro auf Englisch statt auf Italienisch. Sie hat Aarons Worte gehört und auch verstanden. Mit großen braunen Augen und einem strahlenden Lächeln schiebt sie mir einen farbigen Hotelkatalog von Trient über den hohen Ladentisch und deutet auf die Abbildung einer Unterkunft. »Das Hotel Albermonaco kann ich Ihnen sehr empfehlen«, sagt die junge Italienerin. »Es liegt ganz in der Nähe der Stadtmitte. Nur zehn Minuten zu Fuß. Es gibt sechsundfünfzig Zimmer …«

»Wir brauchen aber nur *ein* Zimmer!«, meint Aaron von draußen.

»Und das Hotel bietet Sauna, Hallenbad und Fitness-center.«

»Fitness hatten wir schon den ganzen Tag!«, höre ich Aarons Stimme erneut.

»Zudem hat das Hotel auch eine große Garage!«

»Wir sind zu Fuß«, sage ich.

»Zu Fuß?«, wiederholt die Dame erstaunt.

»Ja, zu Fuß. Wir sind in München aufgebrochen.«

»Von München … zu Fuß?«

Ich nicke nur kurz und sage: »Okay, okay, wir nehmen das Hotel.« Ich habe nämlich heute keine Lust auf ein langes Hin und Her. Und auch keine Lust, von unserer Wanderung zu erzählen. Der Tag war anstrengend genug. Wir haben heute trotz der Bullenhitze mehr als 40 Kilometer zurückgelegt. Daher möchte ich so schnell wie möglich unter eine Dusche und dann in ein bequemes Bett. Ob mit oder ohne Fernsehen, das ist mir egal.

SMS-Nachricht von Aaron an
seinen Freund Michael:

Hallo, Michi! Meine Füße brennen
wie Feuer, sind heute rund
40 Kilometer gelatscht. Jetzt liege
ich in Trient in einem riesigen Bett
und gucke fern. Super, dass wir
mitten in den Bergen einen
deutschen Sender reinkriegen. Es
läuft gerad ein Krimi, heißt
»Nachtschicht«. Cola, Kekse und
Fernsehen. Was will ich mehr? Fühl
mich pudelwohl. LG, Aaron

Trient – eine Stadt
in Samt und Seide

Der Vater

Es ist ein schöner Morgen, als wir gegen zehn Uhr aus dem Hotel spazieren. Die Sonne verströmt ihre Wärme. In den Gassen und Straßen ergießt sich ein Strom von Licht und Farbe. Wildfremde Menschen lächeln freundlich und grüßen: »*Buon giorno, buon giorno!*« Schon beim Frühstück haben wir beschlossen, einen Tag in Trient zu bleiben. Hier gibt es eine Menge zu sehen. Kultur satt, weil die Stadt, bedingt durch ihre geographische Lage, seit jeher eine Brücke zwischen dem südlichen Teil Europas und der deutschsprachigen Welt bildet.

Wir beginnen mit unserer Stadtbesichtigung am prunkvollen Castello del Buonconsiglio, das unweit unseres Hotels von einem Hügel herabgrüßt. Eine trutzige Festung mit Mauern, Bastionen, Bergfried und Resten einer mittelalterlichen Stadtmauer. Einst Sitz der Fürstbischöfe, beherbergt das Schloss heute verschiedene Museen, deren Säle mit prunkvollen Stuckdecken, Statuen und Fresken verziert sind.

Anschließend geht es zur Piazza Cesare Battisti, wo eine unterirdische Ausgrabungsstätte liegt, die die Überreste einer römische Stadt zeigt. Dann streifen wir durch die Via Belenzani, wo wir Adelspaläste aus dem 15. Jahrhundert bestaunen, deren Fassaden mit phantastischen Malereien versehen sind. Vor allem der kostbare Palazzo Geremia sowie der wunderschöne Palazzo Thun, das heutige Rathaus, säumen diese alte Prachtstraße, in der wir uns um Jahrhunderte in der Zeit zurückversetzt fühlen. Schließlich der Marktplatz von Trient, der viel größer ist, als ich erwartet habe. Schon zur Nachmittagsstunde kreisen und flanieren auf der Piazza Duomo Hunderte von Menschen, machen alle paar Meter halt, um sich in Gruppen zu unterhalten. Und auch die Cafés, Bars und Restaurants, die ringsum dicht beieinanderliegen, sind überfüllt. Mitten in diesem Menschengewusel steht der barocke Neptunbrunnen mit heiteren und schwungvollen Figuren. Er stammt aus dem Jahr 1768. Schon Heinrich Heine hat diesen plätschernden Brunnen bewundert, zu dessen Füßen wir uns auf eine der Sockelstufen setzen, um das emsige Treiben auf dem Platz zu beobachten. Von allen Seiten hören wir Stimmen, Musik und Vespa-Geräusche. Eine Lärm-Melange, die nicht nur einen enormen Kontrast zum einsamen Gehen in den stillen Wäldern und Wiesen bildet, sondern auch ein extremer Kontrast zu der verschlafenen Atmosphäre ist, die Heine hier einst erlebte.

Nach einer Weile des Schauens greife ich erneut zu Heines italienischen »Reisebildern«, blättere in dem abgegriffenen Buch und lese von Heines Eindrücken auf dem Markt von Trient. Hier also war es, wo der Dichter *an der Ecke des Marktes über* eine *dicke Obstfrau hinstolperte*, die ihm sogleich *einige wirkliche Feigen an die Ohren* warf. Heine *gewann dadurch die Überzeugung, daß* er sich *in der wirklichsten Wirklichkeit befand, mitten auf dem Marktplatz von Trient, neben dem großen Brunnen, aus dessen kupfernen Tritonen und Delphinen die silberklaren Wasser gar lieblich ermunternd emporsprangen. Links stand ein alter Palazzo, dessen Wände mit bunt allegorischen Figuren*

bemalt waren und auf dessen Terrasse einige grau östreichi-
sche Soldaten zum Heldenthume abgerichtet wurden. Rechts
stand ein gotisch-lombardisch kaprizioses Häuslein, in des-
sen Innerem eine süße, flatterhafte Mädchenstimme so keck
und lustig trillerte, daß die verwitterten Mauern vor Ver-
gnügen oder Baufälligkeit zitterten, während oben aus
dem Spitzfenster eine schwarze, labyrinthisch gekräuselte,
komödiantenhafte Frisur herausguckte, worunter ein scharf-
gezeichnetes, dünnes Gesicht hervortrat, das nur auf der
linken Wange geschminkt war und daher aussah wie ein
Pfannkuchen, der erst auf einer Seite gebacken ist.

Als Heine etwas später auf dem Marktplatz von Trient
abermals die *bereits erwähnte Obstfrau* traf, die ihm eine
Handvoll Feigen an die Ohren geworfen hatte, war er leicht
irritiert, als er nun *recht freundlich und recht zutraulich* begrüßt wurde, *als wären wir alte Bekannte. Die Frau hatte*
auch keineswegs ein übles Aussehen. Sie war freilich schon
etwas in jenem Alter, wo die Zeit unsere Dienstjahre mit fa-
talen Chevrons auf die Stirne anzeichnet; jedoch dafür war
sie auch desto korpulenter, und was sie an Jugend eingebüßt,
das hatte sie an Gewicht gewonnen. Dazu trug ihr Gesicht
noch immer die Spuren großer Schönheit, und wie auf alten
Töpfen stand darauf geschrieben: »Lieben und geliebt zu
werden ist das größte Glück auf Erden.« *Was ihr aber den*
köstlichsten Reiz verlieh, das war die Frisur, die gekräusel-
ten Locken, kreideweiß gepudert, mit Pomade reichlich ge-
düngt und idyllisch mit weißen Glockenblumen durch-
schlungen.

»Mann, stell dir nur mal vor, all die Leute hier würden
mit weiß gepuderten Haaren herumlaufen. Wäre ja total
irre!«, meint Aaron, der mir, ohne dass ich es bemerkt habe,
beim Lesen über die Schulter schaut.

»Jede Zeit hat eben ihre Mode«, sage ich und vertiefe mich weiter in Heines Text. *Nicht minder interessant waren mir die Gegenstände ihres Gewerbes, die frischen Mandeln, die ich noch nie in ihrer ursprünglich grünen Schale gesehn, und die duftig frischen Feigen, die hochaufgeschüttet lagen, wie bei uns die Birnen. Auch die großen Körbe mit frischen Zitronen und Orangen ergötzten mich; und wunderlieblicher Anblick! in einem leeren Korbe daneben lag ein bildschöner Knabe, der ein kleines Glöckchen in den Händen hielt und, während jetzt die große Domglocke läutete, zwischen jedem Schlag derselben mit seinem kleinen Glöckchen klingelte und dabei so weltvergessen selig in den blauen Himmel hineinlächelte, daß mir selbst die drolligste Kinderlaune im Gemüte aufstieg und ich mich, wie ein Kind, vor die lachenden Körbe hinstellte und naschte und mit der Obstfrau diskurierte.*

Wegen meines gebrochenen Italienischsprechens hielt sie mich im Anfang für einen Engländer; aber ich gestand ihr, daß ich nur ein Deutscher sei. Sie machte sogleich viel geographische, ökonomische, hortologische, klimatische Fragen über Deutschland und wunderte sich, als ich ihr ebenfalls gestand, daß bei uns keine Zitronen wachsen, daß wir die wenigen Zitronen, die wir aus Italien bekommen, sehr pressen müssen, wenn wir Punsch machen, und daß wir dann aus Verzweiflung desto mehr Rum zugießen. »Ach liebe Frau!« sagte ich ihr, »in unserem Lande ist es sehr frostig und feucht, unser Sommer ist nur ein grün angestrichener Winter, sogar die Sonne muß bei uns eine Jacke von Flanell tragen, wenn sie sich nicht erkälten will; bei diesem gelben Flanellsonnenschein können unsere Früchte nimmermehr gedeihen, sie sehen verdrießlich und grün aus, und unter uns gesagt, das einzige reife Obst, das wir haben, sind ge-

bratene Äpfel. Was die Feigen betrifft, so müssen wir sie ebenfalls, wie die Zitronen und Orangen, aus fremden Ländern beziehen, und durch das lange Reisen werden sie dumm und mehlig; nur die schlechteste Sorte können wir frisch aus der ersten Hand bekommen. (...) Von den Mandeln haben wir bloß die geschwollenen. Kurz, uns fehlt alles edle Obst, und wir haben nichts als Stachelbeeren, Birnen, Haselnüsse, Zwetschen und dergleichen Pöbel.«

Vor allem aber begeisterten Heinrich Heine in Trient die *schönen Mädchen*, die auf der Piazza Duomo *rudelweise vorbeiströmten.* Und hätten ihn *nicht wichtige Gefühle nach Süden gezogen,* so *wäre* er sicher noch länger in der norditalienischen Stadt *geblieben,* wo ihm *die Trienterinnen ganz ausnehmend gut* gefielen. *Es war just die Sorte, die ich liebe,* schrieb er, *und ich liebe diese blassen, elegischen Gesichter, wo die großen, schwarzen Augen so liebeskrank herausstrahlen; ich liebe auch den dunklen Teint jener stolzen Hälse, die schon Phöbos geliebt und braun geküßt hat; ich liebe sogar jene überreife Nacken, worin purpurne Pünktchen, als hätten lüsterne Vögel daran gepickt; vor allem aber liebe ich jenen genialen Gang, jene stumme Musik des Leibes, jene Glieder, die sich in den süßesten Rhythmen bewegen, üppig, schmiegsam, göttlich liederlich, sterbefaul, dann wieder ätherisch erhaben und immer hochpoetisch. Ich liebe dergleichen, wie ich die Poesie selbst liebe, und diese melodisch bewegten Gestalten, dieses wunderbare Menschenkonzert, das an mir vorüberrauschte, fand sein Echo in meinem Herzen und weckte darin die verwandten Töne.*

Es war jetzt nicht mehr die Zaubermacht der ersten Überraschung, die Märchenhaftigkeit der wildfremden Erscheinung, es war schon der ruhige Geist, der, wie ein wahrer Kritiker ein Gedicht liest, jene Frauenbilder mit ent-

zückt besonnenem Auge betrachtete. *Und bei solcher Betrachtung entdeckt man viel, viel Trübes, den Reichtum der Vergangenheit, die Armut der Gegenwart und den zurückgebliebenen Stolz. Gern möchten die Töchter Trients sich noch schmücken wie zu den Zeiten des Konziliums, wo die Stadt blühte in Samt und Seide; aber das Konzilium hat wenig ausgerichtet, der Samt ist abgeschabt, die Seide zerfetzt, und den armen Kindern blieb nichts als kümmerlicher Flitterstaat, den sie in der Woche ängstlich schonen und womit sie sich nur noch des Sonntags putzen.*

Papst Paul III. war es, der im Jahr 1545 die Stadt Trient zum Ort des katholischen Konzils machte. Denn durch die zunehmende Zahl der Protestanten sah sich die katholische Kirche bedroht und suchte nach Antworten auf die Herausforderung. Es war damals eine Mammutveranstaltung von historischer Bedeutung, an der sieben Ordensgeneräle, sechs Kardinäle, fünfundzwanzig Erzbischöfe, 169 Bischöfe, neunzehn Prokuratoren und drei Patriarchen teilnahmen. In einem Zeitraum von fast zwanzig Jahren (von 1545 bis 1563) trafen sie immer wieder zusammen, um die Grundposition des katholischen Glaubens neu zu formulieren.

Ziel und Zweck des katholischen Konzils waren damals sehr umstritten, denn während der römisch-deutsche Kaiser Karl V. eine Kirchenreform anstrebte, hielt Papst Paul III. eine Verurteilung der protestantischen Lehren für erforderlich, die in den Wirren der Reformationszeit mehr und mehr Gestalt annahmen. So dauerte es fast zwei Jahrzehnte, die von hitzigen Debatten geprägt waren, ehe die Beschlüsse des Konzils im großen Dom von Trient verkündet wurden – allerdings ohne nennenswerte Reformen.

Der Dom von Trient.

Für Heinrich Heine war der *uralte Dom* von Trient, der an der Südseite des Marktplatzes aufragt, *nicht groß, nicht düster, sondern wie ein heiterer Greis, recht bejahrt zutraulich und einladend.* Ganz ähnlich wie Heine wird *mir Leib und Herz angenehm erfrischt von der lieblichen Luft,* als ich mit Aaron durch das Portal in den Duomo San Vigilio eintrete. Damals fiel magisches Licht *durch die buntbemalten Fenster auf die betende Versammlung,* und während Heine an den langen Reihen der niedrigen Holzbänke vorbeiging, störte *der knarrende Tritt* seiner *Stiefel (…) manche schöne Andacht, und große katholische Augen sahen* ihn *an, halb neugierig, halb liebwillig, und mochten* ihm *wohl raten,* sich *ebenfalls hinzustrecken und Seelensieste zu halten.*

Eine ganze Weile spazieren wir staunend durch das prachtvolle Innere des Doms, der als Symbol trientinischer Romanik gilt. Wir sehen den dreischiffigen Innenraum mit seinen hohen schlanken Pfeilern, Kreuzrippen und Arkaden, sehen farbenprächtige Fresken aus dem 14. Jahrhundert und sind begeistert von der als Glücksrad gestalteten Fensterrose am Querschiff.

Schließlich setzen wir uns auf eine der Betbänke, und während Aaron der Orgelmusik lauscht, blättere ich ganz leise in Heines Reiseaufzeichnungen. Noch einmal überfliege ich jene Textstelle, in der Heine über den Katholizismus sinniert und sich in ironischen Betrachtungen über die Menschen in italienischen Kirchen verliert: *Wahrlich, ein solcher Dom mit seinem gedämpften Lichte und seiner wehenden Kühle ist ein angenehmer Aufenthalt, wenn draußen greller Sonnenschein und drückende Hitze herrscht. Davon hat man gar keinen Begriff in unserem protestantischen Norddeutschland, wo die Kirchen nicht so komfortabel gebaut sind und das Licht so frech durch die unbemalten Vernunftscheiben hineinschießt und selbst die kühlen Predigten vor der Hitze nicht genug schützen. Man mag sagen, was man will, der Katholizismus ist eine gute Sommerreligion. Es läßt sich gut liegen auf den Bänken dieser alten Dome, man genießt dort die kühle Andacht, ein heiliges Dolce far niente, man betet und träumt und sündigt in Gedanken, die Madonnen nicken so verzeihend aus ihren Nischen, weiblich gesinnt verzeihen sie sogar, wenn man ihre eigenen holden Züge in die sündigen Gedanken verflochten hat, und zum Überfluß steht noch in jeder Ecke ein brauner Notstuhl des Gewissens, wo man sich seiner Sünden entledigen kann.*

Am späten Nachmittag entdecken wir abseits des Zentrums ein nettes Bistro. Unter schattigen Baumkronen stehen hübsch gedeckte Tische in einem Meer von weißen Kiessteinen. Der hohe schmiedeeiserne Zaun ist mit Efeu und wildem Wein bewachsen. Zwischen anderen Gästen suchen wir uns einen freien Tisch. Aaron hat Lust auf eine Lasagne Bolognese, und ich bestelle einen großen Salat mit Thunfisch, Brot und reichlich Oliven.

»Für heute haben wir wirklich genug gesehen. Das müssen wir erst mal alles verarbeiten«, sage ich und greife zu einem kühlen Glas Weißwein.

»Diese Sightseeing-Touren durch die Stadt sind noch viel anstrengender als ein Tagesmarsch über Berge und Täler. Ich laufe lieber durch Wald und Wiesen«, meint Aaron und öffnet die Schnürsenkel seiner Sportschuhe, die er unter dem Tisch von den Füßen streift.

Als aus dem Radio im Lokal harmonische Opernklänge in den Garten dringen, Gesang und Musik voller unbekümmerter Freude, muss ich erneut an Heinrich Heine denken, der hier in Trient eine ganz ähnliche Stimmung erlebte. Vor der Tür einer Bottega sitzend, erfrischte er sich mit Sorbet, als *ein wunderliches Trio* zu musizieren begann. Rasch bildete sich auf der Straße ein *Kreis von Zuschauern* um das Trio, das *aus zwei Männern und einem jungen Mädchen* bestand, *das die Harfe spielte. Der eine von jenen beiden, winterlich gekleidet in einen weißen Flausrock, war ein stämmiger Mann, mit einem dickroten Banditengesicht, das aus den schwarzen Haupt- und Barthaaren, wie ein drohender Komet, hervorbrannte, und zwischen den Beinen hielt er eine ungeheure Baßgeige, die er so wütend strich, als habe er in den Abruzzen einen armen Reisenden niedergeworfen und wolle ihm geschwinde die Gurgel abfiedeln; der andre war ein langer, hagerer Greis, dessen morsche Gebeine in einem abgelegt schwarzen Anzuge schlotterten, während das Mädchen kaum aus den Kinderjahren getreten zu sein* schien. Es war die Tochter des Alten, die *mit der Harfe die unwürdigsten Späße* trieb und mit ihrem Vater *ein komisches Duett* sang.

Der Vater spielte *einen verliebten alten Gecken und* die Tochter *seine junge neckische Amante.* Heine war beinahe peinlich berührt vom Auftritt des gockelhaften Alten und empfand die frühreife Weiblichkeit der Tochter als anstoßerregend. Denn in *dem unglücklichen Mädchen, diesem Frühling, den der Tod schon verderblich angehaucht* hatte, verschmolzen Lust und Tragik. In ihrer Darbietung *lag eine unbeschreibliche Anmut, eine Grazie, die sich in jeder Miene, in jeder Bewegung, in jedem Tone kund gab und selbst dann nicht ganz sich verleugnete, wenn sie mit vorgeworfenem Leibchen und ironischer Lüsternheit dem alten Vater entgegentänzelte, der ebenso unsittsam mit vorgestrecktem Bauchgerippe zu ihr heranwackelte. Je frecher sie sich gebärdete, desto tieferes Mitleid flößte sie mir ein, und wenn ihr Gesang dann weich und wunderbar aus ihrer Brust hervorstieg und (…) die entsetzlich drolligsten Töne von sich gab,* jubelten *die Zuhörer noch toller. (…) Es war ein echt italienisches Musikstück,* das das Trio spielte und das *aus irgendeiner beliebten Opera Buffa* entstammte, *jener wundersamen Gattung, die dem Humor den freiesten Spielraum gewährt und worin* man *sich all seiner springenden Lust, seiner tollen Empfindelei, seiner lachenden Wehmut und seiner lebenssüchtigen Todesbegeisterung überlassen kann. Es war* ein Stück des von Heine verehrten Gioacchino *Rossini, divino Maestro, Helios von Italien, der du deine klingenden Strahlen über die Welt verbreitest! Verzeih meinen armen Landsleuten, die dich lästern auf Schreibpapier und auf Löschpapier! Ich aber erfreue mich deiner goldenen Töne, deiner melodischen Lichter, deiner funkelnden Schmetterlingsträume, die mich so lieblich umgaukeln und mir das Herz küssen wie mit Lippen der Grazien! Divino Maestro, verzeih meinen armen Landsleuten, die deine Tiefe nicht sehen, weil du sie mit Rosen bedeckst, und denen du nicht gedankenschwer und gründlich genug bist, weil du so leicht flatterst, so gottbeflügelt!*

Weiter kreisten Heines Gedanken um die italienische Musik, die für ihn auch zu einem Sinnbild des politischen Zustands des Landes wurde, das damals österreichisch besetzt war und dessen Bevölkerung unter dieser Fremdbestimmung litt. *Um die Musik zu lieben und durch die Liebe zu verstehn, muß man das Volk selbst vor Augen haben, seinen Himmel, seinen Charakter, seine Mienen, seine Leiden, seine Freuden, kurz: seine ganze Geschichte, vom Romulus, der das heilige römische Reich gestiftet, bis auf die neueste Zeit, wo es zugrunde ging, unter Romulus Augustulus II. Dem armen geknechteten Italien ist ja das Sprechen verboten, und es darf nur durch Musik die Gefühle seines Herzens kund geben. All sein Groll gegen fremde Herrschaft, seine Begeisterung für die Freiheit, sein Wahnsinn über das Gefühl der Ohnmacht, seine Wehmut bei der Erinnerung an vergangene Herrlichkeit, dabei sein leises Hoffen, sein Lauschen, sein Lechzen nach Hülfe, alles dieses verkappt sich in jene Melodien, die von grotesker Lebenstrunkenheit zu elegischer Weichheit herabgleiten, und in jene Pantomimen, die von schmeichelnden Karessen zu drohendem Ingrimm überschnappen.*

Das ist der esoterische Sinn der Opera Buffa.

SMS-Nachricht von Aaron an
seine Freunde Kjell und Kevin:

Hallo, Leute! Na, was macht ihr so?
Wir sind jetzt in Trient und haben
heute eine Menge gesehen.
Zu viel. Kann das alles gar nicht
verarbeiten: Dom, Burg, Palazzos,
römische Ausgrabung. Hab die
Nase voll von dem kulturellen
Overkill. Will nur noch ins Bett.
Lasst es euch gutgehen! LG –
Aaron

Über Ala nach Verona

Der Vater

Die Sonne brennt, und das T-Shirt klebt auf der Haut. Nur wenige Menschen laufen bei dieser Hitze im Freien herum. Auch wir wären froh, bei Temperaturen um die 30 Grad Celsius die lästige Kleidung einfach abstreifen zu können, um irgendwo in einen kühlen See zu springen. Herrlich erfrischend wäre das! Stattdessen gehen wir auf heißem Asphalt, setzen einen Fuß vor den anderen, immer weiter und weiter, entlang der Autostraße Nr. 12, die in Richtung Süden führt. Verona, unser nächstes Ziel, liegt jedoch noch viele Gehstunden entfernt.

Aaron hat die Wanderstiefel mittlerweile gegen seine gut eingelaufenen Sportschuhe getauscht. Die Druckstellen der Stiefel plagten ihn zu sehr. Nun können die Blasen schneller abheilen. Zudem sind seine Sportschuhe viel leichter. »Und leichter ist für mich im Moment bequemer!«, sagt er. Warum auch nicht! Schon seit Jahren hat sich die gesamte Wander- und Bergszene hin zu leichterer Ausrüstung verändert. Und in unseren fitnesswütigen Zeiten rennen alle möglichen Altersgruppen mit turnschuhgleichen Mountain-Shoes durch Wälder und auf hohe Berge. Nur: Leichter geht auch leichter kaputt.

Abseits der Hauptstraße, die von Trient über Rovereto nach Verona führt, machen wir um die Mittagszeit eine längere Pause, in der ich Aaron von Ray Jardine erzähle.

»Kenn ich nicht«, meint er.

»Ray Jardine ist ein echter Wanderfreak, der als Erfinder der Ultraleicht-Idee gilt.«

»Was ist das denn?«

»Ultraleicht bedeutet beim Wandern: radikale Gewichtsreduktion. Also leichte Schuhe, leichtes Gepäck, leichte Kleidung. Ein Gedanke, den Jardine seit 1968 auf seinen langen Wandertouren in Nordamerika praktiziert hat. Durch diese Extremwanderungen, bei denen er kein Gramm zu viel dabeihatte, wurde er zu einer Art Guru für alle, die sich auf einer Wanderung einen Spaß daraus machen, so wenig wie möglich durch die Gegend zu schleppen. Also so eine Art minimalistische Strategie, um ja nicht zu schwer beladen zu sein.«

»Was für Strecken hat dieser Jardine denn so zu Fuß zurückgelegt?

»Zusammen mit seiner Frau ist er mehrmals den Pacific Crest Trail entlanggewandert, der von der mexikanischen Grenze bis hinauf nach Kanada führt. Etwa fünf Monate haben die beiden gebraucht, um eine Strecke von 4000 Kilometern zurückzulegen, wobei sie vor allem durch Wüsten, Bergwald und Gletschergebiete gewandert sind. Und jeder der beiden hatte nicht mehr als vier Kilo Grundgepäck dabei, hinzu kamen noch Proviant und Wasser. Alles andere, was sie für ihren langen Weg brauchten, haben sie per Post an verschiedene Orte entlang ihrer Route geschickt.«

»Da war wohl ganz schön viel Logistik nötig!«

»Stimmt. Zudem haben die Jardines viele Monate vor ihrer Reise ihre Muskulatur und auch ihre Bänder trainiert, um absolut fit für solch eine Strecke zu sein.«

»Hört sich ja ein bisschen überdreht an, oder? Wir kommen doch auch ohne große Trainingseinheiten gut voran!«

»Da hast du recht. Bei Ray Jardine ist sicher vieles auf seinen Beruf zurückzuführen.«

»Was war denn sein Job?«

»Früher war er Ingenieur für Raumfahrttechnik. Das heißt, er hat sich schon berufsmäßig mit ultraleichten Dingen beschäftigt, ehe er derartige Gedanken auf das Wandern übertrug und irgendwann Ausrüstungsgegenstände aus einfachsten Materialien entwickelte, sodass man viele neue Outdoor-Produkte, die jedes Jahr neu auf den Markt kommen, eigentlich gar nicht braucht.«

»Es gibt aber auch superheiße Outdoor-Sachen … tolle Jacken, tolle Isomatten, tolle Zelte und tolles Essgeschirr«, meint Aaron.

»Natürlich. Aber die Frage ist doch: Braucht man das alles beim Unterwegssein? Nimm zum Beispiel nur mal deine Füße: In einem Handbuch für Ultraleicht-Backpacking habe ich gelesen, dass jedes Pfund, das du auf einer längeren Wanderung am Fuß trägst, etwa fünf Pfund im Rucksack entspricht.«

»Und das stimmt?«

»Ich denke, es geht um gefühlte fünf Pfund, die du im Rucksack mit dir schleppst, wenn du wirklich schwere Bergstiefel an deinen Füßen trägst, die mehrere Pfund auf die Waage bringen.«

»Mein Rucksack fühlt sich heute übrigens kein bisschen leichter an als gestern. Ich schleppe immer noch ganz schön. Vielleicht sollte ich heute Abend mal überlegen, ob ich mich von der einen oder anderen Sache trenne.«

»Jeder muss selbst entscheiden, was er braucht und was er unterwegs tragen will.«

»Manche Menschen sollten mit der Gewichtsreduzierung übrigens erst mal bei sich selbst beginnen, ehe sie

In Italien unterwegs: Auf einem Feldweg wandert Aaron in Richtung Sterzing.

Abendstimmung über den Hügeln von Verona.

Wandern in traumhaften Landschaften

Zu Fuß führt unser Weg durch endlose Wiesen und an schäumenden Flüssen entlang.
Es geht unter umgestürzten Baumriesen hindurch oder am grandiosen Karwendelgebirge vorbei.

Wo das Land Charakter zeigt

Immer wieder durchqueren wir sprudelnde Flussläufe,

passieren zahlreiche Brücken –

wandern in Ligurien durch dichten Urwald,

und erreichen, inmitten üppig bewachsener Berge, den traumschönen Ort Bagni di Lucca.

Rast und Ruhe

Nach anstrengenden Tagesetappen strecken wir die Beine auf einer herrlichen Wiese aus, entspannen uns mit Heinrich Heines »Reisebildern«, verschnaufen auf einer Bank unweit von Mittenwald oder zelten am Isar-Ufer.

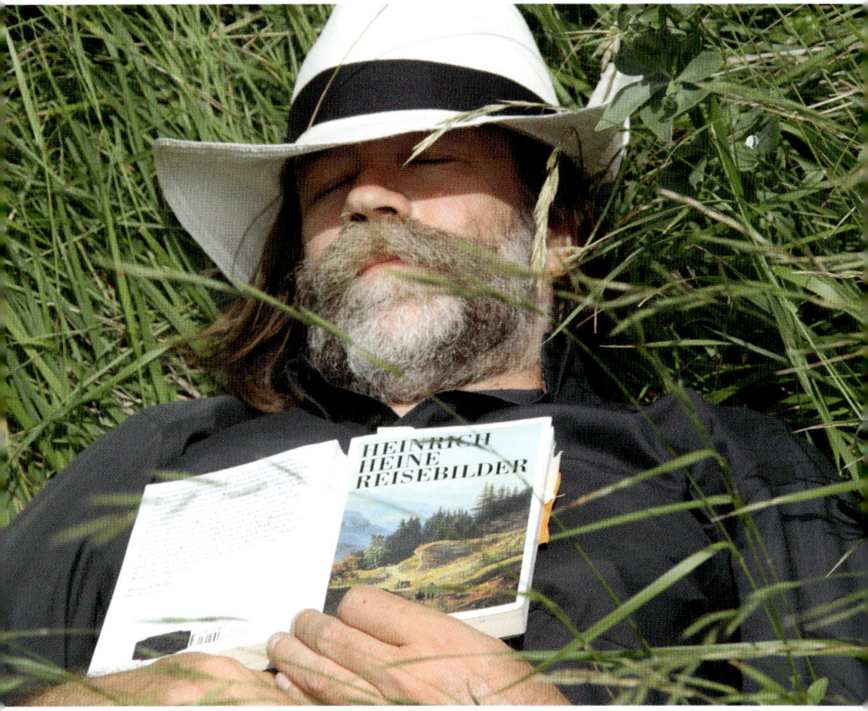
HEINRICH
HEINE
REISEBILDER

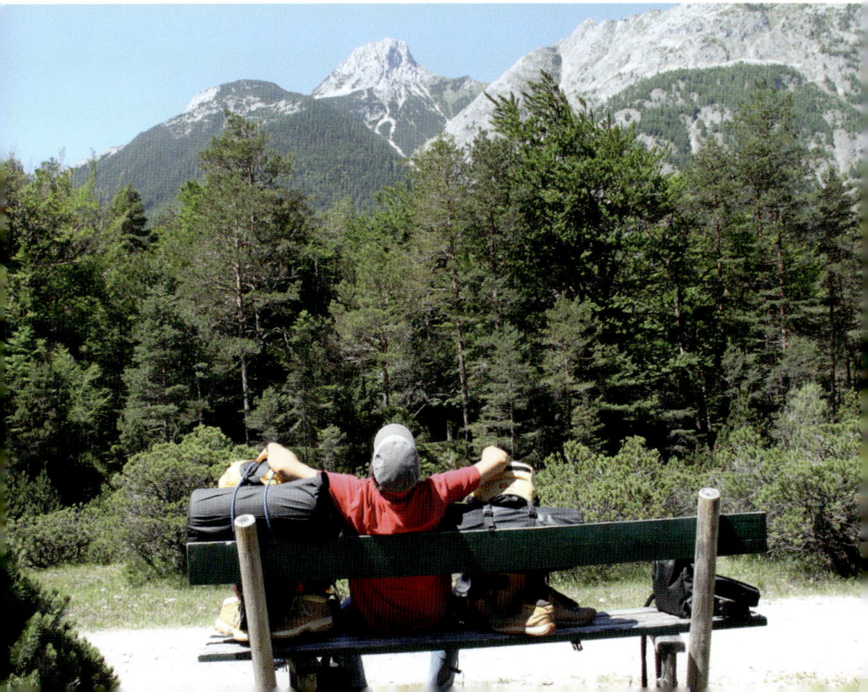

Wo Stein und Asphalt die Natur verdrängen

Auch wo die Straße dem Alltag dient, machen wir Strecke, laufen bei Sonne und Regen, gehen achtsam durch lange Tunnelführungen und steigen Tausende von Stufen hinauf.

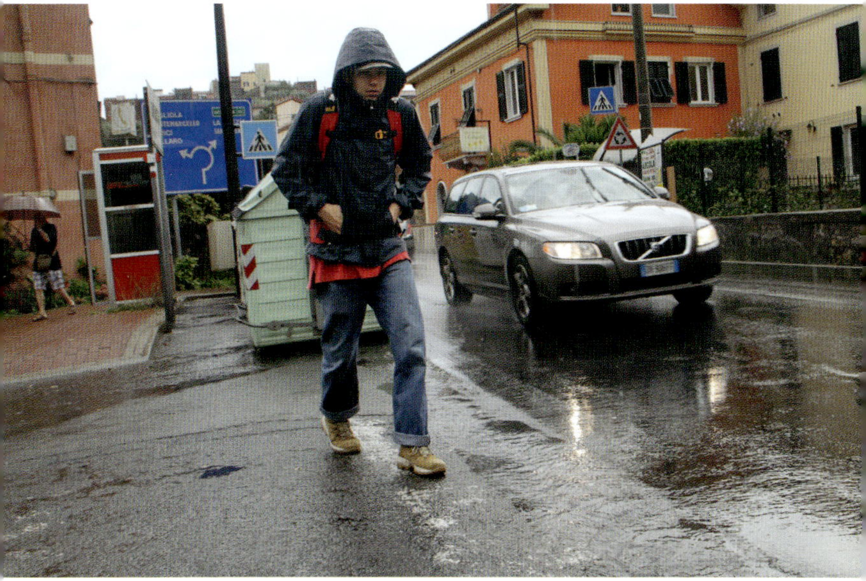

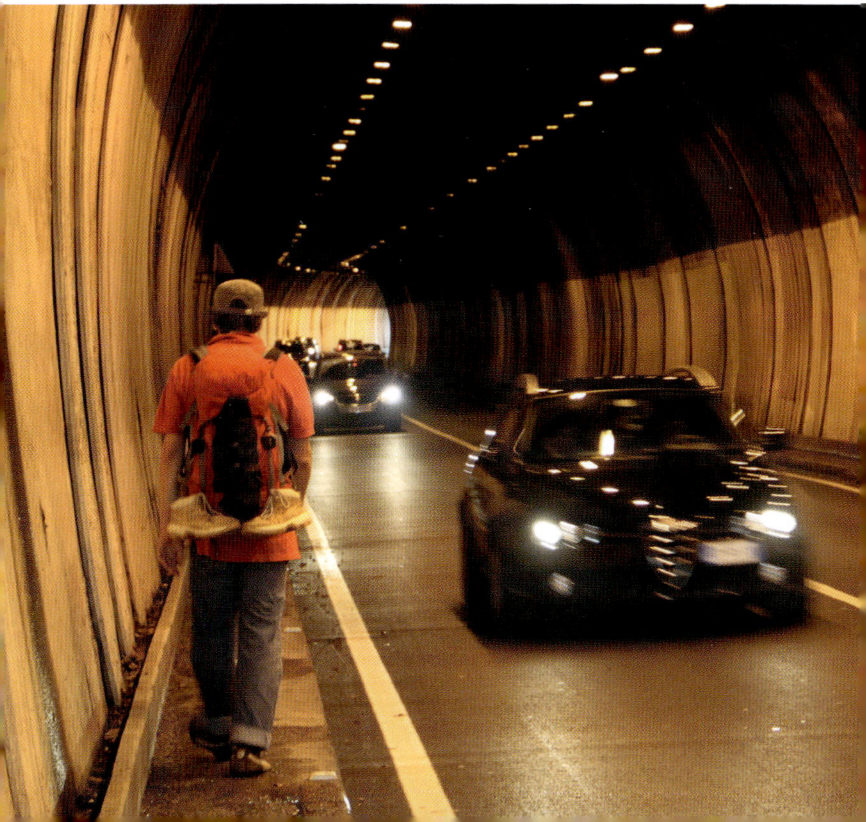

Wo die Zeit stillzustehen scheint

Wir genießen das Leben unter freiem Himmel, nehmen uns Zeit für herrliche Ausblicke an der Riviera di Levante, verpflegen uns oft mit Obst und kommen bei Portovenere ins Schwärmen, wo die Lieblingsbucht des englischen Dichters Lord Byron liegt.

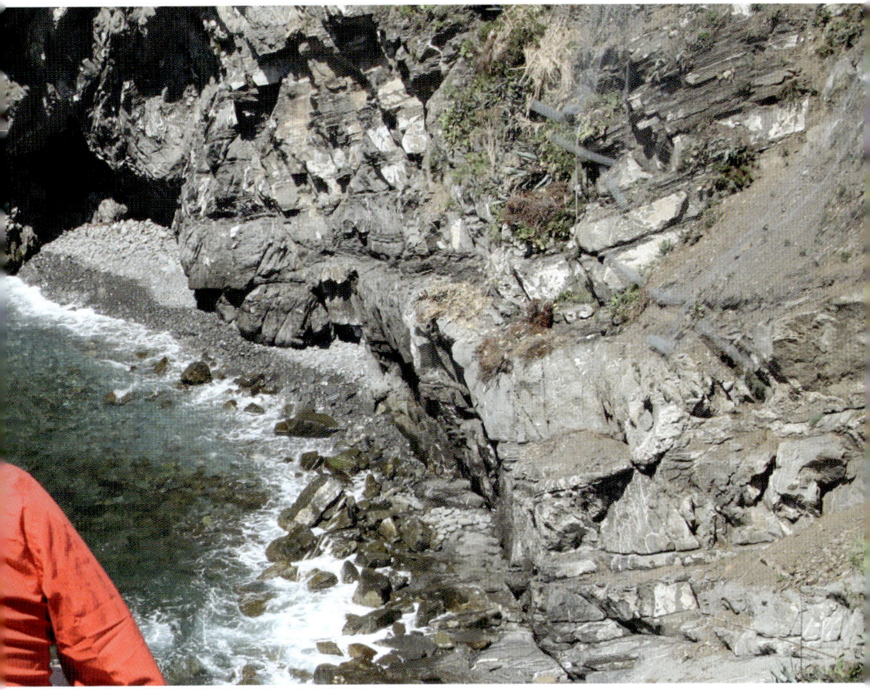

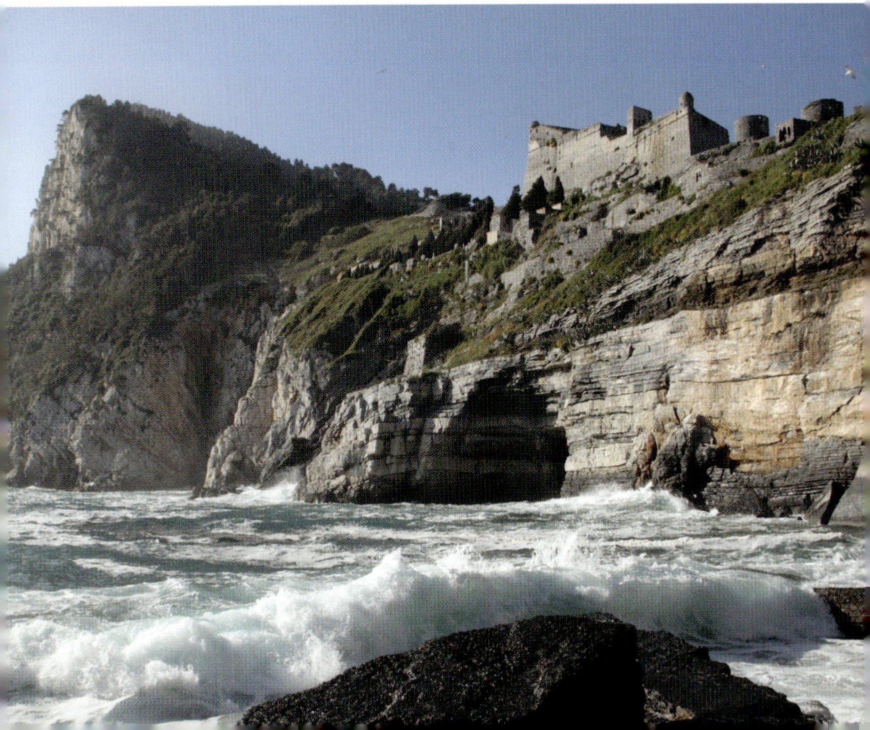

Unterwegs am Ligurischen Meer

An der Riviera di Levante folgen wir schmalen Eselspfaden, die an steilen Felshängen entlangführen –

oder suchen uns einen Weg an der einsam-archaischen Küste, wo sich mächtige Felsklötze türmen.

Im Reich der Cinque Terre

Ein alter Wachturm überragt die Häuser von Vernazza, die auf einem kantigen Felsklotz thronen.

Am Strand von Levanto (Ligurien).

Wie Schwalbennester klebt der Ort Manarola an den Felsklippen der ligurischen Riviera.

Orte voller Leben und Geschichte

In Verona bestaunt Aaron die »Wand der Liebesbriefe« am Haus der Julia; in der großen Arena verzaubern traumhafte Bühnenbilder die »Aida«-Liebhaber, und vom 83 Meter hohen Lamberti-Turm bietet sich uns ein phantastischer Ausblick über das Dächermeer der Altstadt. In Lucca wachsen auf dem Torre Guinigi sieben Steineichen.

Florenz: Sonnenuntergang am Arno.

überlegen, wie sie ihr Gepäck verringern können«, sagt Aaron lachend und verzieht sein Gesicht zu einer Grimasse. Dann streckt er die Beine aus und hängt seine Füße in den Fluss. Ich nicke gleichmütig, setze mich zu ihm und betrachte die sprudelnden Fluten.

»Es wäre toll, wenn wir jetzt flussabwärts bis nach Verona schippern könnten«, meint Aaron, während er mit den Füßen im Wasser planscht und sich vorbeugt, um die Hände in den Fluss zu tauchen. Doch für einen geregelten Schiffsverkehr ist die Etsch nicht tief genug.

100 Kilometer liegen zwischen Trient und Verona, eine Strecke, die wir in drei Tagen zurücklegen. Unterwegs kommen wir auch nach Ala, eine etwa 7500 Seelen zählende Kleinstadt, die zwischen einigen Bergen liegt. Die hohen Hänge sind so grün, dass sie mich an immergrünen Urwald erinnern. Ein Stück unberührte Natur, in der ein über Jahrhunderte gewachsenes Städtchen liegt, das schon im Mittelalter eine Marktstadt unter venezianischer Herrschaft war. Durch den Aufbau einer Textilindustrie erlangte Ala als »Stadt des Samtes« sogar weltweit Ruhm.

Auf gepflasterten Straßen erleben wir hier ein echt italienisches Stadtbild, das mittelalterlich geprägt ist. Vor allem die verschiedenen Palazzi aus dem 17. und 18. Jahrhundert sind ein phantastischer Blickfang. So bleiben wir eine ganze Weile vor dem Palazzo Angelini und dem Palazzo de' Pizzini stehen und bestaunen die alten Gebäude, wo sowohl Napoleon Bonaparte als auch Mozart und sein Vater übernachteten.

In einem kleinen Lokal sitzen wir im Schatten eines großen Sonnenschirms und bestellen Orangensaft, Mineralwasser und Käsebrote. Nach den nervenzermürbenden

Kilometern entlang der lauten Landstraße tut uns die Ruhe dieser Kleinstadt richtig gut. Schon den ganzen Tag über, wenn ich meinen Blick nach links oder rechts schweifen ließ, habe ich bemerkt, dass die Bewegungen der Leute vom Land sehr viel gemächlicher und harmonischer wirken als die der Großstädter. Es ist seltsam, aber diese ruhigeren Bewegungen der italienischen Landbevölkerung flößen mir großes Vertrauen ein.

Auch Heinrich Heine erlebte Ala als *ein echt italienisches Nest. Die Lage ist pittoresk, an einem Berghang, ein Fluß rauscht vorbei, heitergrüne Weinreben umranken hie und da die übereinanderstolpernden, zusammengeflickten Bettlerpaläste. An der Ecke des windschiefen Marktes, der so klein ist wie ein Hühnerhof, steht mit großmächtigen, gigantischen Buchstaben: Piazza di San Marco. Auf dem steinernen Bruchstück eines großen, altadligen Wappenschilds saß dort ein kleiner Knabe und notdürftelte. Die blanke Sonne beschien seine naive Rückseite, und in den Händen hielt er ein papiernes Heiligenbild, das er vorher inbrünstig küßte. Ein kleines, bildschönes Mädchen stand betrachtungsvoll daneben und blies zuweilen (…) in eine hölzerne Kindertrompete.*

In Ala machte Heine eine mehrstündige Rast, nachdem er Trient am 12. August 1828 in aller Frühe verlassen hatte. Bereits vor Sonnenaufgang waren die Kutscher auf den Beinen gewesen, hatten die Gäule angeschirrt und sich mit ihren Fahrgästen auf den Weg gemacht, sodass die Karosse schon gegen Mittag Ala erreichte. *Hier pflegen die Vetturine einige Stunden zu halten, um ihre Wagen zu wechseln.*

In einem *Wirtshaus,* das *ebenfalls (…) von echt italienischer Art* war, kehrte Heine ein und speiste. Anschließend machte er über Gasthof und Ort einige Notizen: *Oben, auf* dem ersten Stockwerk eine freie Estrade mit der Aussicht nach dem Hofe, wo zerschlagene Wagen und sehnsüchtige Misthaufen lagen, Truthähne mit närrisch roten Schnabellappen und bettelstolze Pfauen einherspazierten (...). Auf jener Estrade, längs dem gebrochenen Eisengeländer, gelangt man in ein weites, hallendes Zimmer. Fußboden von Marmor, in der Mitte ein breites Bett, worauf die Flöhe Hochzeit halten; überall großartiger Schmutz. Der Wirt sprang hin und her, um meine Wünsche zu vernehmen. (...) Es dauerte aber eine Stunde, ehe er das Mindeste brachte (...). Ich mußte mich lange mit dem lieblichen Bratenduft begnügen, der mir entgegenwogte aus der türlosen Küche gegenüber, wo Mutter und Tochter nebeneinander saßen und sangen und Hühner rupften. Erstere war remarkabel korpulent; Brüste, die sich überreichlich hervorbäumten, die jedoch noch immer klein waren im Vergleich mit dem kolossalen Hintergestell (...). Die Tochter, eine nicht sehr große, aber stark geformte Person, schien sich ebenfalls zur Korpulenz hinzuneigen; aber ihr blühendes Fett war keineswegs mit dem alten Talg der Mutter zu vergleichen. Ihre Gesichtszüge waren nicht sanft, nicht jugendlich liebreizend, jedoch schön gemessen, edel, antik; Locken und Augen brennend schwarz. Die Mutter hingegen hatte flache, stumpfe Gesichtszüge, eine rosenrote Nase, blaue Augen, wie Veilchen in Milch gekocht, und lilienweiß gepuderte Haare.

Nach einer ganzen Weile wurde die gemütliche, fast idyllische Stimmung in dem Wirtshaus plötzlich durch ein Donnerwetter gestört; ein vierschrötiger Kerl mit einem brüllenden Mordgesicht stürzte herein und schrie etwas, das ich nicht verstand. Als beide Frauenzimmer verneinend die Köpfe schüttelten, geriet er in die tollste Wut und spie Feuer und Flamme, wie ein kleiner Vesuv, der sich ärgert. Die Wirtin schien in Angst zu geraten und flüsterte begütigende Worte, die aber eine entgegengesetzte Wirkung hervorbrachten, so daß der rasende Mensch eine eiserne Schaufel ergriff, einige unglückliche Teller und Flaschen zerschlug und auch die arme Frau geschlagen haben würde, hätte nicht die Tochter ein langes Küchenmesser erfaßt und ihn niederzustechen gedroht, im Fall er nicht sogleich abzöge.

Es war ein schöner Anblick, das Mädchen stand da blaßgelb und vor Zorn erstarrend, wie ein Marmorbild, die Lippen ebenfalls bleich, die Augen tief und tödlich, eine blaugeschwollene Ader quer über der Stirn, die schwarzen Locken wie flatternde Schlangen, in den Händen ihr blutiges Messer – Ich schauerte vor Lust, denn leibhaftig sah ich vor mir das Bild der Medea, wie ich es so oft geträumt in meinen Jugendnächten (...).

Als wieder Ruhe in der Gastube eingetreten war, sammelte der Wirt, der Signor Padre, die Scherben vom Boden auf, suchte die Teller zusammen, die noch am Leben geblieben, brachte mir darauf: Zuppa mit Parmesankäse, einen Braten derb und fest wie deutsche Treue, Krebse rot wie Liebe, grünen Spinat wie Hoffnung mit Eier und zum Dessert gestovte Zwiebeln, die mir Tränen der Rührung aus den Augen lockten.

Die Rechnung überzeugte mich, daß auch der Signor Padre sich aufs Rupfen verstand (...). Dennoch winkte Heine freundlich hinüber nach der Küche, freundlich war der Gegengruß, und bald darauf saß er auch schon in dem eingetauschten Wagen, fuhr rasch hinab in die lombardische Ebene und erreichte gegen Abend die uralte, weltberühmte Stadt Verona.

In Verona

Der Sohn

Wenn ich neben einem Fluss herlaufe, habe ich immer gute
Laune. Ich mag das Plätschern und Gurgeln des Wassers,
das uns nun schon seit Tagen begleitet. Kein Fluss gleicht
dem anderen. Jeder hat seine eigene Farbe, sein eigenes
Tempo, seine eigene Uferregion. Das sage ich nicht nur so
dahin, das habe ich in den vergangenen Wochen wirklich
erlebt. Schließlich sind wir auf Heinrich Heines Route an
vielen Flussläufen entlanggewandert: an der Isar, der Loi-
sach, dem Inn, der Sill, dem Eisack. Nun folgen wir der
Etsch, die uns geradewegs nach Verona führt, durch grüne
Hügel und Obstplantagen mit Äpfeln, Erdbeeren, Kiwis
und Apfelsinen, über Felder, Straßen, Pfade und geschot-
terte Wege. Wir passieren Orte mit klangvollen Namen:
Bussolengo, Cornoalto und Chievo. Gehen am Etsch-Ka-
nal entlang, dem Medio Adige, und stoßen erneut auf den
Flusslauf der Etsch, an dessen Ufer wir in die Stadt Romeos
und Julias wandern.

Irgendwann verlassen wir den Fluss und laufen auf uralten Pflastersteinen in Richtung Stadtzentrum. Wir kommen
an exklusiven Modegeschäften vorbei, sehen Eisdielen, vor
denen Menschen in langen Schlangen stehen. Auch ich hätte
jetzt Lust auf eine Waffeltüte mit Erdbeer- und Vanilleeis.
Doch unser Ziel ist Veronas Campingplatz, so haben wir es
am Morgen besprochen. Erst wenn das Zelt aufgebaut ist,

die Rucksäcke verstaut sind und wir unter der Dusche waren, wollen wir uns Zeit für andere Dinge nehmen. Also gehen wir weiter auf der Corso Porta Nuova, die uns zu zwei großen Stadttoren führt, den Portoni della Brà. Hier fließt so dichter Verkehr, dass wir kaum über die Fahrbahn kommen. Papa erzählt mit seinem Reiseführer in der Hand, dass die mit Zinnen bestückten Torbögen früher als eine Art Verbindungsgang genutzt wurden, um von der alten Burganlage (Castelvecchio) zur Zitadelle Veronas zu kommen.

Gleich hinter den Torbögen erstreckt sich ein weiter Platz – und die Arena von Verona.

»Wow, echt stark!«, sage ich und denke an Filme wie »Gladiator« und »Ben Hur«. Fast vierhundert Jahre lang, erfahre ich von Papa, haben todesmutige Gladiatoren in diesem Amphitheater gegeneinander und gegen wilde Tiere aus Afrika gekämpft.

»Die Arena sieht genauso aus, wie ich sie mir vorgestellt habe«, stelle ich begeistert fest.

»Über hunderttausend Menschen sollen hier ums Leben gekommen sein«, meint Papa und fügt hinzu: »Im 12. Jahrhundert haben einige Erdbeben die Arena schwer beschädigt. Und im Mittelalter wurde eine Menge Baumaterial aus den hohen Wänden herausgebrochen, um Kirchen und Wohnhäuser zu bauen.«

Als wir uns der Arena nähern, sehen wir auf einigen Plakaten die Ankündigung einer Opernaufführung für den heutigen Abend.

»Es gibt ›Aida‹«, entnimmt Papa einem Plakat. Doch das sagt mir nichts.

»Eine großartige Oper, die im alten Ägypten spielt. Tolle Kostüme und tolle Kulissen. Ich hab mal eine Fernsehaufzeichnung gesehen, die sehr beeindruckend war!«

Ich schaue Papa lachend an und weiß, dass wir den gleichen Gedanken haben: »Wäre schon super, wenn wir in der alten Arena eine Opernaufführung sehen könnten! So oft kommen wir ja nicht nach Verona, oder?«

»Hättest du denn Lust?«

»Na klar, was denkst du denn! Wäre echt cool.«

»Dann frage ich mal im Ticket-Büro, ob es noch Karten für heute Abend gibt. Wird aber bestimmt nicht billig.«

»Ich kann ja was beisteuern«, schlage ich vor.

»Ist es dir das wert?«

»Und ob! Ich hätte große Lust dazu.«

»Dann frage ich mal, was die Karten kosten.« Papa legt seinen Rucksack ab und verschwindet hinter einer Glastür mit der Aufschrift »Ticket Office«.

Als er nur wenige Minuten später wieder herauskommt, hält er zwei Karten in der Hand.

»Es hat geklappt! Wir haben noch zwei tolle Plätze bekommen.«

»Super! Gib mir fünf!« Unsere Handflächen schlagen gegeneinander.

»Und der Preis?«, möchte ich noch wissen.

»Sündhaft teuer. Aber egal. Wir sind ja vielleicht nur einmal im Leben in Verona!«

Jetzt erst merke ich, dass uns einige Leute anstarren. »Ich glaube, denen passt unser Aussehen nicht«, sage ich und starre zurück. Dann schultern wir unsere Rucksäcke und tippeln weiter.

»Vielleicht sind wir zu schmutzig«, vermutet Papa. Damit liegt er wahrscheinlich gar nicht so verkehrt. Unser Aussehen lässt wirklich zu wünschen übrig. Mit den schmutzigen Rucksäcken, den speckigen Hosen, den durchgeschwitzten T-Shirts, den strubbeligen Haaren und Papas langem Bart sehen wir tatsächlich wie Landstreicher aus. Niemand sagt ein unfreundliches Wort, doch manche Blicke sprechen Bände. Was soll's. Damit müssen wir leben!

Also laufen wir unbeirrt weiter, quer durch die Einkaufspassagen, überqueren die Etsch und steigen über zahlreiche Stufen einen hübschen Hügel hinauf, auf dem sich das Castel San Pietro befindet, eine alte Kaserne aus österreichischer Zeit, in der einst das Habsburger Militär stationiert war. Von der großen Terrasse der Anlage haben wir einen herrlichen Blick über die Etsch und die Altstadt von Verona.

Gleich hinter dem Castel liegt der Campingplatz. Alles ganz nett. Viele Bäume und viel Schatten. Doch der Platz ist in zahllosen Terrassen angelegt. Wir steigen Hunderte von Stufen rauf und runter, um den zugewiesenen Stellplatz für unser Zelt zu finden. Der gesamte Campingplatz ist nämlich in Parzellen aufgeteilt. Wir haben die Parzellennummer

Auf dem Ponte Pietro wandelten schon die alten Römer über die Etsch.

»B4«. Nur dort dürfen wir kampieren. Nirgendwo anders. Das ist nun echt nicht Papas Ding. Er ist sauer und brabbelt schimpfend vor sich hin. Ich sage lieber nichts. Wenn er erst mal unter der Dusche steht, kriegt er bestimmt die Kurve, und alles ist wieder gut. Doch in den Waschräumen kommt weder bei Papa noch bei mir große Freude auf. Alles steht unter Wasser. Der gesamte Fußboden schwimmt. Heute ist wirklich nicht unser Tag!

Erst zwei Stunden später, als wir in der Arena von Verona unsere Plätze einnehmen (mit geputzten Stiefeln, entstaubter Hose und einem nicht so schmutzigem Hemd), kommt wieder gute Laune auf. Und das, was ich sehe, verschlägt mir fast die Sprache, denn die römische Arena, die aus dem ersten Jahrhundert n. Chr. stammt, bietet ein gigantisches Panorama. Auf einer großen Bühne (1500 Quadratmeter) steht eine riesige Pyramide, geformt aus goldenen Stangen; daneben sitzende Pharaonenstatuen, unglaublich mächtig. Ein tolles Bühnenbild. Man spürt den ganzen Zauber Ägyptens!

Und dann, kurz vor neun Uhr abends, der absolute Wahnsinn! Nur wenige Augenblicke vor Beginn der Oper zünden Tausende von Besuchern kleine Kerzen, Feuerzeuge oder Streichhölzer an. Was für eine Stimmung! Von unseren erhöhten Sitzplätzen aus wirkt die Arena wie eine riesige Geburtstagstorte. Wenig später kommt der Dirigent, läuft durch den Orchestergraben, verneigt sich vor dem Publikum, gibt den Musikern mit seinem Taktstock ein kurzes Zeichen, und das Spektakel beginnt. Die Musiker musizieren, die Sänger singen, und ich (nun wirklich kein Opernfan!) bin total aufgeregt. Ich strahle wie ein Honigkuchenpferd und kann das alles gar nicht fassen: die Musik, der Gesang, die traumhaften Kostüme, die brennenden Kerzen, die irren Lichteffekte, die altertümliche Arena – und darüber der glitzernde Sternenhimmel. All das berührt mich so sehr, dass mir eine Gänsehaut nach der anderen über den Rücken läuft. Und ich weiß: Das ist ein ganz besonderer, unvergesslicher Sommerabend.

Nicht auszudenken, was in der Arena los wäre, wenn es jetzt einen Wettersturz gibt! Mehr als 15 000 Menschen würden im Regen sitzen, und die Veranstaltung müsste wahrscheinlich abgebrochen werden. Betroffen wären auch mehr als zweihundert Sänger und Komparsen – und bis zu siebenhundert Personen, die an der Aufführung mitarbeiten. Doch wir haben Glück. Keine dicken Wolken, kein Wind, kein Regen, kein Gewitter. Der Himmel bleibt sternenklar, und es ist warm und mild.

Erst weit nach Mitternacht endet die Oper. Eine fast vierstündige Aufführung – mit einer großen Pause. Da braucht man gutes Sitzfleisch!

Das römische Amphitheater in Verona fasst bis zu 20 000 Besucher.

Nachdem wir zum Campingplatz zurückgekehrt sind, sitzen wir noch eine ganze Weile unter einem traumhaften Sternenhimmel vor dem Zelt. Wir sprechen über die Oper, über Sängerinnen und Sänger, über Musiker, Komparsen, Tänzer, den Dirigenten – und über Heinrich Heine, der genauso wie wir das Amphitheater von Verona besuchte und dort zwar keine Opernaufführung, aber ein Theaterstück erlebte.

SMS-Nachricht von Aaron an seinen Freund Kjell:

Hallo, Kjell! Du wirst es nicht glauben, aber ich war heute in der Oper. Open-Air-Festival in der Arena von Verona. Absolut ultra! Dicke Menschen singen echt hammerstark. Ein mega-geiles Erlebnis. Jetzt liege ich im Zelt und kann nicht schlafen, denn in den Bäumen über uns zirpen die Grillen wie blöde. Liebe Grüße aus Verona! Aaron

Heine in Verona

Der Vater

Heinrich Heine *blieb nur einen Tag in Verona*. Voller Begeisterung und *in beständiger Verwunderung ob des nie Gesehenen* nahm er *die altertümlichen Gebäude* in Augenschein und *dann die Menschen, die in geheimnisvoller Hast dazwischen wimmelten, und endlich wieder den gottblauen Himmel, der das seltsame Ganze wie ein kostbarer Rahmen umschloß und dadurch gleichsam zu einem Gemälde erhob. Es ist aber eigen, wenn man in dem Gemälde, das man eben betrachtet hat, selbst steckt und hie und da von den Figuren desselben angelächelt wird, und gar von den weiblichen, wie's mir auf der Piazza delle Erbe so lieblich geschah. Das ist nämlich der Gemüsemarkt, und da gab es vollauf ergötzliche Gestalten, Frauen und Mädchen, schmachtend großäugige Gesichter, süße wöhnliche Leiber, reizend gelb, naiv schmutzig, geschaffen viel mehr für die Nacht als für den Tag. Der weiße oder schwarze Schleier, den die Stadtfrauen auf dem Haupte tragen, war so listig um den Busen geschlagen, daß er die schönen Formen mehr verriet als verbarg.*

Überdies entdeckte Heine in den *Gesichtern* der Veroneser *und in ihrem ganzen Wesen die Spuren einer Zivilisation, die sich von der unsrigen insofern unterscheidet, daß sie nicht aus der Mittelalterbarbarei hervorgegangen, sondern noch aus der Römerzeit herrührt, nie ganz vertilgt worden ist und sich nur nach dem jedesmaligen Charakter der Landesherrscher modifiziert hat. Die Zivilisation hat bei diesen Menschen keine so auffallend neue Politur wie bei uns, wo die Eichenstämme erst gestern gehobelt worden sind und alles noch nach Firnis riecht. Es scheint uns, als habe dieses Menschengewühl auf der Piazza delle Erbe im Laufe der Zeiten nur allmählig Röcke und Redensarten gewechselt, und der Geist der Gesittung habe sich dort wenig verändert.*

Schon zu Heines Zeit war die Piazza delle Erbe von barocken Palazzi und mittelalterlichen Wohnhäusern eingerahmt. Ihr *Anblick bewegt wunderbar unsre Seele*, notierte der Dichter. *Da stehen hohe Paläste im venezianisch-lombardischen Stil, mit unzähligen Balkonen und lachenden Freskobildern; in der Mitte erhebt sich eine einzelne Denksäule, ein Springbrunnen und eine steinerne Heilige; hier schaut man den launig rot- und weißgestreiften Podesta, der hinter einem mächtigen Pfeiler emporragt; dort wieder erblickt man einen altviereckigen Kirchturm, woran oben der Zeiger und das Zifferblatt der Uhr zur Hälfte zerstört ist, so daß es aussieht, als wolle die Zeit sich selber vernichten.*

Heute spazieren Touristenscharen aus aller Welt über die Piazza delle Erbe. Auf dem breiten Bürgersteig stehen die Tische und Stühle der Cafés oder Restaurants. Und gleich daneben befinden sich zahlreiche Marktbuden mit Obst und Gemüse, Pizza und Kuchen, Pinocchio-Figuren und farbenprächtigen Karnevalsmasken, an denen man zuweilen den Einfluss des Orients erkennt. Überragt wird der Marktplatz vom Torre dei Lamberti, einem milchkaffeefarbenen Turm, der 84 Meter hoch in den Himmel ragt und im Jahr 1172 aus Tuffstein, Ziegel und Marmor erbaut wurde.

Mit Riesenschritten steigt Aaron in die luftige Höhe hinauf. 368 Stufen sind es bis zur Turmspitze. Ich lasse mir

An der Piazza dei Signori erhebt sich der 83 Meter hohe Torre dei Lamberti.

für die vielen Treppenstufen mehr Zeit, vor allem in der Glockenstube lege ich eine kleine Rast ein. Dort blättert gerade ein älterer Japaner in einem dicken Reiseführer. Von ihm erfahre ich, dass der Lamberti-Turm über zwei ganz unterschiedliche Glocken verfügt: Da gibt es die große Rengo-Glocke, die einst dazu diente, den Stadtrat zur Sitzung einzuberufen sowie die Bürger Veronas im Verteidigungsfall zu den Waffen zu rufen. Zum anderen warnte die kleinere Marangona-Glocke bei Feuergefahr und gab den Bauern auf den Feldern den täglichen Feierabend bekannt. Als ich schweißgebadet die oberste Aussichtsplattform erreiche, wartet Aaron schon ungeduldig auf mich.

»Na, bist du auch schon da!«, meint er keck. Ich nicke nur kurz, lehne mich dann auf die Brüstung des achteckigen Turmgeschosses und genieße den Ausblick über die pfannengedeckten Dächer Veronas bis hin zu den fernen Hügelketten Venetiens. Es ist, als würden sich die ockerfarbenen Dächer, ähnlich wie die weitläufigen Hügelketten, in Stufen ausbreiten, mal hinauf, mal hinab. Meist stehen die Häuser der Altstadt so eng beieinander, als würde es gar keine Straßen oder Gassen dazwischen geben. Und mitten in diesem starren Meer aus Dachpfannen sieht man vierschrötige Schornsteine, kleine Terrassen und auf Aluminiumstangen montierte Fernseh- oder Satellitenantennen.

Was ich aber vor allem unter mir sehe, sind mehr als zweitausend Jahre Geschichte, die wie ein riesiger Flickenteppich vor mir ausgebreitet liegen. Schon 89 v. Chr. gründeten die Römer Verona als Handelzentrum, das an einem wichtigen Knotenpunkt ihrer Fernhandelsrouten lag. Später kamen die Ostgoten, die Scaliger, die Venezianer, Franzosen und Österreicher, ehe das Veneto zum Königreich Italien gezählt wurde. Viele Herrscher und Völkerschaften hat Verona über die Jahrhunderte gesehen, die auch Heinrich Heine in seinen »Reisebildern« nicht unerwähnt ließ: *Verona, die uralte, weltberühmte Stadt, gelegen auf beiden Seiten der Etsch, war immer (...) die erste Station für die germanischen Wandervölker, die ihre kaltnordischen Wälder verließen und über die Alpen stiegen, um sich im güldenen Sonnenschein des lieblichen Italiens zu erlustigen. Einige zogen weiter hinab, anderen gefiel es schon gut genug am Orte selbst, und sie machten es sich heimatlich bequem und zogen seidne Hausgewänder an und ergingen sich friedlich unter Blumen und Zypressen, bis neue Ankömmlinge, die noch ihre frischen Eisenkleider anhatten, aus dem Norden kamen und sie verdrängten – eine Geschichte, die sich oft wiederholte und von den Historikern die Völkerwanderung genannt wird. Wandelt man jetzt durch das Weichbild Veronas, so findet man überall die abenteuerlichen Spuren jener Tage, so wie auch die Spuren der älteren und der späteren Zeiten. An die Römer mahnt besonders das Amphitheater und der Triumphbogen; an die Zeit des Theoderichs, des Dietrichs von Bern, von dem die Deutschen noch singen und sagen, erinnern die fabelhaften Reste so mancher byzantinisch vorgotischen Bauwerke; tolle Trümmer erinnern an König Alboin und seine wütenden Longobarden; sagenreiche Denkmale mahnen an Carolum Magnum, dessen Paladine an der Pforte des Doms ebenso fränkisch roh gemeißelt sind, wie sie gewiß im Leben gewesen – es will uns bedünken, als sei die Stadt eine große Völkerherberge, und gleich wie man in Wirtshäusern seinen Namen auf Wand und Fenster zu schreiben pflegt, so habe dort jedes Volk die Spuren seiner Anwesenheit zurückgelassen, freilich oft nicht in der leserlichsten Schrift, die mancher deutsche Stamm noch nicht schreiben konnte und sich damit behelfen mußte, zum Andenken etwas zu zertrümmern, welches auch hinreichend war, da diese Trümmer noch deutlicher sprechen als zierliche Buchstaben.*

Am Nachmittag, als durch die aufgeheizten Straßen Veronas ein sanfter Wind streicht und die Schatten der alten Wohnhäuser die engen Gassen verschlingen, verschnaufen wir vom umtriebigen Stadtbummel in einem netten Café auf der Piazza Brà. Aaron bestellt sich Orangensaft und Apfelkuchen, ich habe Lust auf Schokoladentörtchen und Milchkaffee. Unter einer großen Markise lehnen wir uns entspannt in die weichen Polster der Stühle und beobachten das geschäftige Treiben auf dem offenen Platz, der von mittelalterlichen Palazzi umgeben ist. Mittendrin: hohe Bäume, farbige Blumenkübel, schattige Bänke und ein Springbrunnen.

Gleich gegenüber dem Café ragt Veronas altrömische Arena in den dunkelblauen Himmel. Sie beherrscht die Nordseite der Piazza Brà und gibt ihr ein grandioses Ambiente. Der imposante steinerne Ovalbau geht auf das Jahr 30 n. Chr. zurück – er ist 138 Meter lang und 109 Meter breit. Nach dem Kolosseum in Rom und dem Amphitheater in Capua gilt Veronas Prachtbau als drittgrößte Arena der römischen Welt.

Hier auf der Piazza Brà war es auch, wo Heinrich Heine flanierte, *auf kleinen Stühlchen vor den Kaffeebuden saß* und Sorbet schlürfte. *Da läßt sich gut sitzen,* schrieb er, *das träumende Herz wiegt sich auf süßen Tönen und erklingt im Widerhall. Manchmal, wie schlaftrunken, taumelt es auf, wenn die Trompeten erschallen, und es stimmt ein mit vollem Orchester. Dann ist der Geist wieder sonnig ermuntert, großblumige Gefühle und Erinnerungen mit tiefen schwarzen Augen blühen hervor, und drüber hin ziehen die Gedanken, wie Wolkenzüge, stolz und langsam und ewig.*

Bis *spät nach Mitternacht* wanderte Heine damals *durch die Straßen Veronas, die allmählig menschenleer wurden und wunderbar widerhallten. Im halben Mondlichte dämmerten die Gebäude und ihre Bildwerke, und bleich und schmerzhaft sah mich an manch marmornes Gesicht.* Er *eilte schnell den Grabmälern der Scaliger vorüber* und kam *an den römischen Triumphbogen,* als er eine Frauenstimme hörte, die ihm *so süß unheimlich in die Seele drang (…). Es war Gesang wie aus der Brust einer sterbenden Nachtigall, todzärtlich und wie hülferufend an den steinernen Häusern widerhallend. Auf dieser Stelle hat Antonio della Scala seinen Bruder Bartolomeo umgebracht, als dieser eben zur Geliebten gehen wollte. Mein Herz sagte mir,* schrieb Heine weiter, *sie säße noch immer in ihrer Kammer und erwarte den Geliebten und sänge nur, um ihre ahnende Angst zu überstimmen.*

Eine ganze Weile ließen Heine *diese seidnen, schaurigen, verblutenden Töne* nicht los, sie verfolgten ihn *durch alle Straßen, bis zum Gasthof Due Torre, bis ins Schlafgemach, bis in den Traum –*

Und am anderen Morgen wusste er nicht, wer in der Nacht *das Licht* in seinem Zimmer *ausgelöscht* hatte.

Love Stories

Der Sohn

Veronas Hit ist das Haus der Julia, das die Italiener »Casa di Giulietta« nennen. So etwas habe ich noch nicht gesehen: Riesige Menschentrauben drängen sich hier in einen engen, efeubewachsenen Innenhof, um einen Blick auf den kleinen Balkon zu werfen, der in Shakespeares Drama »Romeo und Julia« eine so wichtige Rolle spielt. Jahr für Jahr kommen Tausende von Menschen aus aller Welt hierher und fotografieren den Balkon der Julia, die es aber nie gegeben hat. Die Geschichte um »Romeo und Julia« ist einer Dichterphantasie entsprungen. Zu keiner Zeit gab es eine Julia oder einen Romeo, die sich auf einem Balkon in Verona trafen. Doch Millionen von Menschen kommen trotzdem jedes Jahr hierher. Und viele, so habe ich bemerkt, wissen nicht einmal, dass Romeo und Julia erdachte Figuren sind. – Wahr ist nur, dass im Jahr 1303 tatsächlich die Familien Montecchi und Cappelletti in Verona lebten und miteinander verfeindet waren.

Papa findet, dass jeder, der nach Verona kommt, einmal zu dem berühmten Balkon spazieren sollte. Nun gut, warum nicht? Auch ich habe die Geschichte um Romeo und Julia gelesen. Ich weiß, dass Romeo und Julia sich ineinander verliebten und bald darauf heirateten, ehe sie auf dramatische Weise ums Leben kamen. All das in nur vier Tagen. Länger hat ihre tragische Romanze nicht gedauert. Ich weiß, dass es die schönste Liebesgeschichte der Weltliteratur sein soll, auch wenn mich der Text von William Shakespeare – ehrlich gesagt – nicht umgehauen hat. Außerdem weiß ich, dass sich Romeo und Julia – bei Shakespeare – im Palazzo Capuleti erstmals begegnet sind. Auch für diesen Palazzo hat man in Verona ein passendes Haus gefunden, das nur ein paar Straßenzüge entfernt liegt. Dort war auch Heinrich Heine, der vor mehr als hundertachtzig Jahren vor einem *Haus* stand, *das man wegen eines Hutes, der über dem inneren Tor in Stein gemeißelt* war, *für den Palast der Capulets* hielt. *Es ist jetzt eine schmutzige Kneipe für Fuhrleute und Kutscher, und als Herbergeschild hängt davor ein roter, durchlöcherter Blechhut. Unfern, in einer Kirche, zeigt man auch die Kapelle, worin, der Sage nach, das unglückliche Liebespaar getraut* wurde. *Ein Dichter besucht gern solche Orte,* schrieb Heine in seinen »Reisebildern«, *wenn er auch selbst lächelt über die Leichtgläubigkeit seines Herzens.*

Um das Jahr 1597 hat der englische Dichter William Shakespeare, der übrigens nie in Verona war, die Tragödie »Romeo und Julia« geschrieben. Das Stück hat also mehrere hundert Jahre auf dem Buckel. Und trotzdem zieht diese Geschichte noch immer jedes Jahr Tausende von Menschen nach Verona, zur Via Cappella 23, zum Haus der Julia. Dichtes Gedränge herrscht hier, als wir uns mit vielen anderen durch einen schmalen Torbogen schieben, an dessen Wänden Tausende Zettel hängen, vom Boden bis unter die Decke. Ich sehe große und kleine Zettel – in Weiß, Gelb, Grün und Rosa. Es ist, als wären die Wände mit Zetteln tapeziert.

»Was soll denn das?«, frage ich irritiert.

»Das sind alles Liebesschwüre. Hier schreiben Menschen ihren Liebeswunsch auf einen Zettel und kleben ihn an die Wand. Es sind Wünsche nach Treue, Glück und ewiger Liebe. Wenn die Zettel an der Wand hängen bleiben, soll der Wunsch in Erfüllung gehen.«

»Und das soll wirklich was bringen?«, frage ich skeptisch. Dann fliegen meine Augen über das Zettelmeer. Überall sehe ich Herzchen – mit Bleistift, Kugelschreiber oder Buntstift gemalt. Herzen, die bluten, Herzen, von einem Pfeil durchbohrt. Darüber oder darunter lese ich Liebesbotschaften – in allen möglichen Sprachen. Als ich näher an die Wand herantrete, entdecke ich einen Zettel mit Worten in deutscher Sprache. Es ist mir ein bisschen peinlich, den Text zu lesen. Doch ich bin auch neugierig:

Liebe Stefanie!
Du bist die schönste und tollste und netteste Frau, die ich kenne. Diese Reise nach Italien ist etwas ganz Besonderes für mich. Hier ist mir klar geworden, dass ich mein ganzes Leben mit Dir verbringen möchte. Ich liebe Dich von ganzem Herzen und hoffe, dass wir uns niemals trennen werden.

In grenzenloser Liebe!
Dein Clemens

Papa und ich brauchen eine ganze Weile, ehe wir die Toreinfahrt zum Palazzo Capuleti hinter uns lassen. Im Krebsgang zwängen wir uns durch das Menschengewimmel, stehen schließlich im Innenhof von Julias Haus und schauen zu dem berühmten Balkon hinauf. Das Haus stammt vermutlich aus dem 12. Jahrhundert. Früher war es ein Gasthof mit Stallungen. Als man dann auf die Idee kam, Shakespeares Drama einen »realen« Hintergrund zu geben, wurde dieses Haus von der Stadtverwaltung aufgekauft und zu einem Museum umgebaut. So hatte man eine neue Touristenattraktion in Verona.

»Wenn man diesen ganzen Rummel hier sieht«, sagt Papa nachdenklich, »kann man kaum glauben, dass Shakespeares Tragödie nur eine erfundene Geschichte ist.« Und dann erzählt er, dass sich Shakespeare die Handlung seines Stücks gar nicht selbst ausgedacht hat. Zwei italienische Autoren waren es, Matteo Bandello und Luigi da Porto, die die Geschichte um Romeo und Julia im 16. Jahrhundert zu Novellen verarbeiteten. So erfuhr William Shakespeare von der tragischen Liebesgeschichte und brachte sie als Drama zu Papier.

Kurz darauf zeigt Papa zu Julias Haus hinüber und stellt fest: »Das ist wirklich ein hübsches Gebäude. Nur – der Zauber einer romantischen Liebesnacht kann sich hier nun

An der Casa di Giulietta drängen sich die Besucher unter dem Balkon der Julia.

wirklich nicht einstellen.« Damit trifft er den Nagel auf den Kopf. Wie soll man hier zur Besinnung kommen und an große Literatur oder gar an Liebe denken? Das ist doch gar nicht möglich. Viel zu laut ist es hier – es gibt zu viele klickende Fotoapparate und summende Filmkameras, die auf jenen schmalen Steinbalkon gerichtet sind, unter dem Romeo stand und zu seiner Geliebten sprach, nachdem er über die hohe Gartenmauer in den Hof geklettert war.

Doch still, was schimmert durch das Fenster dort?
Es ist der Osten und Julia die Sonne! –
Geh auf, du holde Sonn'! ertöte Lunen,
Die neidisch ist und schon vor Grame bleich,
Daß du viel schöner bist ...

Die Balkonszene aus Shakespeares »Romeo und Julia« wird übrigens im Andenkenshop des Innenhofs auf Aschenbechern, Tellern, Tassen und Kugelschreibern reichlich vermarktet. Viele Besucher nehmen sich tatsächlich so ein komisches Souvenir mit. Denn: »Die Liebe zwischen Romeo und Julia ist für viele Paare zum Vorbild geworden«, meint Papa. Vielleicht hat er recht. Ich finde solche Erinnerungsstücke eher kitschig. Und wenn ich mich hier im Innenhof der »Casa di Giulietta« so umsehe, habe ich den Eindruck, dass nur wenige Männer es schaffen würden, an einer Strickleiter zu ihrer Geliebten auf den Balkon zu klettern. Viele sind nämlich einfach zu schwergewichtig, um an einer schmalen Leiter hinaufzuturnen. Was Wunder, manche sehe ich nach dem Besuch des »Julia-Hauses« in der gegenüberliegenden »Gelateria« sitzen, wo sie einen überdimensionalen Eisbecher – mit einer fetten Portion Sahne – verschlingen. Was hätte Julia wohl dazu gesagt?

Eines habe ich noch vergessen: Gleich neben dem Eingang der »Casa di Giulietta« steht eine lebensgroße Bronzestatue der Julia, die in den siebziger Jahren aufgestellt wurde. Angeblich soll es Glück bringen, wenn man die linke Brust oder den linken Arm der Figur berührt. Daher sehen Brust und Arm ziemlich abgegriffen aus. Tausende von Händen haben die Statue im Laufe der Jahre angefasst.

Während Papa noch einige Fotos von der Bronzestatue und dem Balkon macht, habe ich genug gesehen. »Ich geh dann schon mal«, sage ich und stürze mich ins Gedränge. Meter für Meter schiebe ich mich durch den dichten Menschenstrom und erreiche wieder die Toreinfahrt. In der Mitte des kleinen Tunnels bleibe ich einen Moment stehen. Noch einmal schaue ich auf die zahllosen Zettel, die in dichten Schichten übereinander an den Wänden hängen. Liebeserklärungen aus vielen Jahren und Jahrzehnten. Vielleicht sollte ich an dieser Liebespilgerstätte auch einen Wunsch zu Papier bringen?, schießt es mir durch den Kopf. Vielleicht bringt es ja tatsächlich was? Selbst wenn die Person, an die ich denke, nie davon erfährt. Wer weiß, ob es für mich noch einmal die Möglichkeit gibt, eine Nachricht an den Mauern der Toreinfahrt zum »Palazzo Capuleti« zu hinterlassen!

SMS-Nachricht von Aaron an
seine Mutter:

Liebe Mama! Wir sind noch immer
in Verona, fühlen uns hier sauwohl.
Es tut mal ganz gut, zwei Tage an
einem Ort zu sein. Auf dem Markt
gibt es tolle Früchtebecher mit
Erdbeeren, Melone, Ananas und
Weintrauben. LG – Dein Aaron

Von Banditen
und Radbrüchen

Der Vater

Wir verlassen Verona, wie einst auch Heinrich Heine, in westlicher Richtung. Doch während wir weiter zu Fuß tippeln, setzte Heine seine Reise *in einer schwerfälligen Carrozza* fort. Es war der 13. August 1828, als er hinaus in die hügelige Weite Venetiens holperte, wobei seine Gedanken immer wieder um Goethes »Italienische Reise« kreisten, die der große Dichter von 1786 bis 1788 unternahm und in seinem berühmten gleichnamigen Werk verewigte. Goethes Reise nach Italien war voller Begegnungen mit Natur, Kunst und Volksleben, eine »Schule des Sehens«, die auch Selbstfindung und Befreiung von zahlreichen äußeren und inneren Belastungen war. Eine Reise, deren spätere Darstellung – eine kunstvolle Zusammenstellung aus Berichten, Briefen und Tagebuchaufzeichnungen – auch Heine fesselte, *um so mehr, da* Goethe *bis Verona dieselbe Tour durch Tirol gemacht hat. Ich habe schon früherhin über jenes Buch* (Goethes »Italienische Reise«) *gesprochen, ehe ich den Stoff, den es behandelt, gekannt habe, und ich finde jetzt mein ahnendes Urteil vollauf bestätigt. Wir schauen nämlich darin überall tatsächliche Auffassung und die Ruhe der Natur. Goethe hält ihr den Spiegel vor, oder, besser gesagt, er ist selbst der Spiegel der Natur. Die Natur wollte wissen, wie sie aussieht, und sie erschuf Goethe. Sogar die Gedanken, die Intentionen der Natur vermag er uns wider-*

zuspiegeln, und es ist einem hitzigen Goethianer, zumal in den Hundstagen, nicht zu verargen, wenn er über die Identität der Spiegelbilder mit den Objekten selbst so sehr erstaunt, daß er dem Spiegel sogar Schöpfungskraft, die Kraft, ähnliche Objekte zu erschaffen, zutraut.

Die Weiterfahrt nach Brescia wurde für Heine zu einem echten Abenteuer, denn er reiste *in Gesellschaft von sechs Banditen.* Dabei war ihm sicher nicht besonders wohl zumute. Doch genauere Angaben machte Heine nicht. In seinen »Reisebildern« erfährt man nicht, ob die Banditen bereits in Verona in der Kutsche saßen oder ob die Karosse unterwegs gestoppt wurde. Gleichwohl lässt Heine seine Leser wissen, dass der Postwagen mit großer Geschwindigkeit dahinrollte. Gewaltige Staubmengen sollen die Kutsche umwirbelt haben, sodass der schlingernde Wagen *von allen Seiten (...) sorgfältig verschlossen wurde* und Heine *von der Schönheit der Gegend wenig bemerken konnte. Nur zweimal, ehe wir Brescia erreichten,* notierte Heine, *lüftete mein Nachbar das Seitenleder, um hinauszuspucken. Das eine Mal sah ich nichts als einige schwitzende Tannen, die in ihren grünen Winterröcken von der schwülen Sonnenhitze sehr zu leiden schienen; das andere Mal sah ich ein Stück von einem wunderklaren blauen See, worin die Sonne und ein magerer Grenadier sich spiegelten.*

Jedem Reisenden waren damals die Gefahren einer längeren Postkutschenfahrt bekannt. Da war vor allem die Bedrohung durch Räuberbanden, die an vielen Streckenabschnitten lauerten, um die schwerfälligen Karossen zu überfallen und den Reisenden alles Wertvolle abzunehmen. Zwar gab es bewaffnete »Geleitreiter«, die die Sicherheit einer Kutschenfahrt gewährleisten sollten, doch ihre Bezahlung war so hoch, dass sich normale Menschen einen solchen Schutz nicht leisten konnten. Hinzu kamen die widrigen Straßenverhältnisse und die ungestüme Fahrweise mancher Kutscher, die oft zu Radbrüchen führte. Fast jeder Reisebericht, der seinerzeit eine längere »Überlandfahrt« dokumentierte, schildert einen solchen Unfall.

Dennoch waren die Überland-Postrouten zu Beginn des 19. Jahrhunderts so gut ausgebaut, dass die Zwei- oder Vierspänner – selbst über eine Strecke von mehreren hundert Kilometern – mit dem Tempo einzelner Postreiter mithalten konnten. Dies hatte sich im 16. und 17. Jahrhundert noch niemand vorstellen können, da die Pferdekutschen damals noch ungefederte Leiterwagen waren, die mit einem Korbgeflecht oder einer Plane überspannt waren, und man auf Holzbänken mit Felldecken saß. Erst als die Beförderung von Personen im Laufe der Zeit stetig zunahm und die Transportmöglichkeit für zahlende Fahrgäste ein lukratives Geschäft versprach, entstanden unterschiedliche Kutschentypen, die ebenso für den Zweck des Reisens wie für postalische Aufgaben bestimmt waren. Und es dauerte gar nicht lange, ehe der Postkutschenverkehr in Europa mehrere tausend Kilometer umspannte. Ein Routennetz, das von den Pferdekarossen bis zum Ende des 19. Jahrhunderts genutzt wurde. Von da an war die Eisenbahn das sehr viel preisgünstigere und auch schnellere Fortbewegungsmittel – und das romantisch verklärte Zeitalter der Postkutschen ging zu Ende.

Gehen und Schweigen

Der Sohn

Mehr als einen Monat sind wir nun schon unterwegs. Und mehr als vier Wochen haben mich meine Füße durchs Land getragen. Jeden Tag haben sie mich und meinen Rucksack über Straßen, Wege und Pfade geschleppt, mal sechs, mal acht, mal zehn, mal zwölf Stunden. Kein Wunder, dass das Gehen für mich eine besondere Bedeutung bekommen hat und ich Entfernungen schon seit Tagen völlig anders wahrnehme als vorher.

Wenn wir frühmorgens einen Blick auf die Karte werfen und die Tagesetappe festlegen, bin ich lange nicht mehr so skeptisch. Schließlich weiß ich ja, wie viele Kilometer wir zwischen Sonnenaufgang und Sonnenuntergang schaffen können. Auch will ich die geplanten Streckenabschnitte nicht mehr möglichst schnell hinter mich bringen. Denn mittlerweile habe ich richtig Gefallen am Gehen gefunden. Wo könnte mehr los sein als unterwegs? Auch bin ich ausdauernder und lockerer geworden, kann unseren Marsch nun viel mehr genießen, auch wenn ich nach wie vor jedes Pfund im Rucksack auf den Schulterblättern spüre.

Ehrlich gesagt haben mein Rücken, meine Beinmuskeln und meine Füße zur Genüge mitbekommen, dass die Natur nicht immer nur schön ist. Sie kann auch ziemlich abweisend sein. Solch eine Erfahrung ist bestimmt nicht jedermanns Sache. Wer von meinen Freunden hätte schon Lust, seine Schuhe oder Stiefel Tag für Tag, Woche für Woche durchzulatschen? Aber irgendwie macht mir diese ganze Sache irre viel Spaß, auch wenn mein T-Shirt schon eine halbe Stunde nach unserem Aufbruch am Morgen völlig durchgeschwitzt ist und an beiden Füßen eine Blase zwickt. Zudem habe ich in den letzten Tagen eine ganze Menge über mich gelernt. Ich weiß jetzt zum Beispiel meine Kräfte viel besser einzuteilen und kann mit meiner Energie vernünftiger haushalten als zu Beginn unserer Wanderung. In den ersten zwei Wochen, als mein Tempo noch sehr hoch war, habe ich mir überhaupt keine Gedanken darüber gemacht, dass ich eine solche Geschwindigkeit womöglich nicht durchhalten könnte; ich habe mich gewundert, warum Papa so weit hinter mir blieb. Inzwischen weiß ich, warum: Er hat einfach mehr Erfahrung mit dem Gehen und kann sein Tempo und seinen Rhythmus über Tage und Wochen durchhalten.

Mein Gehtempo ist hingegen in den ersten Wochen viel zu zügig gewesen. Doch Papa hat nichts gesagt. Er wusste, dass ich irgendwann an meine Grenze kommen würde. Und so war es dann auch. Als Zerrungen und Blasen immer mehr wurden, musste ich ein paar Gänge runterschalten. Jetzt mache ich am Tag lieber mal eine Pause mehr, packe mich dann auf eine Bank oder lege mich ins Gras. Danach fühle ich mich viel besser, komme flotter voran und spüre eine enorme Kraft in mir, die mich irgendwie automatisch vorwärtsträgt. Manchmal packt mich dann eine regelrechte Laüflust. Super ist das!

Seltsam ist nur, dass ich einerseits unheimliche Lust am Unterwegssein habe und der Entdecker in mir geweckt worden ist; andererseits werden aber meine Füße seit Verona immer schwerer (was ich mir überhaupt nicht erklären kann). Dadurch wächst in manchen Stunden meine Unlust, was ich aber für mich behalte. Warum soll ich Papa davon erzählen? Er ist ja nicht mein Psychiater. Und Mitleid ist das Letzte, was ich brauche. Zudem gibt es manchmal Augenblicke, in denen mir Papa ziemlich auf den Zeiger geht. Vor allem, wenn er mich mit Tausenden von Infos über Land und Leute zutextet. Dann erzählt er, auf welcher Straße wir gerade laufen, welche Völker durch dieses oder jenes Gebiet zogen, wie die vielen Flüsse heißen, wie hoch die Berge sind, in welchen Ort oder welche Stadt wir gleich kommen, wie viele Kirchen es dort gibt, welche Berühmtheiten in den Gasthöfen abgestiegen sind – und, und, und. Mal ehrlich, muss ich das wirklich alles wissen?

An manchen Tagen gibt Papa einfach keine Ruhe. Und je mehr Kilometer wir am Tag zurücklegen, desto mehr zitiert er aus seinem Reiseführer. Manchmal habe ich die Nase ganz schön voll. Wieso kann er all das Wissen nicht für sich behalten? Doch wenn er merkt, dass ich nur so tue, als würden mich seine ganzen Infos interessieren, dann meint er sofort: »Ich glaube, du hörst mir gar nicht richtig zu. Schläfst du beim Gehen?« In solchen Augenblicken fängt mein erhitzter Kopf echt an zu kochen, und ich sage nur: »Kann schon sein!« Gleichzeitig überlege ich, was wohl passieren würde, wenn ich einfach laut fluche, um meinem Herzen mal so richtig Luft zu machen. Die Folgen spulen sich in meinem Kopf in Sekundenschnelle wie ein Film ab – es würde zu einer Auseinandersetzung kommen, mit gegenseitigen Vorwürfen, Rechtfertigungen, vielleicht Streit und Wut. Schließlich würde sich jeder in sich zurückziehen, und dann? Vielleicht würden wir die Reise abbrechen, zurückfahren … Nein! Das will ich auf gar keinen Fall. Ich will nach Florenz, will die ganze Strecke zu Fuß schaffen!

Also muss ich die Klappe halten, wenn mir was stinkt, und manche Dinge wegdrücken.

Zudem gibt es noch eine andere Möglichkeit: Hin und wieder beschleunige ich einfach meine Schritte, wenn Papa nervt oder ich schlechte Laune habe. Das hilft. Denn wenn man vollkommen platt oder in mieser Stimmung ist, gibt man doch gern jemand anderem die Schuld. In diesem Fall würde wohl Papa alles abbekommen. Es ist ja nur logisch, dass ich ihn für all meine Wehwehchen verantwortlich mache. Wen denn sonst? Es ist ja kein anderer da!

Aber wenn ich mein Schritttempo erhöhe, den Abstand zwischen uns vergrößere, können wir nicht streiten. Es gibt keine bösen Worte, die man vielleicht später bereut. Manchmal sind es sogar zwei-, drei- oder vierhundert Meter, die ich vorauslaufe. Manchmal bin ich für Papa auch nur noch ein kleiner Punkt in der Ferne. Wenn ich mich dann umdrehe, winken wir uns kurz zu, mehr nicht. So weiß jeder vom anderen, dass alles in Ordnung ist. Das reicht vor allem für jene Tage, an denen jeder für sich sein will.

Manchmal laufe ich stundenlang voran, ohne eine Pause. Papa respektiert das, sagt nie ein Wort. Er weiß genau, dass mein Vorausgehen so eine Art Flucht ist, um möglichen Auseinandersetzungen aus dem Weg zu gehen. Beide schweigen wir lieber, weil wir keinen Streit wollen. Das gemeinsame Ziel ist uns wichtiger. Also gehen wir an manchen Tagen kaum zusammen, sondern jeder für sich. Und durch den Abstand zwischen uns bekommen wir eine Menge Probleme besser in den Griff. Auf diese Weise hat jeder reichlich Zeit für sich, und ich kann vieles, was mir auf den Geist geht, schon nach zwei oder drei Stunden Streckemachen aus dem Kopf werfen. Papa geht es genauso. Und wenn wir am Abend wieder beieinandersitzen, sind meist alle Nervereien vom Morgen vergessen. Denn jeder hat die jeweilige Tagesetappe ganz anders erlebt.

Wären wir stattdessen immer zusammen, würden wir uns vielleicht permanent auf die Füße treten, vielleicht sogar durchdrehen und alle möglichen Unstimmigkeiten über den Tag mitschleppen. Deshalb heißt mein Motto für unterwegs: Gehen und schweigen ist besser als streiten und aufgeben.

Übrigens: Durch solche spannungsreichen Tage habe ich erfahren, dass ich gern mal allein gehe. Papa hat tatsächlich recht, wenn er erzählt, dass man zu Fuß alles um sich herum viel intensiver wahrnimmt. Allerdings habe ich für mich zwei ganz unterschiedliche Arten des Gehens entdeckt. Zum einen gehe ich gern mit offenen Augen durch die Landschaft und nehme alles bewusst wahr. Alles, was ich sehe, wird gespeichert und auf meine innere Festplatte gebrannt: Wälder und Bäume, Wiesen und Gräser, Blumen und Käfer, Flüsse und Wolken. Ich sehe alles und höre alles. Ein tolles Feeling! Manchmal aber fühle ich mich wie eine Art Gehmaschine, die nichts sehen und nichts hören will. Ganz stupide gehe ich meinen Weg, hab Spaß am Laufen, möchte aber nichts Neues mehr aufnehmen, weil mein Kopf absolut voll ist. Nichts geht da mehr rein. Stattdessen krame ich meinen MP3-Player aus dem Rucksack und stöbere die Playlist durch, um verschiedene Musikstücke auszuwählen, die ich auf den nächsten Kilometern hören will. Zum Beispiel James Blunt mit »Shine on«, Revolverheld mit »Rock 'n' Roll«, Silbermond mit »Nichts passiert«, Kettcar mit »Nullsummenspiel«, Roger Cicero mit »Spontis zeugen Banker«. Mit solcher Musik kann ich alles um mich herum beiseitetun. Und dann heißt es nur noch: gehen, schweigen und Musik hören. Das ist diese andere Art des Gehens, die mir so viel Spaß macht. Meine Füße laufen im Takt der Musik – und die blöde Denkmaschine in meinem Kopf, die meist von morgens bis abends läuft, ist endlich mal ruhig. Ich denke an so gut wie nichts, weder an die Schule noch ans Studium oder an meine Freunde. Ich laufe einfach – und dabei vergesse ich sogar die Schmerzen in den Schultern, die von den Rucksackriemen herrühren, vergesse auch das leichte Ziehen in den Beinmuskeln, die manchmal ziemlich steif und verspannt sind.

Bei dieser Art des Gehens sehe ich allerdings nicht mehr als zwei, drei, vier oder fünf Meter vor mir. Alles andere ist auch nicht wichtig. Was zählt, sind die nächsten Schritte und die nächsten Meter. Dazu tolle Musik und super Wetter, ein geiler Himmel, ein bisschen Wind und reichlich Asphalt, den wir in Richtung Brescia heftig unter den Schuhen zu spüren bekommen, während die Autos auf der Landstraße an uns vorbeisausen. So reiht sich ein Ort an den anderen: Sona, Peschiera, Lonato, Rezzato.

SMS-Nachricht von Aaron an
seinen Freund Kjell:

Lieber Kjell! Es zwickt in den Knien
und sticht in den Waden. Von
den Schultern will ich gar nicht
reden! Trotzdem macht es irren
Spaß, wenn wir am Tag 20 bis
40 Kilometer laufen – hätte ich nie
gedacht! Bis Mailand ist es nicht
mehr weit, freue mich schon aufs
Hotel! Papa schüttet mich mal

wieder mit Infos zu. Wenn das so
weitergeht, brauch ich nicht mehr
zur Uni. Ich werde auch ohne
Studium Professor. LG – Aaron

Von 90 Tonnen Schießpulver und dem berühmtesten Wandgemälde der Welt

Der Vater

Als Heinrich Heine das nur 30 Kilometer westlich vom Gardasee gelegene Brescia erreichte, lag eine dichte Schmutzschicht auf der Kutsche, mit der er Verona verlassen hatte. Sein Aufenthalt in Brescia war nur von kurzer Dauer. Er nutzte den Kutschenstopp, um *ein gutes Pranzo einzunehmen,* und schrieb: *Man kann es einem Reisenden nicht verdenken, wenn er den Hunger des Leibes früher stillt als den des Geistes.* Gleichwohl war Heine *gewissenhaft genug, ehe er wieder in den Wagen stieg, einige Notizen über Brescia vom Cameriere zu erfragen; und da erfuhr er unter anderen: die Stadt habe 40000 Einwohner, ein Rathaus, 21 Kaffeehäuser, 20 katholische Kirchen, ein Tollhaus, eine Synagoge, eine Menagerie, ein Zuchthaus, ein Krankenhaus, ein ebenso gutes Theater und einen Galgen für Diebe, die unter 100000 Taler stehlen.*

Heute ist Brescia mit etwa 200000 Einwohnern die zweitgrößte Stadt der Lombardei. Die Cafés und Kirchen haben wir ebenso wenig gezählt wie die Krankenhäuser oder Theater. Doch einen Galgen gibt es de facto nicht mehr. Überdies bietet die Stadt eine Fülle von Bauwerken aus der Antike, dem Mittelalter, der Renaissance sowie dem Barock. Alles, was wir über Brescia wissen wollen, erfahren wir im Touristenbüro. Dort drückt man uns einen Packen Prospekte in die Hand. Eine halbe Stunde später liegen wir schon in frischbezogenen Hotelbetten, wo wir uns von den Anstrengungen des Tages erholen. Neugierig blättere ich in den bunten Werbebroschüren und beginne, einige Informationen laut vorzulesen. Obwohl Aaron protestiert, lese ich weiter: Das antike Brescia war eine keltische Siedlung, 225 v. Chr. wurde es römisch, 27 v. Chr. gründete hier Augustus eine Kolonie, die »Colonia Civica Augusta«, und mehr als vierhundertfünfzig Jahre später wurde Brescia vom Hunnenheer Attilas geplündert. Deutlich spüre ich, dass es Aaron kaum interessiert, wer Brescia wann erobert oder geplündert hat. Doch eine Information lässt ihn stutzen: Als nämlich 1769 ein Blitz die San-Nazaro-Kirche traf, in der 90 Tonnen Schießpulver lagerten, wurden ganze Stadtteile beschädigt. Bis zu 3000 Menschen starben durch die gewaltige Explosion, denn die Gemeinde hatte es zuvor abgelehnt, einen Blitzableiter zu installieren, da Blitze ja göttlichen Ursprungs seien und kein Kirchengebäude zerstören würden.

»Schön blöd, die Leute!«, meint Aaron, ehe er sich die Bettdecke über den Kopf zieht. Für heute hat er offenbar genug.

Wir bleiben nur eine Nacht in Brescia und sind am nächsten Morgen schon wieder früh auf den Beinen. Im Frühstücksraum unseres Hotels sind wir um 6.30 Uhr die ersten Gäste. Noch etwas verschlafen wandern wir an dem bunt drapierten Buffet vorbei, stehen unschlüssig vor den Wurst- und Käseplatten, ehe wir in den Brotkorb greifen. Dazu bestellen wir schwarzen Tee und heiße Schokolade. Aaron stürzt sich vor allem auf die süßen Backwaren: kleine Rosinenschnecken, Blätterteigtaschen und Marmorkuchen. Zudem löffelt er reichlich Obstsalat und zwei gefüllte Schälchen mit Früchtejogurt. Auch ich habe an diesem Morgen großen Hunger und esse drei Croissants mit leichter Butterlasur, die ich in eine dampfende Schale Milchkaffe stippe. Einen Croissant stecke ich sogar fast auf einmal in den Mund.

Gut gestärkt machen wir uns gleich nach dem Frühstück auf den Weg. Die Daumen hinter die Schulterriemen der Rucksäcke gehakt, lassen wir die Stadt rasch hinter uns. Ganz fest spüren wir unseren Tritt auf dem Asphalt, und wie selbstverständlich setzen wir unsere Schritte, gleichmäßig und leichtgängig, während zu dieser frühen Stunde noch wenig Verkehr auf den Straßen herrscht. Wir wandern in westlicher Richtung, über Travagliato, Chiari, Treviglio und Melzo. Die Route ist höchst beschwerlich. Zwar ist die Landschaft nun sehr viel offener, doch im Laufe des Morgens wird der Autoverkehr immer dichter. Und da es keinen Wanderweg gibt, müssen wir fast ohne Unterlass den asphaltierten Landstraßen folgen, sodass wir nur mühsam unseren Rhythmus finden. Heute hat das Gehen nichts Meditatives, im Gegenteil: Viele Straßen, die durch ländliche Gegenden führen, verfügen nicht einmal über einen Gehsteig. Stattdessen gibt es am Straßenrand lediglich eine weiße Linie, oft nur ein schmaler Streifen zwischen Asphalt und Wiese.

Mehr als sonst müssen wir uns hier auf die nächsten Meter vor uns konzentrieren, wenn wir nicht buchstäblich unter die Räder kommen wollen. Manchmal rasen die Pkws und Lkws mit einem Affenzahn an uns vorbei, sodass wir erschrocken beiseite springen. Kein Wunder, dass wir immer wieder Kadaver von Hasen, Katzen oder Hunden sehen, die von schnell fahrenden Autos überfahren wurden. Trotz guter Kondition erleben wir Augenblicke, in denen uns Autolärm, Hitze und Gefahrenmomente ganz schön in die Knie zwingen. Manchmal ist es richtig lebensgefährlich! Rücksicht scheint für viele Autofahrer ein Fremdwort zu sein, und so schimpfe ich manchen dahinjagenden Fahrzeugen hinterher und zeige den Stinkefinger, während Aaron mich mit gutgemeinten Worten zu beruhigen versucht. Er macht aus dieser unangenehmen Strecke für sich wirklich das Beste: Er hält den Blick immerzu nach vorne gerichtet, und seine Beine fressen Kilometer um Kilometer, während er seinen Kopf auf einen seltsamen Ruhezustand geschaltet hat. Völlig unaufgeregt ist er absolut gut drauf, richtig genial!

So folgen wir Tag um Tag den sinnfälligen Spuren Heinrich Heines und trotten am kaum vorhandenen Seitenstreifen zahlloser Asphaltstraßen quer durch die Lombardei, wobei ich mich mehrmals laut frage: »Warum nur sind wir über die Alpen nach Italien gekommen, um nun an derart stark befahrenen Straßen entlangzulaufen?«

Endlich Mailand, die Hauptstadt der Lombardei, die Heinrich Heine um Mitternacht des 14. August 1828 mit

In den Straßen Mailands begegnen sich stetig das Moderne und das Alte.

der Postkutsche erreichte. Bei einem Deutschen namens Reichmann, dessen *Hotel ganz nach deutscher Weise eingerichtet* war, kehrte er ein. *Es sei das beste Wirtshaus in ganz Italien*, hatten ihm einige Bekannte gesagt, die Heine dort auch wiedertraf *und die über italienische Gastwirte und Flöhe sehr schlecht zu sprechen waren.*

Mailand erlebte Heine tags darauf als eine Stadt voller englischer Touristen, denen er eher reserviert begegnete – *sie sind jetzt in Italien zu zahlreich, um sie übersehen zu können, sie durchziehen dieses Land in ganzen Schwärmen, lagern in allen Wirthäusern, laufen überall umher, um alles zu sehen, und man kann sich keinen italienischen Zitronenbaum mehr denken ohne eine Engländerin, die daran riecht, und keine Galerie ohne ein Schock Engländer, die, mit ihrem Guide in der Hand, darin umherrennen und nachsehen, ob noch alles vorhanden, was in dem Buche als merkwürdig erwähnt ist. Wenn man jenes blonde, rotbäckige Volk mit seinen blanken Kutschen, bunten Lakaien, wiehernden Rennpferden, grünverschleierten Kammerjungfern und sonstig kostbaren Geschirren, neugierig und geputzt, über die Alpen ziehen und Italien durchwandern sieht, glaubt man eine elegante Völkerwanderung zu sehen. Und in der Tat, der Sohn Albions, obgleich er weiße Wäsche trägt und alles bar bezahlt, ist doch ein zivilisierter Barbar, in Vergleichung mit dem Italiener, der vielmehr eine in Barbarei übergehende Zivilisation bekundet. Jener zeigt in seinen Sitten eine zurückgehaltene Roheit, dieser eine ausgelassene Feinheit. Und gar die blassen italienischen Gesichter, in den Augen das leidende Weiß, die Lippen krankhaft zärtlich, wie heimlich vornehm sind sie gegen die steif britischen Gesichter mit ihrer pöbelhaft roten Gesundheit!*

Mailand: Blick in das gläserne Kuppeldach der Galleria Vittorio
Emanuele II.

Viele Italiener empfinden es heute als bitteren Schicksalsschlag, in Mailand leben zu müssen. Der Verkehr ist mörderisch, die Straßen sind verstopft, die Luft ist verseucht, das Klima unerträglich und die Protzerei der Neureichen eher peinlich. Mailand ist die Hauptstadt der Eleganz, mit schönen Kleidern, schönen Schuhen und schönen Taschen. Hier gibt es überall Bankhäuser, Finanzunternehmen und Werbeagenturen. Der Hang zur Kostspieligkeit hat Methode, und die Innenstadt pulsiert nach dem Motto: »Sehen und gesehen werden«. Und dann ist da noch die rechtsliberale Stadtregierung von der Partei Berlusconis, die in den vergangenen Jahren nicht ohne die fremdenfeindliche Kleinbürgerpartei Lega Nord auskam. Merkwürdigkeiten genug, die wir auf unserem Weg nach Mailand – in Cafés, Bars oder Lebensmittelläden – aufschnappen.

Doch all diese Eigenarten nehmen wir nur oberflächlich wahr. Denn Mailands Wesen lässt sich für uns kaum erfassen, weil wir nur zwei Tage in dieser großen Messe- und Modemetropole bleiben, die mit fast 1,3 Millionen Einwohnern nach Rom die zweitgrößte Stadt Italiens ist. Ein Fleckchen Erde, das uns – trotz aller Widrigkeiten – herrliche Kulturschätze bietet. Vor allem der Dom ist ein Faszinosum, ein weißes Marmorgebirge, das die Italiener »Il Duomo« nennen. Über einen Zeitraum von fast fünf Jahrhunderten wurde dieses 157 Meter lange Gotteshaus erbaut, in dem mehr als 40000 Gläubige Platz finden. Nach dem Petersdom in Rom und der Kathedrale von Sevilla ist der Mailänder Dom die drittgrößte Kirche der Welt. Eine wunderschöne Kathedrale, die nicht nur Wahrzeichen und Treffpunkt ist, sondern auch ein Stück Mailänder Identität. Aaron kann sich an dem imposanten Jahrtausendbau gar

Begeistert stehen wir vor dem Mailänder Dom, der drittgrößten Kirche der Welt.

Vom Dach des Doms Santa Maria Nascente bietet sich uns ein phantastischer Ausblick über Mailand.

nicht sattsehen. Mit offenem Mund steht er da, den Kopf in den Nacken gelegt und schaut zu den mehr als zweitausend Heiligenstatuen hinauf, die das Domdach schmücken. Wieder und wieder findet er für die Größe und Pracht des Mailänder Doms nur ein Wort: »Wahnsinn!«

Auch Heinrich Heine hatte an gleicher Stelle den Dom Santa Maria Nascente als beeindruckendste *Merkwürdigkeit Mailands* bestaunt. Verzückt schrieb er: *In der Ferne scheint es, als sei er aus weißem Postpapier geschnitzelt, und in der Nähe erschrickt man, daß dieses Schnitzwerk aus unwiderlegbarem Marmor besteht. Die unzähligen Heiligenbilder, die das ganze Gebäude bedecken, die überall unter den gotischen Krondächlein hervorgucken und oben auf allen Spitzen gepflanzt stehen, dieses steinerne Volk verwirrt einem fast die Sinne. Betrachtet man das ganze Werk etwas länger, so findet man es doch recht hübsch, kolossal niedlich, ein Spielzeug für Riesenkinder. Im mitternächtlichen Mondschein gewährt es noch den besten Anblick, dann kommen all die weißen Steinmenschen aus ihrer wimmelnden Höhe herabgestiegen und gehen mit einem über die Piazza und flüstern einem alte Geschichten ins Ohr, putzig heilige, ganz geheime Geschichten von Galeazzo Visconti, der den Dombau begonnen, und von Napoleon Bonaparte, der ihn späterhin fortgesetzt* hatte.

Die Vollendung des Mailänder Doms *war einer von Napoleons Lieblingsgedanken, und er war nicht weit vom Ziele entfernt, als seine Herrschaft gebrochen wurde* und die Österreicher die Stadt übernahmen. Heine konnte sich noch mit eigenen Augen davon überzeugen, wie die Österreicher den Bau des damals höchsten Gebäudes von Mailand vorantrieben, um ihn Jahre später auch zu vollenden. König Vittorio Emanuele II. war es schließlich, der die

Stadt 1859 von der österreichischen Fremdherrschaft befreite. Noch heute thront sein Reiterstandbild auf der Piazza del Duomo, und die Reliefs am Sockel erzählen vom Freiheitskampf der Italiener.

Zu den Höhepunkten Mailands zählt für uns auch der Besuch der gotischen Klosterkirche Santa Maria delle Grazie. Sehr eng zwischen hohen Wohnhäusern eingebaut, fehlt diesem harmonischen Bau die räumliche Wirkung. Gleichwohl beherbergt diese Kirche das mit Abstand größte Kunstwerk Mailands: Leonardo da Vincis »Abendmahl«, das am Ende des 15. Jahrhunderts entstand.

Schon am Morgen versuchen wir in dem einstigen Dominikanerkloster eine Karte zur Besichtigung dieses einzigartigen Wandgemäldes zu bekommen. Leider ohne Erfolg. Nur mit Voranmeldung hat man hier eine Chance. Nach langem Hin und Her reservieren wir zwei Karten für den späten Nachmittag und sind voller Ungeduld und Vorfreude, als wir schließlich durch einen langen Gang geführt werden, der in einen vier mal vier Meter großen Raum mündet. Als sich hinter uns plötzlich gläserne Schleusentüren schließen, fragt Aaron: »Ist das Panzerglas?« Ich zucke mit den Schultern und sage: »Ich denke schon!«, während mein Blick mehrere Kameraanlagen entdeckt, die an der Decke installiert sind und jede unserer Bewegungen registrieren. Zwar können wir zu ebener Erde durch mehrere dicke Scheiben hinaus in den gepflegten Klostergarten schauen, doch richtige Freude will nicht aufkommen, wenn man sich mit fünfundzwanzig anderen Klosterbesuchern in einem Glaskäfig befindet. Für mich ist es, als wäre ich in einer überdimensionalen Druckkammer eingeschlossen, nachdem ich aus großer Tiefe an die Meeresoberfläche aufgetaucht bin. Ein vielleicht etwas abwegiger Gedanke, den

Mailand: Auf der Piazza del Duomo herrscht täglich reges Treiben.

ich meinem Sohn gerade mitteilen möchte, als sich – endlich – zwei weitere Glastüren öffnen und wir durch eine Art Schleuse in einen langgestreckten Raum mit gedämpftem Scheinwerferlicht treten. Ganz behutsam setze ich meine Schritte – und sehe zu meiner Linken, an der Südwand des Refektoriums, das farbenprächtige Gemälde einer Kreuzigungsszene, das von Giovanni Donato da Montorfano stammt. Ein wandfüllendes Bild, das im Jahr 1495 in der damals üblichen Freskentechnik angefertigt wurde und bis heute gut erhalten geblieben ist.

Dann wendet sich mein Blick zur Nordwand, an der sich bis zur Decke hinauf das wohl berühmteste Wandgemälde der Welt erstreckt: »La Cena«, »Das letzte Abendmahl«, von Leonardo da Vinci. 9,04 Meter breit und 4,22 Meter hoch. Ich kann kaum glauben, was ich da sehe, bin schier begeistert und nehme auf einer schlichten Holzbank ohne Rückenlehne gegenüber dem herrlichen Wandgemälde Platz, während Aaron mit anderen Besuchern in die Nähe des großen Bildes drängt. Niemand sagt ein lautes Wort. Nur hier und da hört man sanftes Flüstern.

Dann lasse ich Leonardo da Vincis Wandgemälde eine ganze Weile auf mich wirken. Ich nehme mir Zeit für die Magie der Farben und denke an die Genialität Leonardo da Vincis, der 1452 in Vinci bei Empoli geboren wurde und dem ganz Italien einst zu Füßen lag. Ein Universalgenie der Renaissance, nicht nur Maler und Meister der Raumkonstruktion, sondern auch Erfinder, Musikinstrumentenbauer und Ingenieur. Überdies war er der Lieblingskünstler des Herzogs Ludovico Sforza, unter dessen Herrschaft Mailand zu einer Stadt der Musen wurde und in dessen Auftrag auch das »Abendmahl« entstand – zwischen 1494 und 1497.

Eigentlich kenne ich das »Abendmahl« zur Genüge. Als Schwarzweißkopie hängt es in einem breiten Holzrahmen seit vielen Jahren an einer Wand meines Arbcitszimmers. Jeden Tag, wenn ich zu Hause in Hamburg an den Schreibtisch gehe, verweilt mein Blick für einen kurzen Moment auf dem Bild, ehe ich zum Bleistift greife oder den Computer anstelle. Doch nun selbst hier im kargen Saal des Refektoriums zu sitzen und das »Abendmahl« im Original zu betrachten, ist schon eine ganz andere Sache.

Der Anblick des Wandgemäldes ist einfach zu groß und zu berauschend, als dass man es gleichgültig hinnehmen könnte. Es ist ein Bild, das Emotionen auslöst, das ich am liebsten umarmen möchte. Doch ich halte Abstand, während sich meine Blicke in dem Licht des gemalten Raumes verlieren, in dem Jesus in der Mitte einer Tafelrunde sitzt, die Arme auf dem Tisch ausgebreitet, und seinen zwölf Jüngern sagt: »Einer von euch wird mich verraten.«

Was für ein Bild! Was für eine Stimmung! Mich fasziniert vor allem die Darstellung des tunnelartigen Raums, in
dem Jesus mit seinen Jüngern an einer weißgedeckten Tafel
sitzt. Alle Fluchtlinien des Bildes treffen sich in der Darstellung Christi, während im Hintergrund fast überirdi-
sches Licht durch drei Fenster in den Saal strömt. Unglaublich ist der räumliche Tiefensog! Und dann ist da noch die
Farbgebung des Lichts in dem gemalten Raum, was das
Bild so einzigartig macht, denn dieses Licht entspricht auf
seltsame Weise den natürlichen Lichtverhältnissen des Refektoriums.

Nirgendwo sonst ist in Mailand die Erinnerung an die
Renaissance mit ihren Geheimnissen so greifbar wie hier,
denke ich weiter. Schon seit Jahrhunderten hat dieses Bild
die Phantasie der Menschen beschäftigt. Immer wieder
wurden Rätsel und Geheimnisse in Leonardos »Abendmahl« hineinprojiziert. Und immer wieder gelangte man zu
den unterschiedlichsten Schlussfolgerungen. Bis heute sind
die Interpretationen zu diesem phantastischen Gemälde
ungezählt. Manche Theorie mutet gar äußerst befremdlich
an: So sollen die zwölf Apostel in Wahrheit die zwölf
Sternzeichen verkörpern, die einige Partiturnoten in den
Händen halten, die Leonardo da Vinci einst für den Herzog
Ludovico Sforza komponierte. Und selbst in unserer über-
technisierten Welt widmete sich der Bestellerautor Dan
Brown in seinem Historienthriller »Sakrileg – The Da
Vinci Code«, der »Abendmahl-Thematik« und gibt sich
einer abenteuerlichen Vermutung hin, wonach die Figur
zur Rechten von Jesus nicht der Apostel Johannes sein soll,
sondern vielmehr Christus' Gemahlin Maria Magdalena.

Überdies musste Leonardos »Abendmahl« im Laufe der
Jahrhunderte viele Widrigkeiten überstehen. Bedingt durch

die ungewöhnliche Maltechnik von Öl auf trockenem Putz, zeigte das Wandbild schon bald nach seiner Fertigstellung erste Schäden, sodass immer wieder – umstrittene – Restaurationsarbeiten sowie »Ausbesserungen« und »Säuberungen« vorgenommen wurden, wobei auch gefälscht und gepfuscht wurde. Und als das Refektorium in der Bombennacht vom 15. zum 16. August 1943 vollständig in Schutt und Asche fiel, »überlebte« das »Abendmahl« die schweren Angriffe nur, weil die Nordwand vorsorglich mit schweren Sandsäcken abgestützt worden war.

All das geht mir durch den Kopf, während meine Augen immer wieder über das riesige Bild wandern. Jede Einzelheit nehme ich in mich auf, wie man eben Dinge anschaut, die so viel größer sind als man selbst. Und plötzlich weiß ich: Dieser Raum ist ein heiliger Ort, der nicht die Frage nach einer höheren Instanz beantwortet, sondern mir die Hoffnung vermittelt – »Der Glaube macht es wahr«.

Später, nach Sonnenuntergang, als das Tageslicht sanft der Dunkelheit weicht, lassen wir uns müßig in einer Pizzeria nieder. Bei einem reichhaltigen Antipasti-Teller, duftendem Risotto, einem Teller Spaghetti, einer großen Pizza Funghi und einem halben Liter Weißwein sowie zwei großen Flaschen Mineralwasser verrät mein Gesicht ganz offenkundig, wie gut ich mich fühle.

»Na, alles happy, Papa?«, fragt Aaron.

»Ja, alles ist gut!«

Aaron lächelt.

»Ich liebe alles hier! Liebe es, wie die Italiener ihr Essen zu sich nehmen, wie jede Mahlzeit regelrecht zelebriert wird. Und dass man hier in Mailand alle paar Meter auf ein Kunstwerk trifft. Toll ist das, absolut toll!«

Bis spät in die Nacht essen und trinken, plaudern und lachen wir. Und Heinrich Heine? Was machte Heine an seinem einzigen Abend in Mailand? – Er besuchte das Teatro alla Scala, kurz »Scala« genannt. Eines der bedeutendsten Opernhäuser der Welt, dessen Innenräume einer klassizistischen Schatztruhe gleichen. Foyer und Zuschauerraum erhielten nach behutsamer Modernisierung ihre originale Ausstattung von 1778. Zweitausend Besucher finden heute in der Scala Platz, die mit 780 Quadratmetern die größte Bühne Europas besitzt. Heine erlebte hier einen Opernzauber vom Feinsten, ein *Mordspektakel* und einen *Enthusiasmus, den jenseits der Alpen Rossinis oder Meyerbeers Opern überall hervorbringen. Habe ich jemals menschliche Raserei gesehen, so war es bei einer Aufführung des »Crociato in Egitto«, wenn die Musik manchmal aus dem weichen, wehmütigen Ton plötzlich in jauchzenden Schmerz übersprang. Jene Raserei heißt in Italien: furore.*

Man geht, um zu denken

Der Vater

Ein grauer Morgen. Nur hier und da bricht die Sonne durch niedrige Wolken, als wir Mailand verlassen. Zum ersten Mal erleben wir graue Farblosigkeit über der Lombardei. Sie legt sich über Stadt und Land, alles um uns herum wirkt leblos. Wir laufen durch ein Labyrinth aus Straßen und Gassen, müssen uns zuweilen auf blechstrotzenden Asphaltadern in den fließenden Verkehr »einreihen«, um über verstopfte Kreuzungen und Ampeln einen Weg aus der Stadt zu finden. Weiß der Himmel, wie wir schließlich die Landstraße nach Süden erreichen, auf der die Autokolonnen ebenfalls pausenlos an uns vorbeischnurren. Mal sind es normale Personenwagen oder Lastwagen, mal schwer bepackte Kleintransporter, die zuweilen noch aus der Nachkriegszeit stammen. Nur wenige Fahrzeuge drosseln das Tempo, wenn sie uns linker Hand passieren. Die Mehrzahl braust mit hoher Geschwindigkeit an uns vorbei. Manchmal könnte ich auf der Stelle explodieren und wünsche mir, die Polizei würde den Rasern an der nächsten Kurve auflauern und sie mit einer roten Kelle aus dem Verkehr winken.

Gleichwohl folgen wir immerzu dem schmalen Seitenstreifen einer schwarzen Asphaltpiste. Kilometer um Kilometer, Tag um Tag suggerieren nur die Ortsschilder unser langsames, aber stetiges Vorankommen: Sizzano, Zeccone, Pavia, Carbonara, Torricella, Voghera und Tortona. Schließlich kommt die Sonne wieder durch, und ich greife hin und wieder beim Gehen zur Fotokamera. Wenn ich dann einige Minuten verweile, um einen geeigneten Motivstandpunkt zu suchen, ruft Aaron auch schon: »Mensch, Papa, du kannst doch nicht jeden Baum, jede Kirche und jedes Haus fotografieren!« Recht hat er. Und dennoch bleibe ich immer wieder stehen, weil mich die fortdauernde Magie dieser Landschaft begeistert und meine Augen etwas Interessantes bemerken, das ich mit der Kamera festhalten möchte: herrliche Alleen, wo ausladende Pinien grüne Tunnel bilden; immergrüne Zypressen, die ihre Spitzen in den Himmel recken; ausgedörrte Flussläufe, wo die Sonne ihre harte Schrift hinterlassen hat; bunte Marktstände, wo die Produkte der Region den Appetit anregen; abgeschiedene Orte, die aus dem Felsen wachsen; mächtige Oleanderbüsche, deren Farbtöne mediterrane Fröhlichkeit vermitteln, oder jahrhundertealte Gehöfte, die in die schwingenden Konturen der Hügel eingebettet sind – und, nicht zuletzt, die vielen faltigen, wettergegerbten Gesichter der älteren Menschen, die sich mir nur schwer erschließen, mich aber in ihren Bann ziehen, weil sie vielleicht etwas Bestimmtes verbergen, wonach ich schon immer gesucht habe. Menschen, die allem Anschein nach nie jene Rastlosigkeit verspürt haben, die mich seit mehr als drei Jahrzehnten treibt, stets auf der Suche nach einer anderen (vielleicht besseren) Lebensform und einem besseren Ort.

Wenn ich nicht fotografiere, denke ich beim Gehen, obgleich Denken und Gehen auf den ersten Blick vielleicht nicht viel miteinander zu tun haben – auf den zweiten Blick allerdings schon. Denn bereits auf meinen langen Wanderungen in den Wüsten der Welt bin ich zum »Gedankengänger« geworden. In großer Einsamkeit habe ich immer wieder erfahren, dass Gehen und Denken einander bedingen. Denn wenn man zu Fuß reist, »um des Gehens willen«, und der Körper einen immer gleichen Bewegungsablauf vollzieht, wird die körperliche Monotonie zum Nährboden eines beflügelten Geistes. Man geht und denkt, um sich weiter zu motivieren, um die Beschwerden des Körpers auszublenden, um schlechtes Wetter oder monotone Landschaften zu ignorieren. Vor allem denke ich aber beim Gehen, weil ich dann genügend Zeit habe. Mehr noch: Durch die Langsamkeit des unablässigen Gehens erlebe ich nicht nur Eindrücke, die mir die Natur darbietet, viel intensiver, sondern ich komme auch dem meditativen Charakter des Gehens auf die Spur und finde zu mir selbst zurück. Und hin und wieder, wenn ich wütend und nicht so gut drauf bin oder wenn mich irgendein Problem quält, gehe ich so lange, bis ich mich physisch erschöpft fühle. So richte ich alles Negative gegen mich selbst, das ich mir durch meine Körperkraft beim Gehen regelrecht »ablaufe«.

Vor allem zwischen Arquata Scrivia und Busalla, wo sich im bewaldeten Bergreich der Apenninen tiefhängende Wolken nicht auflösen wollen und die Stimmung des Himmels auf mein Gemüt drückt, schleichen sich immer wieder Gedanken übers Altern in meinen Kopf. Gerade war ich noch vierzig oder fünfundvierzig Jahre alt. Und plötzlich war der fünfzigste Geburtstag da, der aber mittlerweile auch schon wieder ein paar Jahre her ist. Es ist gruselig, wie die Jahre verrinnen! Vor allem seit ich die Fünfzig überschritten habe, scheint die Zeit zu rasen. Mit einem Mal habe ich das Gefühl, als würde ich das Werden und Vergehen von Frühling, Sommer, Herbst und Winter sehr viel eindringlicher beobachten als früher, wenngleich ich beim Unter-

wegssein meine Umwelt und alles Geschehen am Wegesrand noch deutlicher aufnehme als früher. Doch dann sind
da noch meine Söhne Dirk und Aaron, die mir bereits
seit Jahren mit großer Freude den Unterschied zwischen
»jung« und »älter« aufzeigen: beim Fußballspielen, beim
Partymachen und Nächtedurchmachen. Hinzu kommen
der morgendliche Blick in den Spiegel und die tägliche
Feststellung, »dass jeder, der über fünfzig ist und morgens
ohne Schmerzen aufwacht, entweder lügt oder schon tot
ist«. Eine verschmitzte Lebensweisheit, die mehr Wahrheit
enthält, als mir manchmal lieb ist.

Es ist vielleicht banal, aber ohne mit meinen Söhnen
konkurrieren zu wollen, stelle ich im Laufe der letzten
Jahre immer wieder fest, dass mein Körper zuweilen längere Regenerationsphasen braucht, um – nach großen Anstrengungen – wieder auf Trab zu kommen. Und auch die
mit dem Älterwerden verbundenen Gefühlsveränderungen
entlocken mir nicht gerade euphorische Freudenausbrü-
che. Manchmal kann ich die aufkommenden Stimmungs-
schwankungen nicht einmal richtig bestimmen, weiß nur,
dass ich mit ihnen klarkommen muss, doch akzeptieren
kann und will ich sie nicht. Eine blöde Erfahrung, die mir
aber gezeigt hat, dass auch Männer ihre »Wechseljahre« haben. Das Älterwerden fordert eben seinen Tribut. Und niemand kann diesen Prozess aufhalten.

Südlich von Alessándria führt uns Heinrich Heines Reise-
route zum einstigen Schlachtfeld von Marengo, einem Dorf
in der italienischen Provinz, wo wir nichts als Felder und
Wiesen vorfinden. Nirgendwo entdecken wir hier einen
Hinweis auf die große Schlacht vom 14. Juni 1800, in der die
Armee Napoleons bei Marengo die österreichischen Trup-

pen besiegte und Norditalien wieder unter französische Kontrolle fiel. *Hier tat der General Bonaparte einen so starken Zug aus dem Kelch des Ruhmes, daß er im Rausche Konsul, Kaiser, Welteroberer wurde und sich erst zu St. Helena ernüchtern konnte,* schrieb Heine, den der Besuch dieses Ortes tief beeindruckte. *Auf dem Schlachtfelde von Marengo kommen einem die Betrachtungen so scharenweis angeflogen, daß man glauben sollte, es wären dieselben, die dort so mancher plötzlich aufgeben mußte, und die nun, wie herrenlose Hunde, umherirren.* Heine bedrückte der Gedanke, dass die Franzosen bei dieser Schlacht etwa 7000 Tote und Verwundete zu beklagen hatten und die Österreicher 6400. An kaum einer anderen Stelle seiner sonst doch so heiteren italienischen Reiseberichte zeigt Heine sich so nachdenklich wie hier, wo er seine politischen und philosophischen Hoffnungen offenbart – und sich und seinen Lesern auch die Frage stellt: *Was ist aber die große Aufgabe unserer Zeit?*

Es ist die Emanzipation. Nicht bloß die der Irländer, Griechen, Frankfurter Juden, westindischen Schwarzen und dergleichen gedrückten Volkes, sondern es ist die Emanzipation der ganzen Welt, absonderlich Europas, das mündig geworden ist und sich jetzt losreißt von dem eisernen Gängelband der Bevorrechteten, der Aristokratie. Ganz deutlich spürt man Heines Bekennerdrang, wenn er Bezug auf die Französische Revolution nimmt, die für ihn nicht nur ein Weckruf für Europa ist, sondern für die ganze Welt. Denn jede *Zeit hat ihre Aufgabe, und durch die Lösung derselben rückt die Menschheit weiter. Die frühere Ungleichheit, durch das Feudalsystem in Europa gestiftet, war vielleicht notwendig oder notwendige Bedingung zu den Fortschritten der Zivilisation; jetzt aber hemmt sie diese, empört sie die zivilisierten Herzen. Die Franzosen, das Volk der Gesellschaft, hat diese Ungleichheit, die mit dem Prinzip der Gesellschaft am unleidlichsten kollidiert, notwendigerweise am tiefsten erbittert, sie haben die Gleichheit zu erzwingen gesucht, indem sie die Häupter derjenigen, die durchaus hervorragen wollten, gelinde abschnitten, und die Revolution ward ein Signal für den Befreiungskrieg der Menschheit.*

Laßt uns die Franzosen preisen! sie sorgten für die zwei größten Bedürfnisse der menschlichen Gesellschaft, für gutes Essen und bürgerliche Gleichheit; in der Kochkunst und in der Freiheit haben sie die größten Fortschritte gemacht, und wenn wir einst alle, als gleiche Gäste, das große Versöhnungsmahl halten und guter Dinge sind – denn was gäbe es Besseres als eine Gesellschaft von Pairs an einem gutbesetzten Tische? –, dann wollen wir den Franzosen den ersten Toast darbringen. Es wird freilich noch einige Zeit dauern, bis dieses Fest gefeiert werden kann, bis die Emanzipation durchgesetzt sein wird; aber sie wird doch endlich kommen, diese Zeit, wir werden, versöhnt und allgleich, um denselben Tisch sitzen; wir sind dann vereinigt und kämpfen vereinigt gegen andere Weltübel, vielleicht am Ende gar gegen den Tod – dessen ernstes Gleichheitssystem uns wenigstens nicht so sehr beleidigt wie die lachende Ungleichheitslehre des Aristokratismus. (...) Jede Zeit glaubt, ihr Kampf sei vor allen der wichtigste, dieses ist der eigentliche Glaube der Zeit, in diesem lebt sie und stirbt sie (...). Aber ach!, schränkte Heine unter dem Eindruck der Erinnerungen an die blutige Schlacht bei Marengo ein. *Jeder Zoll, den die Menschheit weiterrückt, kostet Ströme Blutes; und ist das nicht etwas zu teuer? Ist das Leben des Individuums nicht vielleicht ebenso viel wert wie das des ganzen Geschlechtes?*

Denn jeder einzelne Mensch ist schon eine Welt, die mit ihm geboren wird und mit ihm stirbt, unter jedem Grabstein liegt eine Weltgeschichte.

Wie Heine halten auch wir hier eine Weile inne. Haben sich seine Träume erfüllt? Oder hat der Skeptiker in ihm recht behalten? Dann gehen wir weiter, unermüdlich. Schritt für Schritt laufen wir auf einer Landstraße, die nach Süden führt, in Richtung Genua, zum lockenden Meer. Wir wandern durch aneinandergereihte Hügelketten, die gelegentlich zu Bergen ansteigen, und durch weitwellige Täler, wo Oliven und Salbei, Oleander und Orangen blühen. Es ist der ligurische Apennin, den wir nun durchschreiten, eine dicht bewaldete Bergkette, die sich auf einer Länge von 1500 Kilometern erstreckt und von den französischen Seealpen im Westen bis hinüber nach Osten zum etruskischen Apennin reicht. Alles hier ist grün, grün und nochmals grün. Ein Hügel- und Bergland mit wilden Schluchten, sprudelnden Bergflüssen und kleinen verträumten Städtchen, wo kein Kilometer dem anderen gleicht.

Mehrere Tage lassen wir uns von einer malerischen Landschaft verzaubern, deren Berghänge schließlich steil zur Küsten hin abfallen. Von *der Spitze der Apenninen* sah auch Heinrich Heine schon *das Meer,* und er schrieb: *zwischen den grünen Gebirgsgipfeln kommt die blaue Flut zum Vorschein, und Schiffe, die man hie und da erblickt, scheinen mit vollen Segeln über die Berge zu fahren. Hat man aber diesen Anblick zur Zeit der Dämmerung, wo die letzten Sonnenlichter mit den ersten Abendschatten ihr wunderliches Spiel beginnen und alle Farben und Formen sich nebelhaft verweben: dann wird einem ordentlich märchenhaft zumute, der Wagen rasselt bergab, die schläfrig süßes-*

*ten Bilder der Seele werden aufgerüttelt und nicken wieder
ein, und es träumt einem endlich, man sei in Genua.*

So ähnlich kommen auch wir nach Genua. Allerdings zu
Fuß und ziemlich erschöpft. Fast betäubt von der sommerlichen Schwüle, steigen wir von den Apenninen ab – und
sind regelrecht meersüchtig, können es kaum erwarten, in
die blaue Weite zu schauen.

SMS-Nachricht von Aaron an
seinen Freund Kevin:

Hallo, Keeeeeevin! Ring, ring, ring!
Aufstehen!!!!!!! Papa und ich sind
schon seit sechs Uhr auf den
Beinen. Ich bin echt zum
Morgenmenschen geworden!
Wollte nur mal kurz durchklingeln.
Sorry, nimm's mit Humor.
LG – Aaron

Am Meer

Der Sohn

Genua ist eine tolle Stadt. Und ich liebe Großstädte. Nur: es stinkt. Eine richtige Dunstglocke liegt über den von Abgasen verpesteten Straßen, durch die wir laufen. Die Luft ist hier total panne in der Stadt am Meer. Doch wo ist das Meer? – Ein Blick auf die Karte zeigt, dass wir quer durchs Zentrum müssen, wenn wir zum Hafen wollen. Das ist kein Katzensprung, aber was soll's. Also stiefeln wir los, laufen durch ein echtes Straßenlabyrinth mit vielen klangvollen Namen: Via Assarotti, Via Roma, Via Luccoli, Via della Maddalena, Via Dante, Via di Porta Soprana – und überall treffen wir auf lachende und fröhliche Menschen.

Mit der Filmkamera in der Hand nehme ich alles auf: hohe Wohnblocks (manche fünf- oder sechsstöckig) und schmale Gassen. Manchmal sind die Gassen so eng, dass ich nur einen ganz winzigen Ausschnitt des Himmels sehen kann. Viele Dächer stoßen sogar fast aneinander, während wir über unzählige steile Stufen gehen. Nur über diese steilen Treppen kommen wir hinunter in die Stadt, vorbei an alten Lagerhallen, verfallenen Türen und Fensterläden, und immer wieder Baustellen, Bretterbuden oder dunkle Durchgänge, die in grüne Innenhöfe führen. Durch geöffnete Fenster kann ich in Zimmer und Wohnungen schauen. Überall riecht es nach Essen und Gewürzen. Und hier und da sieht man Überreste von Festungsmauern, Kirchen und Kuppeln. Doch am verrücktesten sind für mich die Vespas – grün, rot, orange, schwarz, braun, lila, gelb und rosa. In meinem ganzen Leben habe ich noch nie so viele Vespas gesehen, die im Verkehr durch die kleinsten Lücken kommen. Absolut irre!

Im Herzen der Stadt, an der Piazza de Ferrari – so eine Art Knotenpunkt, wo lauter exklusive Shoppingmeilen zusammenlaufen –, setzen wir uns auf eine kleine Steinmauer, um eine Pause zu machen. Und hier, umgeben von alten Gebäuden, wo große Banken und auch die Börse ihren Sitz haben, steht in der Mitte des Platzes ein Springbrunnen aus Bronze, wo Wasserfontänen ineinanderzischen. Papa trinkt aus einem Pappbecher (Coffee to go!) einen Cappuccino – natürlich fein geschäumt –, während ich ein cremiges Eis in der Tüte esse. Dabei blättere ich in Heinrich Heines »Reisebildern« und lese von seinen Eindrücken in Genua:

Mächtige Löwen bewachen das Hauptportal der Kathedrale San Lorenzo in Genua.

Diese Stadt ist alt und ohne Altertümlichkeit, eng ohne Traulichkeit und häßlich über alle Maßen. Sie ist auf einem Felsen gebaut, am Fuße von amphitheatralischen Bergen, die den schönsten Meerbusen gleichsam umarmen. Die Genueser erhielten daher von der Natur den besten und sichersten Hafen. Da, wie gesagt, die ganze Stadt auf einem einzigen Felsen steht, so mußten, der Raumersparnis wegen, die Häuser sehr hoch und die Straßen sehr eng gebaut werden, so daß diese fast alle dunkel sind und nur auf zweien derselben ein Wagen fahren kann. Aber die Häuser dienen hier den Einwohnern, die meistens Kaufleute sind, fast nur zu Warenlagern und des Nachts zu Schlafstellen; den schachernden Tag über laufen sie umher in der Stadt oder sitzen vor ihrer Haustüre, oder vielmehr in der Haustüre, denn sonst würden sich die Gegenüberwohnenden einander mit den Knien berühren.

»Hör mal, Papa, was Heine über das Meer schreibt. *Von der Seeseite, besonders gegen Abend, gewährt die Stadt einen besseren Anblick. Da liegt sie am Meere, wie das gebleichte Skelett eines ausgeworfenen Riesentiers, dunkle Ameisen, die sich Genueser nennen, kriechen darin herum, die blauen Meereswellen bespülen es plätschernd wie ein Ammenlied, der Mond, das blasse Auge der Nacht, schaut mit Wehmut darauf hinab.*«

»So, das war's!«, sage ich dann und schlage das ziemlich abgegriffene Buch wieder zu. »Mehr Literatur kann ich heute nicht verkraften. Los, komm jetzt, lass uns zum Hafen gehen. Ich will endlich das Meer sehen!«

Eine halbe Stunde später sind wir am Meer, im Hafen von Genua, der sich über 30 Kilometer die Küste entlangzieht. Nicht umsonst war Genua früher eine riesige Seemacht, eine mächtige Seerepublik mit bedeutenden Kriegsflotten, so

Im Hafenbecken von Genua: Galionsfigur am Bug eines nach-
gebauten Piratenschiffs.

steht es jedenfalls in unserem Reiseführer. Im 16. und
17. Jahrhundert soll Genua die reichste Stadt der Welt gewesen sein. Ich lese von Kriegen, Kreuzzügen und Krank-
heiten, erfahre, dass Christoph Kolumbus hier geboren ist
(wir laufen sogar zu seinem Geburtshaus), und dass auch
viele, viele andere – die Grimaldis, die Spinolas und der 1466
geborene Andrea Doria – Genua berühmt gemacht haben.

Hier, im neuen Alten Hafen von Genua, wo die Möwen
schreien, stehe ich an einer Kaimauer unter hohen Palmen,
die sich im Wind bewegen. Vor mir liegt der Nachbau einer
alten Galeone, die vor Jahren für den Kinofilm »Kapitän
Hook« genutzt wurde. Ein tolles Segelschiff mit großen
Masten, Kanonen und einer riesigen Galionsfigur am Bug:
Neptun, der in der einen Hand einen Dreispitz hält, während er mit der anderen Hand die Augen schützt, um in die
Weite zu schauen. Allerdings guckt er landeinwärts!

Gleich hinter der Filmgaleone liegen Segel- und Motoryachten in allen Größen; auch sehe ich bunte Fischerboote und Containerschiffe – sogar schwimmende Luxusvillen, die wie kleine Ozeandampfer aussehen. Und überall dazwischen das Wasser, das in der Nachmittagssonne so herrlich glitzert. Plötzlich sind alle Anstrengungen der letzten Tage vergessen: das stundenlange Gehen, die Blasen, die Rückenschmerzen, das frühe Aufstehen. All die Beschwerden, die ich gespürt habe, tanzen auf den Wellen davon. Und während Papa zu einem Kiosk läuft, um einige Getränke zu besorgen, schaue ich den Schiffen hinterher, die langsam aus dem Hafen laufen und immer kleiner und kleiner werden, ehe sie in der Ferne verschwinden. Und plötzlich kommt mir ein Satz in den Sinn, der auf meiner Abiturfeier von einigen Schulkollegen wieder und wieder gesagt wurde: »Jetzt geht's erst richtig los!« Ein Satz, mit dem ich damals nicht viel anfangen konnte. Doch jetzt, hier am Meer, bekommt dieser Satz für mich einen Sinn. Denn nach fast sieben Wochen des Unterwegsseins ist mein Kopf völlig frei. Alle Zukunftsängste, Sorgen und Zweifel sind wie weggeblasen. Und ein riesiger Stein fällt mir von der Seele, denn ich habe ein großes Ziel erreicht, das ich unbedingt packen wollte: Von München nach Genua bin ich zu Fuß gelaufen – und jetzt habe ich das Meer erreicht. Super, denke ich. Und jetzt geht's erst richtig los! Denn nun weiß ich, was alles in mir steckt – und darauf werde ich weiter aufbauen.

Und genau in diesem Moment merke ich, dass ich wieder der alte unbekümmerte Aaron bin, der sich weder um morgen noch um übermorgen Sorgen macht, der ganz entspannt im Hier und Jetzt lebt. Und insgeheim weiß ich auch, dass die weitere Reise nach Florenz nun definitiv sehr viel einfacher für mich sein wird. Vielleicht werde ich jetzt auch einige Entscheidungen, die mein weiteres Leben angehen, sehr viel leichter treffen können. Jedenfalls weiß ich, dass die Gedanken, die mir nach Hunderten von Kilometern zu Fuß hier am Hafen von Genua durch den Kopf gehen, sehr viel besser sind als all das, was mir am Tag unserer Abreise in Hamburg so in den Sinn kam. Noch vor zwei Monaten hätte ich niemals daran geglaubt, dass so viele meiner Ängste und Zweifel einfach am Wegesrand zwischen München und Genua liegen bleiben würden. Doch so ist es gekommen. Ehrlich gesagt, weiß ich auch nicht, wie das geschehen ist. Aber ich weiß, dass ich mich nun viel besser fühle.

Als Papa vom Einkaufen zurückkommt – mit einigen Flaschen im Arm –, entdecke ich eine Holzbank, die im Schatten einer großen Palme steht. »Das ist meine Bank!«, rufe ich, lege meinen Rucksack daneben und mache es mir bequem. »Von hier aus kann man alles herrlich überblicken.« Papa setzt sich neben mich und sucht in einem kleinen Hotelführer, den er vom »Info-Touristen-Point« mitgebracht hat, nach einer Übernachtungsmöglichkeit für uns.

»Mal sehen, ob ich ein nettes Quartier für die Nacht finde. Wäre schön, wenn wir in Hafennähe unterkommen könnten. Dann hätten wir morgen nicht so einen weiten Weg zur Anlegestelle der Fähren, falls wir mit einem der Motorschiffe ein Stück die Küste entlangfahren wollen«, sagt er.

Einen Moment lang gucke ich ihn nur an. Es ist einer dieser »Was-hast-du-denn-nun-schon-wieder-vor?«-Blicke, und ich frage: »Machst du Witze?«

»Nein, ich mein es ernst! Ich dachte, wir fahren morgen

oder übermorgen mal mit der Fähre. Tut uns bestimmt ganz gut nach der vielen Lauferei. Die ligurische Küste soll nämlich von der Seeseite aus gesehen wunderschön sein.«

»Tolle Idee!«, antworte ich. »Lust habe ich schon!« Doch erst einmal möchte ich hier auf meiner Bank noch etwas sitzen bleiben. Denn hier habe ich mehr als nur »meinen Platz« gefunden.

Und plötzlich muss ich an zu Hause denken. Wie ein Film laufen noch einmal die Bilder der letzten Schultage durch meinen Kopf, überholen sich wie rasende Vespas. Und dabei merke ich, dass mir einige meiner Freunde ganz schön fehlen. Vor allem fehlen mir unsere geselligen Runden, wo wir ganze Abende durchquatschen – und viel Spaß miteinander haben. Zwar kann ich mit Papa auch gut reden, doch das ist irgendwie was anderes. Verständlich, oder? Außerdem ist es doch ganz normal, dass man sich nach so vielen Wochen, die man gemeinsam unterwegs war, auch mal einen anderen Gesprächspartner wünscht.

SMS-Nachricht von Aaron an seinen Freund Dennis:

Moin, Dennis! Endlich am Meer!!!!!!! Alles glitzert und glänzt. Total blauer Himmel. Ist schon derbe nice hier. Ein starker Platz für die nächsten Ferien. LG – Aaron.

An Italiens schönster Küste

Der Vater

Die Wellen klatschen leise an den Schiffsrumpf, als wir den
Hafen von Genua verlassen. An Deck einer großen Motorfähre wollen wir ein Stück die ligurische Küste entlangfahren, denn kein zweiter Küstenstreifen in Italien soll so
schön sein wie dieser. Es heißt, wer diese Küste einmal im
Leben vom Meer aus gesehen hat, ist dieser Region ganz
und gar verfallen. Hier trifft das blauschöne, kristallklare
Meerwasser auf schroffe Felshänge und steil abfallende
Klippen. Dazu eine unwirklich grelle Sonne, die tagsüber
auf einzigartige Terrassenhänge scheint, die sich über unzählige Berg- und Hügelketten erstrecken. Rund 7000 Kilometer Trockenmauern wurden auf diesen Bergketten von
Dutzenden Generationen errichtet, um die Schräghänge
vor einem Absturz ins Meer zu bewahren und dort Gemüse, Obst und Wein anzubauen. Zudem krallen sich längs
dieser malerischen Küste abgeschiedene Dörfer an den
Fels, die mittlerweile zum Weltkulturerbe erklärt wurden.
Seltsam ist nur, dass Heinrich Heine diese beeindruckende
Landschaft nie kennengelernt hat. Kein Wort schrieb er
über die ligurische Riviera di Levante, obwohl ihm die See
doch so viel bedeutete: *Ich liebe das Meer wie meine Seele*,
hat er einmal bekannt. Aber statt zum Wasser führte sein
Weg auf der römischen Via Aurelia durch den Apennin und
über Livorno, Lucca und Bagni di Lucca nach Florenz.

Wobei ihn – wie während der gesamten Italienreise – der *Mangel an Kenntnis der italienischen Sprache quälte.* So klagte er in einem Brief an seinen Freund Eduard von Schenk: *Ich versteh' die Leute nicht und kann nicht mit ihnen sprechen. Ich sehe Italien, aber ich höre es nicht. Dennoch bin ich oft nicht ganz ohne Unterhaltung. Hier sprechen die Steine, und ich verstehe ihre stumme Sprache.*

Als wir mit gedrosselter Fahrkraft durch das Getümmel am Hafen von Genua schippern, meint Aaron: »Boah, ein echt schöner Ausblick!« Unser Fährschiff bewegt sich durch einen unübersehbaren Wald von Schiffsmasten, die mit bunten Flaggen aus vielen Ländern geschmückt sind, während im Hintergrund wie ein natürliches Amphitheater die genuesischen Hügel aufragen, wo Wohnhäuser und Villen dicht an dicht stehen.

Kurz darauf brausen wir mit hoher Geschwindigkeit aufs offene Meer hinaus, wo sich mein Blick, der in den letzten Wochen oft begrenzt war, mit einem Male in einer unglaublichen Weite verliert. Meeresblau und Himmelsblau fließen ineinander, als wäre der Raum tatsächlich grenzenlos. Das sind Augenblicke, in denen ich mich frage, ob diese Grenzenlosigkeit nur ein Traum ist. Gaukelt uns die Weite von Himmel und Meer vielleicht nur Dinge vor, die es gar nicht gibt? Doch dann ist da noch ein anderes Gefühl, das sehr viel stärker ist: eine große Gewissheit, die mir sagt, dass es jenseits des fernen Horizontstreifens immer noch etwas Neues und Wunderbares gibt, das zu erkunden sich lohnt und das alle Sehnsüchte erfüllt.

Wie in einem Rausch gleiten wir auf dem Meer dahin. Und während der Kiel unserer Motorfähre stetig die schäumenden Wellen bricht und Gischt über das Deck sprüht, entdecken wir Fischschwärme, die aus dem Wasser schnel-

Unterwegs mit einer Motorfähre im Ligurischen Meer.

len, sehen wir helle Reflexe, die das grelle Sonnenlicht auf die Fluten zaubert. Manchmal kann ich den Blick gar nicht abwenden von diesen glitzernden Flecken, die sich ständig verändern, sodass laufend neue Muster im Blau entstehen.

Die Fähre, die wir – und unzählige Urlauber – im neuen Alten Hafen von Genua bestiegen haben, ist mehr als zwanzig Meter lang. Ein schönes Boot mit weißem Rumpf und weißen Aufbauten. Auf dem offenen Oberdeck bietet es eine Menge Platz zum Sonnenbaden. Unter Deck gibt es einen großen Aufenthaltsraum, wo man Schutz vor strahlender Sonne und frischer Brise finden kann und wo einige seekranke Touristen sitzen, leicht grün und blau im Gesicht.

Unser Kapitän ist so um die vierzig Jahre alt. Kein kraushaariger Piratentyp, sondern ein kleiner, stämmiger, braungebrannter, gutgelaunter Bootsführer. Wir spüren sofort: Mit dem kann man gut auskommen, gut unterwegs sein, was mindestens so wichtig ist wie Sonnenschein und klare Sicht. Aus Stereolautsprechern, die an Bord installiert sind, informiert er in der typischen Art der Touristenführer über die Attraktionen entlang der Küste. Eine Sehenswürdigkeit reiht sich an die andere: bewaldete Schluchten, berühmte Weinlagen, uralte Türme, traumhafte Buchten, sagenumwobene Felsbrocken und eingezwängte, pittoreske Dörfer, die wie Schwalbennester an den steinigen Hängen kleben. Und immer wieder Felswände, von Wind und Meer geschliffen. Wir sehen Hunderte verschiedene Formen und Fassungen, hier weich gerundet, dort scharfkantig und zerfressen, mal langgezogen, mal steil abstürzend. Es ist phantastisch, welch dramatische Naturschauspiele die Elemente Stein und Wasser hier geschaffen haben.

Und dann schildert unser Kapitän, wie das ruhige Meer zuweilen zu einem fremden, gefährlichen Terrain wird. Er erzählt von aufschäumenden Wogen und von wütenden

Bootsstopp an der Ligurischen Küste.

Stürmen, die mit Windstärke acht bis zwölf über die wild-wogende See brausen. Mächtige Wellen schlagen dann grollend gegen die Felswände, und das Meer wird zu etwas Furchtbarem, Dämonischem, zu einem tobenden Ungeheuer, vor dem Fischerboote und Frachter in kleinen Häfen Zuflucht suchen.

70 Kilometer südöstlich von Genua machen wir am kurzen Pier von Levanto fest. Alle Besucher werden hier mit großem Hallo begrüßt. Neue Touristen kommen an, andere fahren weiter. Wir gehen mit unserem Gepäck barfuß von Bord. Stiefel und Turnschuhe baumeln an den Rucksäcken, während wir am Strand entlanglaufen und den Sand unter den Füßen spüren. Dazu das kristalline Sonnenlicht, eine leichte Meeresbrise, die Schatten der Palmenblätter und der Duft mediterraner Blüten. Levanto ist Italien pur! Ein lebhafter Badeort mit Liegestuhlreihen und Sonnenschirmvermietung, mit Rettungs- und Tretbooten, mit Hotels, Restaurants, Campingplätzen und Einkaufsläden, in denen wir am Nachmittag einige Vorräte einkaufen, die wir für unsere Cinque-Terre-Wanderung entlang der Küste brauchen, die mit Sicherheit kein Spaziergang wird. Fast alle Wege, Pfade und Treppenführungen, so haben wir gehört, sollen mit steilen An- und Abstiegen verbunden sein, was unsere Neugierde noch verstärkt.

Pünktlich zum Sonnenuntergang sind wir zurück am Strand. Kein Lufthauch weht. Der Himmel ist in orangerote Grundfarben getaucht. Wir drehen uns wieder und wieder im Kreis, sodass wir mal hierhin, mal dorthin schauen. Wir beobachten das Ziehen langgestreckter Wolkenbänder, und mein Verlangen, diese herrlichen Farbstreifen zu berühren, erscheint mir fast übermächtig. Ich träume in den farbigen Himmel hinein. Das hat etwas von einer Andacht und entzieht mir ein wenig den Boden. Eine ganze Weile spüre ich eine Herzklopfen verursachende Freude, während Aaron seine Hose hochkrempelt und einige Schritte ins Wasser watet. Sanfte Wellen spülen auf den glatten Strand und legen Schaumringe um seine Füße. Und als das letzte rote Sonnenfleckchen hinter den Hügeln verschwindet, breitet mein Sohn die Arme aus wie zu einem Flug und stößt einen Freudenschrei aus. Ich applaudiere, denn offenbar wird er ebenso wie ich von einer rätselhaften Dauerhochstimmung getragen. Seltsam, wenn man sich plötzlich mitten in einer Fata Morgana des Reiseglücks wiederfindet. Man fühlt sich wie »entrissen« aus dem wirklichen Leben. Diese Küste, denke ich, kann dem Paradies sehr nahe sein. An Traummotiven herrscht hier wirklich kein Mangel. Kein Wunder, dass wir in dieser warmen Nacht am Meer schlafen, den Rucksack unter dem Kopf, während das Wasser des Meeres, ganz sanft gekräuselt, den Sand umspült.

Tags darauf weckt uns das erste Sonnenlicht. Es ist noch recht früh und still. Ein klarer Morgen mit weitem, pastellfarbenem Himmel. Aaron schaut von seinem Schlafplatz stumm aufs Meer hinaus, das fast unbewegt daliegt wie ein großer Teich. »Morgen!«, sage ich. »Hast du gut geschlafen?«

»Ja, ganz gut«, antwortet mein Sohn und fügt hinzu: »Schau mal, da kommen schon die ersten Läufer und traben am Wasser entlang.«

»Dauert bestimmt nicht lange, dann ist der ganze Strand in Bewegung«, vermute ich und fahre noch einmal mit einer Hand über den Sand, genieße die klare Luft und die erste Wärme, ehe wir uns aus den Schlafsäcken pellen, das Nachtlager am Strand zusammenpacken und über einen schmalen Steinplattenstreifen in den Ort gehen. Kaum ein

Mensch ist auf den Beinen, als wir ein Café aufsuchen, wo wir frühstücken – mit Kaffee und Kakao, Orangensaft und frischem Gebäck. Solch ein italienischer Morgen hat etwas geradezu Sinnliches, denke ich. Dann machen wir uns auf den Weg in eine wilde, raue Natur, deren Zauber mit dem Wirken der Menschen eng verbunden ist, und finden rasch unseren gewohnten Gehrhythmus wieder. In dieser Region können wir den Hinweisschildern mehr vertrauen als unserem Instinkt. Denn Wege und Pfade sind gut gekennzeichnet, sodass wir uns voll und ganz auf die Landschaft konzentrieren können. Eine Landschaft, die von kühn geschwungenen Berggruppen und tiefen Tälern geprägt ist, von bläulichen Schattenrissen und sich übergipfelnden Höhenkämmen, von der strengen Geometrie der Weinhänge und kilometerlangen Trockenmauern. Kaum, dass sich mal die aufgeworfenen Bodenfalten oder kesselartigen Talsohlen geglättet haben, steigt die Landschaft schon wieder zu schroffen Höhen an. Hier wachsen Kastanien, Pinien, Dattelpalmen, Bananenstauden und andere typische Bäume des Mittelmeerraums. Hier blühen Oleander, Bougainvillea und Ginster. Hier duftet es nach Myrte, Lavendel, Rosmarin, Lorbeer und Orangen.

Übertroffen wird dies alles noch von fünf Ortschaften, die sich in steiler Hanglage befinden. Adlerhorsten gleich, gaben diese Orte der Region ihren Namen »Cinque Terre« – »Fünf Länder«. Und diese fünf Dörfer, deren bunte Häuser in einzigartiger Lage an den Berghängen kleben, waren über Jahrhunderte nur vom Meer aus zu erreichen, bis zum Bau der Eisenbahn, die für eine Verbindung nach Genua und La Spezia sorgte.

Um diese fünf Dörfer – Monterosso al Mare, Vernazza, Corniglia, Manarola und Riomaggiore – zu sehen, folgen wir dem Sentiero Azzuro, dem »blauen Küstenweg«, der vielleicht der schönste Wanderweg der Welt ist. Nur zwölf Kilometer ist er lang, doch drei Tage sind wir hier im Bergland der Cinque Terre unterwegs. Denn nirgendwo sonst kann man so herrlich wandern und so versunken über Weinberge aufs Meer schauen. Manchmal bleibe ich ganz abrupt stehen, vollkommen hingerissen von den grandiosen Ausblicken über Land und Meer, und atme tief und befreit durch. Kein Zweifel, dieser Winkel der Erde ist wie geschaffen für jene, deren Sinn des Lebens darin besteht, den Geheimnissen der Natur nachzuspüren und sich von der Magie der Meeresfarben bezaubern zu lassen.

Ganz anders empfinden die Einheimischen der Cinque Terre in den kleinen Dörfern an der Küste. Zuweilen begegnen sie uns mit leichtem Befremden. Natürlich sind sie froh, dass ihnen der Tourismus nach jahrzehntelanger Armut neue Erwerbsmöglichkeiten beschert. Doch die allge-

Das Häusergewirr von Riomaggiore an der Cinque-Terre-Küste.

meine Wanderlust über Berg und Tal können sie nur schwer begreifen. Dass jemand diese trotzige Bergwelt nur zum Spaß durchwandert, kommt ihnen seltsam vor. Immerhin ist es noch nicht lange her, da mussten sie selbst – oder ihre Väter und Mütter – die schwierigen Wege gehen, aber mit schweren Körben auf dem Rücken oder bestenfalls mit einem Esel im Schlepptau, um Obst, Gemüse oder Fisch auf den Märkten der fernen Siedlungen zu verkaufen.

Ein Blick auf die Karte zeigt, dass die Cinque Terre vor allem Gebirgsland sind. Wie wulstige Finger zweigen lange Kämme vom Rückgrat des Apennins ab und lassen nur wenig Raum für die Ebene. Seit Jahrhunderten reichte die Erde, von der die Menschen zum Teil noch heute leben, nie für alle. Die Armut hat hier eine lange Tradition. Denn es gab immer nur die in Terrassenbau betriebene Landwirtschaft und den Fischfang, wovon sich die Menschen in dieser Region ernährten. Und beide Beschäftigungen – Landarbeit und Fischfang – haben den Charakter dieser Menschen geprägt. Vor allem die ruhige Beherrschung angesichts einer dramatischen Natur ist das hervorstechendste Merkmal vieler Bauern und Fischer, die wir treffen. Menschen, die davon überzeugt sind, dass niemand außer ihnen den Stürmen, den Wellen und anderen Unbilden der Natur trotzen kann.

Besonders der Weinanbau hat es den Bewohnern seit frühester Zeit angetan, auch wenn man einst Jagd auf den Thunfisch machte. Schon vor siebenhundert Jahren kamen die ersten Menschen in diese Region und begannen damit, die Wälder an den zum Meer abfallenden Hängen zu roden. Eine Kulturlandschaft aus winzigen Terrassenfeldern wurde angelegt, die sich von Generation zu Generation vergrößerte und zum filigransten Weinbaugebiet der Welt wurde. Es heißt, die Winzer mussten sich hier teilweise abseilen, weil die Rebhänge so steil waren.

Erst durch die Bahnanbindung im Jahr 1874 erlebte die Region einen ersten wirtschaftlichen Aufschwung, obgleich es weitere einhundert Jahre dauerte, ehe die Erschließung durch den Tourismus erfolgte und die Cinque Terre zum Geheimtipp wurden. Mittlerweile sind sie weltweit bekannt, sodass bis zu zwei Millionen Touristen jährlich diese Gegend besuchen. Doch leider führte der zunehmende Tourismus zu einer neuerlichen Bedrohung: Da immer mehr Bauern die mühevolle Plackerei in den steilen Bergterrassen aufgeben, sodass von den insgesamt 1640 Hektar Anbaufläche inzwischen 850 Hektar brachliegen, zerfallen große Teile der wichtigen Stützmauern, die einst ohne Mörtel aufeinandergehäuft wurden. Jahrhundertelang haben diese Trockenmauern gehalten und den Terrassenhängen den nötigen Halt gegeben, sodass der Wein bis in eine Höhe von 300 Metern wachsen konnte. Da nun aber zahlreiche Bauern in das lukrativere Tourismusgeschäft wechseln, sorgen starke Regenfälle, Sturm und Erosion dafür, dass die Trockenmauern auseinanderfallen oder abrutschen. Ohne Pflege droht eine der schönsten Kulturlandschaften der Welt ins Meer abzustürzen, und eine besondere Kunst des Überlebens wird dann für immer entschwunden sein.

Traurigstes Beispiel dieses dramatischen Landschaftsverfalls ist das Wegstück zwischen Manarola und Riomaggiore, welches »Via dell'Amore« (»Liebespfad«) genannt wird. Nach starken Erdrutschen und Steinschlägen wurden hier drastische Umbauten vorgenommen, die der Natur ihre Einzigartigkeit nahmen. Ganze Tunnelstrecken sind hier entstanden, zwischen Beton und Eisengittern verflüchtigt sich jedes natürliche Wandergefühl, als wir hoch über dem Meer auf Steinplatten laufen und sogar Eltern begegnen, die hier ihre Kinderwagen entlangschieben.

Erst hinter Riomaggiore wird es wieder uriger. Wald, Gestrüpp und Fels nehmen uns auf. Wir begegnen nur noch wenigen Menschen. Und ein Weg ist wieder ein Weg. Selbst der Blick kann wieder frei umherschweifen. Vögel zwitschern in Olivenbäumen, Grillen zirpen, irgendwo hören wir eine Herde Ziegen. 500 Meter steigen wir zum Colle del Telegrafo bergan, ehe es zu dem kleinen Bergdorf Campiglia 120 Meter beständig hinabgeht. Stunde um Stunde stapft Aaron mit der Unerbittlichkeit des jugendlichen Eiferers voran, und ich folge ihm, trotte ebenso bergauf wie bergab.

Hinter Campiglia treffen wir auf den 507 Meter hohen Monte Castellana, den wir von Westen her umrunden müs-

Unterwegs in den Cinque Terre: auf einem Bergpfad hoch über Monterosso al Mare.

sen, weil der schmale Saumpfad an der meerseitigen Süd-
westflanke abgerutscht und in die Tiefe gestürzt ist. Mehr
als eine Stunde Gehzeit brauchen wir dafür, dann geht es
wieder in Kurven abwärts durch dichte Macchia-Vegeta-
tion, felsiges Terrain und Steineichenwäldchen. Hier bieten
sich uns nicht nur traumhafte Ausblicke über die Küste und
das Kapgebirge vor Portovenere, hier spüre ich auch wieder
das Bei-mir-selbst-zu-Hause-Sein und die Unabhängigkeit
des Herzens, worin zweifellos die Dialektik des Wanderns
und seine Abenteuerlichkeit besteht.

Schweißnass laufen wir schließlich unter Kiefern in südöstlicher Richtung durch dichten Misch- und Kiefernwald,
trotten über Kies- und erdige Waldwege steil bergab, bis
wir auf schotterig-rutschige Felspfade stoßen. Sie führen
uns zu einigen großen blaugrauen Schieferfelsen, hinter denen sich die rückwärtige Wehrmauer des Castello Doria erhebt. Eine mächtige Festung der Genueser, die im Jahr 1163
als Vorposten gegen das feindliche Pisa errichtet wurde.
Von hier haben wir einen atemberaubenden Blick über die
Meerenge von Portovenere mit der romanischen Kapkirche
San Pietro, die auf einer felsigen Halbinsel seit Jahrhunderten den sturmgepeitschten Meerwellen trotzt. Sie erinnert
an jene Tage, als Sarazenen und Piraten diesen Küstenstreifen überfielen, ehe die Seerepublik Genua für sichere Ver-
hältnisse sorgte. Einmal mehr verliert sich hier mein Blick
in der Unendlichkeit des Himmels und des Meeres, das in
durchsichtigem Blau schimmert, glatt wie Seide.

Erst nach einer ganzen Weile des Schauens nehmen wir
eine schier endlos lange Treppe in Angriff, die uns, entlang der Festungsmauer, hinab in den Ort führt: direkt
zur Piazza am Hafen von Portovenere. Hier im »Hafen
der Venus« suchen wir uns sofort ein Hotelzimmer. »Ein

Superzimmer mit Balkon und Blick auf den malerischen Hafen«, freut sich Aaron, denn auf dem letzten Wegstück – zwischen Campiglia und Portovenere – mussten wir einen großen Höhenunterschied bewältigen: rund 50 Meter hinauf und 440 Meter hinab. Das spürt man in Knien und Waden. Jetzt ist Erholung angesagt – bis morgen früh. Schließlich muss man den Kopf auch mal vom stetigen Wandern abschalten.

> SMS-Nachricht von Aaron an
> seinen Freund Michael:
>
> Hallo, Michi! Das Filmen mit dem
> neuen HD-Camcorder macht
> tierisch Spaß. Der 25-fache
> optische Zoom ist der Hammer.
> Auch das leichte Stativ ist eine
> große Hilfe. Hab nur manchmal
> Probleme, die Akkus aufzuladen.
> LG – Aaron

Von Portovenere nach Lerici

Der Vater

Heute ist der Himmel nicht strahlend blau, sondern trüb und düster. Schon in der Frühe wandern wir durch graue Dunstschleier, die sich an der Küste entlangziehen. Zwei Stunden später hängt ein schweres Tief über dem Land. Grauschwarze Wolkensträhnen verhüllen die Sonne, reiben sich an Hügeln und Bergen. Die finstere Stimmung drückt auf unser Gemüt. Schweigend trotten wir dahin, jeder in seinem eigenen Tempo. Erst gegen Mittag entschwindet das dunkle Gewölk, und die Sonne breitet sich wieder am Himmel aus. Doch nun lauert die Düsternis in einigen Tunneln, die hin und wieder auf unserem Weg liegen. Lange lichtlose Röhren, die in den Berg getrieben wurden und die wir durchschreiten müssen. So auch heute, zwischen dem Meerbusen von La Spezia, der sich weit in das Festland hineinschiebt, und dem kleinen Hafenstädtchen Lerici. Auf diesem Weg passieren wir einige Tunnel, in denen unsere geographisch abgesteckte Traumstrecke zum Alb wird.

Eben noch wandern wir unter einem blauen Himmel, und nur wenige Augenblicke später müssen wir in eine dieser finsteren Röhren hinein, die tief in den Berg führen. Rechts nur nackter Fels oder schmierige Kachelwände, an denen Wasser hinunterläuft. Es rinnt aus den Poren der Wände, sickert zu Boden und sammelt sich in schmutzigen Pfützen. Schwere Tropfen klatschen auf den Asphalt oder rinnen über unsere Rucksäcke und Gesichter. Nur wenige Deckenlampen erleuchten die zwielichtige Tunnelfahrbahn, auf der uns aus großer Entfernung farbige Lichter entgegentanzen, größer werden und vorbeisausen. Es herrscht ein unglaubliches Rauschen und Dröhnen, das sich in den Ohren festsetzt. Stickige Auspuffgase umfangen uns. Nicht etwa langsam oder allmählich, sondern ganz abrupt. Es ist, als würfe uns jemand eine schwere Decke über, die uns bedrückt und den Atem schwer werden lässt. Der Tunnel stülpt sein Kellerklima über uns, unsere Augen blinzeln, und ganz automatisch verlangsamen wir die Schritte, nicht nur der schlechten Luft wegen, sondern weil der steinige und rutschige Fußgängerpfad kaum 40 Zentimeter breit ist. Manchmal ist zwischen unseren Rucksäcken und den vorbeizischenden Autos und Motorrädern nur eine Handbreit Platz. Dann warten wir auf den großen Knall. Doch nichts passiert – zum Glück!

Wenn der Tunnel einen Knick macht, gibt es für lange Minuten keinen Fluchtweg. Das Licht des Tages ist hinter uns entschwunden – und auch nach vorn sehen wir keinen lichten Ausgang. Es gibt nur Dunkelheit und dann wieder gleißende Scheinwerfer, die sie zerreißen und deren grelles Licht in den Augen schmerzt. Manchmal sind wir regelrecht geblendet, halten die flache Hand schützend vor die Augen und müssen für Augenblicke stehen bleiben, bis die Fahrzeuge als schattige Schemen wieder nach draußen gesogen werden. Eine Grubenlampe wäre jetzt toll, denke ich, denn hin und wieder fühlen wir uns wie »eingelocht«.

Manche Tunnel erstrecken sich über Hunderte von Metern. Im Gänsemarsch bewegen wir uns Schritt für Schritt voran, konzentriert und wachsam, um ohne Schaden wieder aus dem Innern der Berge herauszukommen.

Aber am gruseligsten ist es, wenn schwere Lkws sich nähern. Dann drücken wir uns gegen die dunkle, feuchte Tunnelwand oder suchen Schutz in irgendeiner Nische. Regungslos verharren wir dort mehrere Wimpernschläge. So lange, wie ein Fernlaster mit bulliger Kühlerhaube eben braucht, um an einem vorbeizudonnern. Manchmal ist der Sog des Fahrtwinds so stark, dass man um ein Haar das Gleichgewicht verliert. Wir spüren, wie der Boden unter uns schwankt, und der Motorenlärm trifft uns wie ein Schlag. Ein fast betäubendes Crescendo, das erst verebbt, wenn sich die Trucks entfernen. Und aus sicherer Entfernung zeigen uns die großen roten Rücklichter, wie viele Meter uns noch vom ersehnten Ausgang trennen.

Haben wir endlich das Ende eines Tunnels erreicht, blendet uns das gleißende Tageslicht. Für den Bruchteil einer Sekunde müssen wir uns neu orientieren. Dann atmen wir tief durch, greifen zur Sonnenbrille und laufen am Rand der Fahrbahn weiter. So auch auf einer höhergelegenen Serpentinenstraße, die von La Spezia nach Lerici führt. Wer hier mit dem Auto durchrast, kann nicht auf die wunderbare Aussicht achten. Wir dagegen stehen in einer weitauslaufenden Kurve an einer Leitplanke und schauen in die Weite. Unter uns liegen Hunderte von Segelbooten in einer herrlichen Bucht, dicht gedrängt im Rund des Hafenbeckens. Wir sehen schwimmbadblaues Meerwasser und einen Sandstrand voller Menschen. Zudem ein Juwel von einer idyllischen Kleinstadt: Lerici.

Von unserem erhöhten Standort haben wir nicht nur einen phantastischen Ausblick, wir können auch ganz leise die Geräusche am Hafen und in der Stadt hören, als säßen wir in einer Opernloge.

»Echt nett dort unten. Da lässt sich's aushalten!«, meint

Aaron lachend. Womit er recht hat. Lerici bedient wirklich jedes Italien-Klischee: Auf einer kleinen Felsspitze, die ins Meer hinausragt, erhebt sich eine imposante Burg. Unterhalb der Festungsanlage breitet sich die kleine Altstadt mit mittelalterlichen Gassen aus, umrahmt von üppig bewaldeten Hügeln, auf denen wir einige Ferienvillen entdecken. Schon vor Jahrzehnten galt dieser Küstenstrich als Projektionsfläche zivilisationsgeschädigter Nordeuropäer. Schwärmerische Berichte über diesen Ort animierten mehrere englische Dichter, die Lerici zu einem Ort der Verheißung verklärten. Dichtern wie Lord Byron, Percy Shelley und D. H. Lawrence verdankt die Bucht von Lerici den Beinamen »Golfo di Poeti«. Seltsam, dass Heinrich Heine keinen Abstecher zu diesem außergewöhnlichen Küstenstreifen gemacht hat.

Als wir eine halbe Stunde später den kleinen Ort erreichen, werden wir nicht enttäuscht. Lerici ist wirklich

In der Hafenbucht von Lerici liegen Hunderte von Segelbooten.

schön, schön bis zum Kitsch – nicht nur als Ensemble, sondern bis ins Detail: die farbigen Hausfassaden, die altertümlichen Brunnen, die gepflegten Grünanlagen und die bunten Fischerboote, die in der Mole vor sich hin dümpeln.
Nicht zu vergessen die Katzen, welche malerisch auf den
gediegenen Treppenstufen liegen, die zwischen den Wohnhäusern die Hügel hinaufführen. Und dann sind da noch
die gestikulierenden älteren Männer, die plaudernd in den
kleinen Cafés sitzen, und die Fischer, die mit ihren rauen
Händen Netze flicken.

Unweit der mächtigen Festungsanlage, die einst als
strategisch wichtiger Standort galt und zwischen den ver-
feindeten Seerepubliken Genua und Pisa jahrhundertelang
heftig umkämpft war, entdeckt Aaron einen Plakataufstel-
ler.

»Hier, sieh mal«, sagt er und weist auf ein buntes Plakat.
»In dem alten Burggemäuer gibt es ein Museum für Erd-

Unser Weg führt auch entlang der Hafenpromenade von La Spezia.

und Frühgeschichte mit allen möglichen Fossilien und Saurierskeletten, die hier in der Gegend gefunden wurden.«

»Hört sich spannend an«, meine ich. »Aber jetzt suchen wir erst einmal den Campingplatz, der etwas außerhalb von Lerici liegt. Wir haben also noch ein Stück Weg vor uns. Soll aber ein schöner Platz sein, terrassiert und direkt am Meer gelegen, mit Blick auf den Golf. Maralunga heißt er.«

Also folgen wir einigen Hinweisschildern und steigen bergan. Über unzählige Treppenstufen geht es wieder in die Höhe, in der wir erneut Aussicht gewinnen. Fast eine halbe Stunde laufen wir durch eng zusammengedrängte Häuser, ehe wir den Campingplatz erreichen.

Als wir das Zelt aufbauen, merke ich, dass ich ziemlich müde bin. Wir haben heute eine tolle Strecke geschafft. Von Portovenere über La Spezia und San Terenzo nach Lerici. Durch Wald und Stadt, über stille Pfade und belebte Straßen. Nun müssen wir nur noch unser Biwak zwischen einigen knorrigen Olivenbäumen am Boden festzurren. Dann blicke ich wieder auf das bewegte Meer. Im späten Licht glitzern die heranrollenden Schaumkämme fast golden. Und als der rote Feuerball der Sonne hinter dem Horizont verschwindet, weiß ich: Heute Nacht schlafe ich so gut wie noch nie.

SMS-Nachricht von Aaron an
seinen Freund Kjell:

Hallo, Kjell! Sind auf einem coolen
Campingplatz. Vom Zelt haben
wir einen Blick aufs Meer. Toller
Sonnenuntergang und fette
Wolken. Sieht leider nach Regen

aus! Zum Abendbrot gab's
Bröselkekse, Matschbananen und
Äpfel, weil das Bistro hier zuhatte.
Bei Kohldampf isst man alles. LG –
Aaron

Unwetter in Lerici

Der Vater

Morgendämmerung ohne jede Sonne. Die Welt um uns herum ist grau. Über dem Meer liegt eine dicke Nebelsuppe, die über den heranrollenden Wellen dahinwabert. Die Sichtweite beträgt höchstens hundert Meter. Links erstrecken sich zerklüftete Felsmauern. Darüber dichter Wald, mattgrün, der sich an den Hügelflanken hinaufzieht. Wir stehen vor unserem Zelt und hören, wie die Wellen tosend an die Steinküste schlagen.

»Bei diesem Wetter macht das Weiterlaufen keinen Spaß«, meint Aaron, der neben mir auf einer urbodenbraunen terrassierten Fläche steht, von der wir über die Landschaft schauen.

»Du hast recht«, erwidere ich. »Lass uns noch zwei Stunden warten. Vielleicht hat sich der Nebel ja dann verzogen.«

»So machen wir's«, stimmt Aaron mit müder Stimme zu, streift die Kapuze seines Pullovers zurück und kriecht durch den Zelteingang wieder in die kuschelige Wärme seines Schlafsacks.

»Ich bleibe noch ein bisschen draußen«, sage ich halblaut und schaue über das vernebelte Gelände, sehe, wie der graue Dunst über dem Meer schwebt, immer dichter rückt und rechts und links von mir durch die Bäume saust. Hier und da wirken die ausgedehnten Nebelfetzen wie träge

Wolken, die an der Küste Stück für Stück hinaufkriechen. Kein Zweifel, heute ist einer dieser Grauschleiertage, an denen der berüchtigte Ligurien-Nebel mal vom Meer und mal aus den Apenninen heranzieht, um sich an den Küstengestaden festzusetzen. So erlebe ich es auch jetzt: Zerrupfte Nebel- und Wolkenbüschel klettern Hunderte von Metern hinauf, kollidieren mit grünbewachsenen Berghängen, die vom dichten Grau regelrecht verschluckt werden. Nackte, verwitterte Felswände, Wälder und Buschwerk werden von Nebelwolkenwatte eingewickelt und sind nun für jedes Auge unsichtbar. Eine paradiesische Traumkulisse verwandelt sich in eine düstere Gespensterwelt. Und auch unser Zeltplatz ist milchig trüb verhüllt. Eine Wetterlage, bei der man unmöglich über Stock und Stein wandern kann. Plötzlich reißt mich Aarons Stimme aus den Gedanken. Aus dem Innern des Zelts fragt er: »Was sagt eigentlich die Uhr?«

»Es ist gerade sechs.«

»Mein Gott, Hölle! Das ist ja noch mitten in der Nacht!«, meint er mit einem amüsierten kleinen Prusten, und als er sich in den Schlafsack wühlt, höre ich ein unterdrücktes Fluchen. Wieder einmal findet mein Sohn das frühe Aufstehen überhaupt nicht lustig. Er ist halt kein Morgenmensch, auch wenn er seit Wochen, ohne zu meckern, vor Sonnenaufgang aufsteht, damit wir schon in den Vormittagsstunden gut Strecke machen können. Nur so schaffen wir es, 25 bis 40 Kilometer am Tag zu laufen, ein Rhythmus, der es uns ermöglicht, die geplanten Etappenziele zu erreichen.

Der Campingplatz wirkt zu dieser frühen Morgenstunde wie ausgestorben, und auch das kleine Bistro, das sonst heißen Cappuccino, Milchkaffee, Tee, Kakao, Croissants, Käse, Wurst und andere Lebensmittel anbietet, hat noch geschlossen. Was also tun zu so früher Stunde? Zurück ins Zelt will ich nicht. Mein Kopf ist zu wach. Ich könnte mir ein geschütztes Plätzchen suchen und mein Tagebuch auf den neuesten Stand bringen. Doch auch dazu habe ich keine Lust. Also entschließe ich mich zu einem Spaziergang, ziehe meine Wetterjacke über und gehe die Serpentinenstraße entlang. Ab und zu höre ich hinter mir einen Wagen durch den Nebel kriechen, höre eine Schiffssirene, die durch tief herabhängende Wolken und Nebel tönt, während mein Blick über das nebelwattierte Meer schweift, das nichts weiter ausströmt als Düsternis und üble Laune. Für die Besatzungen der schwerbeladenen Containerschiffe ist es bestimmt kein Vergnügen, bei solch einem Sauwetter durch die aufgewühlte See zu pflügen.

Ich kann diesen plötzlichen Wetterumschwung kaum fassen. Noch gestern stand die grellweiße Sonne am blankgescheuerten, tiefblauen Himmel und hat uns mit mediterraner Wärme verwöhnt. Selbst in den schattigen Wäldern war es so warm, dass wir nur Jeans und Hemd oder T-Shirt getragen haben. Doch nun verdichten sich die spukhaften Nebelsträhnen immer mehr. Es überrascht mich nicht, als der Himmel gegen acht seine Schleusen öffnet. Regen strömt aus dem schwarzen Gewölk, und ich spüre den enormen Temperatursturz.

Als ich eine halbe Stunde später zum Campingplatz zurückkehre, schüttet es wie aus Kübeln. Schwere Tropfen prasseln auf die dünne Haut unseres Zelts, perlen über das rote Gewebe. Auch der kalte Wind nimmt nun zu, fegt fast mit Sturmstärke heran und lässt mich frösteln. Wilde Böen überfallen Zelte und Wohnwagen. Schlagartig wird es auf dem terrassenartigen Campinggrund lebendig. Überall wird mit Seilen, Heringen und Plastikfolien hantiert, um die windgebeutelten Unterkünfte zu sichern. Auch wir haben alle Hände voll zu tun, um unser Biwak wetterfest zu machen. Wir spannen Halteleinen, zurren und zerren und schleppen schwere Steinbrocken heran, um die Heringe zu beschweren, damit sie beim Ansturm der Windfurien nicht wie Sektkorken aus dem aufgeweichten Erdboden flutschen.

Kaum sind wir durch die halbrunde Öffnung an der windabgewandten Seite ins Zelt gekrochen, als die Böen so heftig gegen unser Biwak boxen, dass wir uns mit dem Rücken gegen die Zeltwände stemmen müssen. Dabei lachen wir lauthals. Denn wenn man an solch einem Unwetter nichts ändern kann, sollte man sich auch nicht gegen die Natur auflehnen.

Gegen Mittag lässt der Sturm ein bisschen nach, und wir nutzen die Gelegenheit, um zum Camping-Bistro zu laufen, wo wir uns neben anderen triefnassen Gästen einen Platz auf der überdachten und wettergeschützten Veranda suchen. Regen, Wind und Nebel haben uns zum Glück nicht den Appetit verdorben, sodass wir nun Sandwiches, Schokoladen-Donuts, Ananasjoghurt und ein paar Pfirsiche bestellen. Dazu gibt es Milchkaffee und Kakao. Ich habe Hunger, und auch Aaron langt kräftig zu.

Nach dem Essen herrscht noch immer Dauerregen. Das Meer bietet mittlerweile einen rasenden Tanz. Fetzen von Wasser und Schaum wirbeln durch die Luft. Die See sieht aus wie ein Regiment angreifender weißer Gischtkrieger, und die Wellen donnern mit dem Lärm eines fahrenden Zugs gegen die Felsküste. Später, im Zelt, bringen wir unsere Tagebücher auf den neuesten Stand, lesen, hören Musik und spielen Karten. Nur langsam verrinnt die Zeit.

Am frühen Abend schlüpfen wir in unsere Regenponchos und machen einen Spaziergang in die Stadt. Doch Lerici drückt heute aufs Gemüt. Alles ist grau in grau. Einsam schlackern die Haltetaue von der Hafenmole im kalten Wind, während die großen und kleinen Boote auf dem kabbeligen Wasser hin und her dümpeln. Lerici bietet heute wahrlich nicht viele Geräusche, nur eines ist zu dieser Abendstunde allgegenwärtig: das Sausen des Windes. Die angriffsfreudigen Böen kommen aus allen Himmelsrichtungen. Vor allem fegen sie vom Meer heran, biegen Palmenblätter und Pappeln, dass es aussieht, als würden sie sich verneigen. Völlig verlassen ist die sonst so belebte Strandpromenade. Nur wenige Menschen hasten über die Küstenstraße, verschwinden mit zusammengekniffenen Augen in Gassen und Häusern. Tristesse pur.

In einem kleinen Hafenlokal essen wir tellerfüllende Spaghetti Bolognese und trinken eine Kanne heißen Tee. Gegen neun Uhr sind wir wieder auf dem Zeltplatz und mummeln uns in die Schlafsäcke. Aaron spricht noch einmal aus, was wir uns für den nächsten Tag am sehnlichsten wünschen: »Hoffentlich hört der verdammte Regen bald auf!«

Drei Stunden später, mitten in der Nacht, weckt uns ein dumpfes Grollen, das aus großer Ferne näher rückt. Ich setze mich auf und streiche mir die Haare aus dem Gesicht. »Das ist ein Gewitter!«

»Was ist los?«, fragt Aaron schlaftrunken und mit krächzender Stimme.

»Ein Gewitter«, wiederhole ich, »es kommt näher!« Doch das, was nun über uns hereinbricht, ist nicht einfach nur ein Gewitter, das ist eine urzeitliche Himmelsgewalt. Ganz plötzlich werden die Windböen wieder stärker. Die Zeltwände flattern und knattern im brausenden Wind, als auch schon Blitz auf Blitz über Meer und Land zucken, begleitet von grollendem Donner. Jetzt springen wir aus dem Zelt und starren gebannt zum finsteren Himmel empor, der immer wieder grell aufleuchtet. Wie verästelte Baumkronen zucken die Blitze durch die Dunkelheit, gefolgt von ohrenbetäubendem Krachen. Aaron duckt sich instinktiv und sieht mich an. Seine Augen drücken die gleiche Fassungslosigkeit aus, die auch mir die Sprache verschlägt. Dann beginnt er zu zählen und misst die Länge der Donnerschläge. Manche dauern mehr als dreißig Sekunden, während die Blitze für einige Momente regelrecht am Himmel stehen. Der Anblick ist furchteinflößend. Was für ein schauriges Inferno! Und dann passierte es: Nur 200 bis 300 Meter von uns entfernt schlägt ein Blitz in das aufgewühlte Meer.

»Wow!«, stößt er hervor, und seine Stimme wirkt wie betäubt. Er ist gefangen von diesem bedrohlichen Himmelsschauspiel, das seit jeher Furcht und Schrecken verbreitet hat, vor allem in jener Zeit, als Wissenschaftler noch nicht den Geheimnissen von Blitz und Donner auf die Spur gekommen waren. Meist machten die Menschen das Walten der Götter dafür verantwortlich. So war es bei den Griechen der Göttervater Zeus, der aus dem finsteren Gewölk flammende Speere warf. Die Germanen glaubten, dass ihr Donnergott Thor mit seinem von zwei galoppierenden Böcken gezogenen Kampfwagen übers Firmament rollte und seinen blitzeschleudernden Hammer schwang. Und auch der Gott der Bibel fuhr mit Blitz und Donner am Berg Sinai herab, um Moses die Zehn Gebote zu senden.

Mythen, Legenden und Gottesfurcht allerorten.

Erst im 18. Jahrhundert beschäftigten sich Wissenschaftler eingehend mit dem Phänomen der Blitze. Den Beweis, dass Blitze und Gewitterwolken eine elektrische Ladung enthalten, lieferte 1752 der unerschrockene amerikanische Naturwissenschaftler, Staatsmann und Schriftsteller Benjamin Franklin. Während eines Gewitters ließ er einen Drachen steigen, an dessen Schnur er einen Schlüssel gebunden hatte, der tatsächlich Funken sprühte. Franklin hatte damals großes Glück, dass er bei seinem Experiment nicht zu Tode kam, und so forschte er unerschrocken weiter, erfand schließlich den Blitzableiter und errichtete auf einem Haus in Philadelphia die erste geerdete Eisenstange zum Schutz gegen Blitzschäden.

Irgendwann in jener Gewitternacht empfinde ich die schauerlichen Bühnenbilder des Himmels wie ein erschreckendes Schauspiel, das nicht mehr von dieser Welt ist. Gewaltige Blitze lodern am Himmel in orangeroten Farben oder leuchten in einem kaltweißen Licht, während die gezackte Kulisse der bergigen Küstenhänge davorsteht wie der Scherenschnitt eines schlafenden Drachen. Hier ist die Wirklichkeit noch viel irrealer als alle Phantasmen. Kein Wunder, dass es mir nicht schwerfällt, in den Formen der Blitze verschiedenste Phantasiebilder zu sehen: fremdartige Zerrgestalten, gezackte Schwerter und glühende Speere.

Als wir zurück ins Zelt flüchten und uns auf den Schlafsäcken ausstrecken, glänzt Aaron mit Schulwissen: »Oft sind es die hohe Luftfeuchtigkeit und der Temperaturunterschied zwischen Land und Meer, die zu solchen Gewitterbildungen führen!«

»Toll, was du alles weißt«, meine ich lakonisch und bin leicht genervt, weil wir nach mehr als 1000 Kilometern zu Fuß nun festsitzen. Wir sind regelrecht gestrandet, hocken am verlängerten Arm der Cinque-Terre-Küste im Zelt und können nichts anderes tun als auf besseres Wetter warten.

Bei heftigen Regengüssen verbringen wir viel Zeit im Zelt.
Wir lesen, schreiben Tagebuch, hören Musik vom MP3-Player,
spielen Schach und klönen über Gott und die Welt.

Da kommt natürlich nicht gerade Wohlbehagen auf. Doch
am unangenehmsten sind die ruhelosen Nächte, in denen
wir ein, zwei Stunden schlafen und dann horchen, ob der
Regen nachgelassen hat. Aber das Rauschen hält an. Also
wälzen wir uns weiter im Schlafsack, Stunde um Stunde.

Erst nach zwei Tagen lassen Regen und Gewitter nach,
und die schwere, düstere Wolkendecke öffnet sich. Es klart
auf. Hier und da blinzeln die ersten Strahlen der Sonne
durch das aufreißende Gewölk. Der Himmel zeigt an einigen Stellen ein frisches, klares Blau, und die Landschaft bekommt wieder Konturen. Das Grün der Hügel wird lichter,
Felsflanken kommen zum Vorschein, und auch der graue
Dunst entschwindet. Rasch packen wir unsere Siebensa-
chen und machen uns auf den Weg. Zügig lassen wir Lerici
hinter uns und kommen problemlos wieder in Tritt. End-

lich ist es wieder da, dieses prickelnde Gefühl, unterwegs
zu sein.

SMS-Nachricht von Aaron an
seine Mutter:

Hallo, Mama! Endlich wieder
unterwegs, endlich, endlich! Hab
im Zelt fast 'n Föhn gekriegt. Fühlte
mich manchmal richtig eingesperrt.
Jetzt spüre ich den schweren
Rucksack wieder auf den Schultern.
Herrlich! Ich kann mir ein Leben
ohne Rucksack gar nicht mehr
vorstellen. Hoffentlich hast du in
Hamburg schöne Sommertage.
LG – Dein Aaron

Ein Tag wie kein anderer

Der Sohn

Der gestrige Tag ist ein leeres Blatt Papier. Es war ein richtiger Scheißtag. Schwül und heiß. Mehr als zehn Stunden waren wir auf der Landstraße unterwegs. Von Leríci waren wir tags zuvor über Améglia nach Carrara gekommen, wo wir eine Nacht im Hotel blieben. Wir wollten Carrara sehen, wo in den Steinbrüchen der Apuanischen Alpen wertvoller Marmor abgebaut wird. Dieser Marmor ist schneeweiß und von großer Festigkeit. Schon Michelangelo hat ihn für seine Statuen verwendet.

Also besuchten wir eines der vielen Marmorwerke, wo riesige Sattelschlepper schimmernde 20-Tonnen-Blöcke bewegen, die mit diamantenbesetzten Stahlseilen wie Butter aus dem Berg geschnitten werden. Papa machte mal wieder reichlich Fotos – und ich filmte. Dann ging es zum Ligurischen Meer, und über Forte dei Marmi und Marina di Pietrasanta wanderten wir bis nach Viareggio, wo mir am Abend alles wehtat, besonders der Kopf. Ich fühlte mich total zerschlagen, musste mich tagsüber immer wieder am Riemen reißen, um nicht schlappzumachen, denn eine wildgewordene Elefantenherde trampelte durch meinen Kopf. Da halfen auch keine Schmerztabletten.

Und dann war da noch die Sache mit dem Lkw gewesen. Ich konnte nur froh sein, dass mir nichts Schlimmeres passiert war, als ich etwas südlich von Carrara und Massa in ein tiefes Straßenloch trat und über den Rand stolperte. Gleich dahinter stürzte ich dann in ein zweites Loch und fiel zu Boden. Nur eine Handbreit von meiner linken Schulter entfernt rollten die Räder eines Lkws vorbei. Papa war sofort da und half mir auf die Beine. »Alles in Ordnung?«, fragte er besorgt, und ich nickte nur erschrocken.

Zwei Kilometer weiter streifte mich der Rückspiegel eines vorbeirauschenden Pkws. Automarke und Fahrer habe ich nicht erkannt. Alles ging so schnell. Ich weiß nur, dass plötzlich ein rotes Auto dicht neben mir war und ich einen leichten Stoß am linken Ellbogen spürte – noch im selben Augenblick sprang ich zur Seite, auf ein Stück Wiese, wo mich Papa erneut aufsammelte.

Doch damit nicht genug: Als wir in Viareggio ankamen, erfuhren wir, dass der Campingplatz fünf Kilometer außerhalb der Stadt lag. Ziemlich erledigt liefen wir also weiter. Auch Papa war wütend, meinte, dass man als Camper häufig wie ein Aussätziger behandelt wird, weil man nur außerhalb der Stadt sein Zelt aufschlagen darf. »Ich habe den Eindruck, dass Leute mit Rucksäcken in manchen Städten nicht besonders gern gesehen werden!«

Auf dem Campingplatz, wo wir erst nach Sonnenuntergang eintrafen, war es leider nicht so toll. Auf einer großen Wiese, die von der Sonne ziemlich vertrocknet war, stand ein Wohnmobil neben dem anderen. Manchmal passte keine Postkarte dazwischen. Rundherum sah ich Verlängerungskabel, Fernsehantennen und Wäscheleinen. Mittendrin Plastiktische und bunte Campingstühle, unter denen ab und an ein Hund döste. Frauen bügelten, strickten oder putzten. Autobatterien versorgten Ghettoblaster, die den halben Platz beschallten. Picknickgruppen grillten Fleisch oder tranken Bier und Wein aus Tetrapacks. Daneben überquellende Mülleimer und zwei durchgeknallte Fahrradtypen, die durch enge Zeltreihen düsten. Das Vorderrad in der Luft, legten sie zwanzig oder dreißig Meter auf dem Hinterrad zurück. Ein paar Mädchen klatschten Beifall. Und immer wieder bimmelnde Handys und streitende Paare. Mein Gott, wie können Menschen hier bloß Urlaub machen?

Als wir unser Zelt etwas abseits des Trubels aufbauten, huschten kleine Eidechsen vor unseren Füßen davon. Schnurrende Katzen schlichen sich kurz darauf an unser Abendessen heran. Und später, als wir auf unseren Schlafsäcken lagen und den hämmernden Discolärm zu ignorieren suchten, schwirrten Moskitoschwärme heran. Trotz unseres Moskitonetzes schafften sie es irgendwie, ins Zelt zu gelangen, wo sie auf meiner Haut reichlich Spuren hinterließen. Hier würden wir nicht alt werden! Garantiert nicht. Gleich morgen würden wir nach Lucca weiterziehen. Und noch bevor mir, hundemüde, wie ich war, die Augen

Auf dem Campingplatz von Viareggio.

zufielen, sagte ich: »Es gibt Tage, die kann man nur in die Tonne treten!«

SMS-Nachricht von Aaron an seinen Freund Lukas:

Mensch, Luki, was machst du so?
Gestern war ich total aus der Spur.
Heute geht's schon besser. Wenn
ich wieder in Hamburg bin, sollten
wir mal 'ne Radtour machen.
Vielleicht zur Ostsee. Hast du Lust?
Kann mir kaum noch vorstellen, am
Wochenende zu Hause zu hocken.
DRAUSSEN LEBEN ist schon
ziemlich geil. Mal sehen, ob ich in
Hamburg wieder die Kurve kriege.
LG – Dein Aaron

Durch die grünen Hügel
der Toskana

Der Vater

Ein Schiffsausflug übers Ligurische Meer führt uns anderntags von Viareggio nach Livorno, wo Heine einst *ein paar
schöne Tage verlebt* hatte, wie er in einem Brief an den
Baron Cotta schrieb, den Verleger, in dessen Zeitschrift bald
darauf die ersten seiner italienischen Reiseberichte erscheinen sollten. Anschließend wandern wir durch die grünen
Hügel der Toskana. Vorbei an Zypressen und durch rote
Mohnfelder laufend, sehen wir Bauernhöfe und Land-
häuser, Weinreben, Olivenbäume und Obstplantagen. Das
Wetter ist herrlich und macht uns Beine. Auch zwei kurze
Regenschauer können uns die Laune nicht verderben. Die
Sonne, der pastellfarbene Himmel und eine sanfte Brise, die
konstant vom Meer herüberweht, begleiten uns über 30 Kilometer von Viareggio nach Lucca. Dies ist die »Stadt
der hundert Kirchen«, die schon viele Völker gesehen hat.
Ein Blick in die Vergangenheit ist hier wie das Aufschlagen
eines Geschichtsbuches: Erst waren es die Etrusker, die hier
siedelten, dann kamen die Römer, die um 180 v. Chr. eine
Militärbasis am Ufer des Sericho errichteten, und später
hielten die Langobarden und Franken Einzug. Im Mittelalter gelangte Lucca dann durch den Verkauf von Seide, Samt,
Gold- und Silberbrokaten zu großem Reichtum, mit dem
die Bürger ihre vielen Kirchen finanzierten.

Lucca mit seinen rund 85 000 Einwohnern ist keine Stadt

der lauten Töne. Hier bestechen nicht so sehr einzelne Großbauwerke; vielmehr ist es das organische Ineinanderfließen von Häusern und Kirchen, von Gassen und Straßen, von Kanälen und Türmen. All das zusammen schafft eine beschauliche Atmosphäre, die nostalgischen Wohlfühlcharme vermittelt.

Rund um die Altstadt verläuft eine vier Kilometer lange, begehbare Stadtmauer mit elf Bastionen, ein architektonisches Kunstwerk. Nach einer Bauzeit von mehr als hundert Jahren wurde sie 1650 fertiggestellt. Jahrhundertelang war sie stolzes Bollwerk der Lucceser, das vielen Angreifern uneinnehmbar erschien. Mittlerweile wird diese zwölf Meter hohe Wehrmauer, deren Wucht nach wie vor beeindruckend ist, als Promenade und Park genutzt. Begrünt mit schattenspendenden Bäumen, bildet sie einen Allee-Ring mit viel Platz für Spaziergänger und Kinder, Liebespaare und Jogger.

Wir umrunden die alte Stadtmauer von Lucca.

Als Heinrich Heine am 3. September 1828 nach Lucca kam, *war die ganze Stadt still wie das Grab, alles war so verblichen und verstorben, auf den Dächern spielte der Sonnenglanz, wie Goldflitter auf dem Haupte einer Leiche, hie und da aus den Fenstern eines altverfallenen Hauses hingen Efeuranken, wie vertrocknet grüne Tränen, überall glimmernder Moder und ängstlich stockender Tod, die Stadt schien nur das Gespenst einer Stadt, ein steinerner Spuk am hellen Tage. Da suchte ich lange vergebens die Spur eines lebendigen Wesens. Ich erinnere mich nur, vor einem alten Palazzo lag ein schlafender Bettler mit ausgestreckt offner Hand. Auch erinnere ich mich, oben am Fenster eines schwärzlich morschen Häusleins sah ich einen Mönch, der den roten Hals mit dem feisten Glatzenhaupt recht lang aus der braunen Kutte hervorreckte, und neben ihm kam ein vollbusig nacktes Weibsbild zum Vorschein; unten, in die halb offne Haustür, sah ich einen kleinen Jungen hineingehen, der als ein schwarzer Abbate gekleidet war und mit beiden Händen eine mächtig großbäuchige Weinflasche trug. – In demselben Augenblick läutete unfern ein feines ironisches Glöcklein, und in meinem Gedächtnisse kicherten die Novellen Boccaccios. Diese Klänge konnten aber keineswegs das seltsame Grauen, das meine Seele durchschauerte, ganz verscheuchen. Es hielt mich vielleicht um so gewaltiger befangen, da die Sonne, so warm und hell, die unheimlichen Gebäude beleuchtete; und ich merkte wohl, Gespenster sind noch furchtbarer, wenn sie den schwarzen Mantel der Nacht abwerfen und sich im hellen Mittagslichte sehen lassen.*

Wir treffen in Lucca keinerlei Gespenster. Im Gegenteil: Uns zeigt sich die gar nicht so große Altstadt, in der man in kaum dreißig Minuten in Nord-Süd-Richtung bequem von einem Stadttor zum anderen spazieren kann, von ih-

Lucca: Auf der Spitze der Kirche San Michele in Foro steht der Erzengel Michael, der Drachentöter.

rer schönsten Seite: der Dom San Martino mit seiner reich ornamentierten Marmorfassade und dem 950 Meter hohen Glockenturm, die Piazza dell'Anfiteatro, eine ovale Wohnhausanlage mit bis zu sechs Stockwerken, auf deren Grundmauern einst ein römisches Amphitheater stand, das Geburtshaus Giacomo Puccinis sowie der Wohnsitz des »Teufelsgeigers« Niccolò Paganini in der Via San Frediano. Nicht zu vergessen der Torre Guinigi, ein hoher Turm mit zweihundertdreißig Stufen, der im 15. Jahrhundert als Teil eines Palazzos gebaut wurde und auf dessen Spitze sieben Steineichen wachsen. Von hier haben wir eine phantastische Aussicht über die Altstadt von Lucca.

Auch Heine erlebte Lucca bei seinem zweiten Besuch (nur acht Tage später) sehr viel lebendiger. Er war völlig erstaunt *über den veränderten Anblick dieser Stadt! Was ist das? rief ich, als die Lichter mein Auge blendeten und die*

Menschenströme durch die Gassen sich wälzten. Ist ein ganzes Volk als nächtliches Gespenst aus dem Grabe gestiegen, um im tollsten Mummenschanz das Leben nachzuäffen? Die hohen, trüben Häuser sind mit Lampen verziert, überall aus den Fenstern hängen bunte Teppiche, die morschgrauen Wände fast bedeckend, und darüber lehnen sich holde Mädchengesichter, so frisch, so blühend, daß ich wohl merke, es ist das Leben selbst, das sein Vermählungsfest mit dem Tode feiert und Schönheit und Jugend dazu eingeladen hat. Ja, es war so ein lebendes Totenfest, ich weiß nicht, wie es im Kalender genannt wird, auf jeden Fall so ein Schindungstag irgendeines geduldigen Martyrers, denn ich sah nachher einen heiligen Totenschädel und noch einige Extra-Knochen, mit Blumen und Edelsteinen geziert und unter hochzeitlicher Musik, herumtragen. Es war eine schöne Prozession, deren Anblick Heine zu einer Reihe skeptischer Bemerkungen über die Macht der Kirche und der Priester inspirierte.

Heinrich Heines »Reisebilder« sind für uns ein ständiger Begleiter.

Neben Stadt- und Landschaftsbeschreibungen spielt die Auseinandersetzung mit der Religion in Heines Italien-Texten eine wichtige Rolle. Vor allem in *Die Bäder von Lucca* und *Die Stadt Lucca* greift er immer wieder politisch-gesellschaftliche Themen auf, wobei seine Schilderungen kaum noch den Charakter eines Reiseberichts haben, sondern eher romanhaft wirken, durchströmt vom Zauber der Landschaft und des heiteren Lebens, das er in vollen Zügen genoss, das ihn jedoch nicht die Augen verschließen ließ vor dem Zustand des besetzten Landes und der Lebenswirklichkeit der Bevölkerung. Auch seine »deutschen Sorgen« über die persönliche wie die politische Lage in der Heimat hat er im Gepäck, zumal zur Zeit seines Aufenthalts hier auch zuweilen Deutsch gesprochen wurde – denn das österreichische Militär war nie weit und mischte sich mitten in das bunte Leben, auch in Lucca.

Die ganze Stadt wimmelte von heiterem Volk. Geputzt bunte Menschen, dazwischen hüpfte hie und da ein schwarz Pfäfflein. Das brauste und lachte und schwatzte, man hörte fast nicht das Glockengebimmel, das zu einer großen Messe einlud, in die Kathedrale. Diese ist eine schöne, einfache Kirche, deren buntmarmorne Fassade mit jenen kurzen, übereinander gebauten Säulchen geziert ist, die uns so witzig trübe ansehen.

Nach einer geruhsamen Nacht in einem seltsamen Designerhotel am Stadtrand von Lucca, wo wir nicht einmal ein Fenster öffnen konnten, um frische Luft ins Zimmer zu lassen, starten wir gleich am Morgen, um in einem Lebensmittelgeschäft noch ein paar Vorräte einzukaufen, ehe es erneut hinaus in die toskanischen Hügel geht. Unser

Ziel ist das 25 Kilometer entfernte Bagni di Lucca, *wo* Heine *die längste und göttlichste Zeit* seiner Italienreise verbrachte.

Anfangs folgen wir noch der stark befahrenen Landstraße durch die bewaldeten Apenninen, doch als der Lkw-Verkehr immer mehr zunimmt und es weder Gehweg noch Ausweichmöglichkeit für uns gibt, lösen wir uns von der Umklammerung des Straßensystems und den endlosen Autoschlangen und steigen hinab in das Flussbett des Serchio, das zur Sommerzeit nur noch zur Hälfte mit Wasser gefüllt ist. Über Sand- und Geröllbänke gehen wir nun flussaufwärts.

Während seines dreiwöchigen Kuraufenthalts spazierte auch Heine manchmal zwischen der Stadt Lucca und Bagni di Lucca durch die Apenninen, philosophierte und schrieb: *Ich ging zu Fuß, längs den schönen Bergen und Baumgrup-*

Mit dem Rucksack durchquert Achill das steinige Bett des Lima-Flusses.

pen, wo die goldnen Orangen, wie Sterne des Tages, aus dem dunklen Grün hervorleuchteten und Girlanden von Weinreben, in festlichen Windungen, sich meilenweit hinzogen. Das ganze Land ist dort so gartenhaft und geschmückt wie bei uns die ländlichen Szenen, die auf dem Theater dargestellt werden; auch die Landleute selbst gleichen jenen bunten Gestalten, die uns dann als singende, lächelnde und tanzende Staffage ergötzen.

Immer wieder sinnierte Heine beim Wandern in den Apenninen und stellte dabei allerhand Überlegungen an: *Die umgebende Natur wirkt auf den Menschen – warum nicht auch der Mensch auf die Natur, die ihn umgibt? In Italien ist sie leidenschaftlich wie das Volk, das dort lebt; bei uns in Deutschland ist sie ernster, sinniger und geduldiger. Hatte einst wie die Menschen auch die Natur mehr inneres Leben?*

Schließlich verriet Heine seinen Lesern, dass die *Eidechsen mit ihren klugen Schwänzen und spitzfündigen Äuglein* ihm *wunderbare Dinge erzählt haben, wenn* er *einsam zwischen den Felsen der Apenninen umherkletterte. Wahrlich, es gibt Dinge zwischen Himmel und Erde,* schrieb er, *die nicht bloß unsere Philosophen, sondern sogar die gewöhnlichsten Dummköpfe nicht begreifen.*

Die Eidechsen haben mir erzählt, es gehe eine Sage unter den Steinen, daß Gott einst Stein werden wolle, um sie aus ihrer Starrheit zu erlösen. Eine alte Eidechse meinte aber, diese Steinwerdung würde nur dann stattfinden, wenn Gott bereits in alle Tier- und Pflanzenarten sich verwandelt und sie erlöst habe.

Nur wenige Steine haben Gefühl, und nur im Mondschein atmen sie. Aber diese wenigen Steine, die ihren Zustand fühlen, sind schrecklich elend. Die Bäume sind viel besser daran, sie können weinen. Die Tiere aber sind am meisten begünstigt, denn sie können sprechen, jedes nach seiner Art und die Menschen am besten. Einst, wenn die ganze Welt erlöst ist, werden alle anderen Erschaffnisse ebenfalls sprechen können, wie in jenen uralten Zeiten, wovon die Dichter singen.

Gegen Mittag kommen wir zu einer kühn geschwungenen Steinbrücke, die über den Serchio führt. 93 Meter ist sie lang, und vier Bögen halten die verwegene Konstruktion zusammen: drei kleine und ein 19 Meter hoher Katzbuckel. Es ist der Ponte della Maddalena, der aus dem 13. Jahrhundert stammen soll, doch Genaues weiß niemand in der kleinen Ortschaft Borgo a Mozzano, die direkt an der sagenumwobenen Brücke liegt. Der Besitzer eines kleinen Antiquitätengeschäfts erzählt, dass diese Brücke auch

Die kühn geschwungene »Teufelsbrücke« zwischen Lucca und Bagni di Lucca soll aus dem 13. Jahrhundert stammen.

»Teufelsbrücke« genannt wird. Denn es heißt, der Teufel selbst hätte sie in einer Nacht errichtet.

In der Nähe der Brücke, die 80 Meter höher liegt als Lucca, machen wir Rast und kramen alles aus unseren Rucksäcken hervor, was wir eingekauft haben: Salami, Parmaschinken, Käse, Oliven, Tomaten, Knäckebrot, Weißbrot, ein paar Birnen, Pfirsiche – und für Aaron, als Überraschung, ein Stück Wassermelone. Er liebt diese Früchte, und seine Freude ist dementsprechend groß.

»Ich glaub, ich spinne! Hast du wirklich so ein großes Stück Melone von Lucca bis hierher geschleppt? Mehr als 20 Kilometer? Das ist echt stark, Papa!«, freut sich mein Sohn, nimmt sein Taschenmesser zur Hand, schneidet das Melonenstück in mehrere Scheiben und beißt kräftig hinein. Ich muss lachen und denke, diese Stunden der Rast, ob mittags oder abends, wenn wir auf einer Wiese einer Bank oder an einem Fluss all unsere Vorräte auf einem Handtuch ausbreiten, zählen zu den schönsten Augenblicken unserer Reise. Sie sind für mich etwas ganz Besonderes, ganz gleich wie viele Leckereien vor uns liegen. Ein Mensch unterwegs braucht nicht viel. Wir genießen immer das, was wir gerade haben. Denn wer sich nicht fragt, was ihm fehlt, sucht das Fehlende auch nicht. So einfach ist das. Und deshalb genieße ich das unbekümmerte Beisammensein beim Essen ganz besonders. Es sind Augenblicke, in denen eine Scheibe Schinken nicht nur eine Scheibe Schinken ist und ein Stück Brot nicht nur ein Stück Brot. Es ist viel mehr. Es ist vor allem Freude und Dankbarkeit, mehr eine Sache des Herzens als des Kopfes. Meist führen wir dann lockere Gespräche oder lauschen der Sprache des Windes, des Flusses, des Waldes – und ich bin mir sicher: Man braucht nicht viel zum Glücklichsein.

In Bagni di Lucca –
der Sinn des Reisens

Der Vater

Den Spuren eines Dichters zu folgen heißt, den Informationen und Bildern seiner Texte hinterherzureisen, heißt, sich an einen Ort zu begeben, von dem man schon verzaubert ist, ohne ihn je gesehen zu haben. Ein solcher Ort ist Bagni di Lucca, von dem ich in Heinrich Heines »Reisebildern« immer wieder begeistert gelesen habe. Wir erreichen diesen Ort über eine kleine Steinbrücke, die über den glucksenden Lima-Fluss führt, der ein wildromantisches Bergtal durchströmt.

Dieser Ort war nicht nur für Heine, sondern ist auch für uns unstrittiger Höhepunkt der Italienreise. Schon zur Römerzeit wurden die schwefel- und eisenhaltigen Quellen genutzt, um Arthritis, Gicht und Rheuma zu lindern. Der flüchtige Blick auf die Gästeliste weist gekrönte Häupter und Dichter wie Percy Shelley und Lord Byron aus. Verbürgt ist auch der Besuch des russischen Prinzen Demidoff, der dem Ort ein Kurhaus und ein Hospital stiftete. Nicht zuletzt waren es Napoleons Schwestern Pauline und Elise (Fürstin von Lucca und Großherzogin der Toskana), die Bagni di Lucca in den Jahren 1805 bis 1814 zu ihrem Lieblingsaufenthaltsort machten, sodass viele wohlsituierte Gäste aus aller Welt hierherkamen. Noch heute existieren die berühmten Thermen mit neunzehn Quellen. Doch als die High Society gegen Ende des 19. Jahrhunderts das

Strandleben am Ligurischen Meer entdeckte, gingen die Besucherzahlen schlagartig zurück. Und auch das hübsche Casinò Municipale, zu dessen Eröffnung im Jahr 1837 extra das Roulette erfunden wurde, musste die Türen schließen und hofft nun auf bessere Zeiten.

Noch heute besteht Bagni di Lucca aus drei Ortsteilen. Gleich an der Zufahrtsbrücke befindet sich der erste, Ponte a Serraglio, mit einigen Restaurants, Hotels, Bistros und einer Bäckerei. Der andere, sehr viel größere Teil liegt einige Kilometer flussaufwärts. Wir erreichen ihn über die Landstraße und müssen der Viale Roma folgen. Als wir in dem hübschen Ortsteil Villa ankommen, ist gerade Markttag. Wir brauchen einige Zeit, ehe wir uns in dem Menschengetümmel zurechtfinden, und steigen im »Park Hotel Regina« ab, einem Gebäude aus dem späten 17. Jahrhundert. Hier, wo der Komponist Giacomo Puccini seine Oper »Turandot« schrieb, bleiben wir drei Nächte. Ein paar Tage Ruhe werden uns guttun, und die finden wir nirgends besser als auf diesem wunderschönen Anwesen, das im ursprünglichen Stil renoviert wurde – mit der beschaulichen Atmosphäre eines weitläufigen Gartens und einem von Zypressen gesäumten Swimmingpool. »Das haben wir uns verdient«, meint Aaron, als er sich auf unserem Zimmer über eine Schale mit exotischen Früchten hermacht, eine freundliche Aufmerksamkeit des Hotels.

Der dritte Stadtteil, den wir tags darauf besuchen, befindet sich in nördlicher Richtung, hoch über Ponte a Serraglio. Der Aufstieg zu jenem Hügel, auf dem Heinrich Heine im Jahr 1828 wohnte, lohnt sich. Immer wieder gibt es phantastische Ausblicke, die schon den deutschen Dichter begeisterten: *Die Wohnungen in den Bädern von Lucca nämlich sind entweder unten in einem Dorfe, das von hohen*

Das »Park Hotel Regina« in Bagni di Lucca, wo einst Giacomo
Puccini logierte.

*Bergen umschlossen ist, oder sie liegen auf einem dieser
Berge selbst, unfern der Hauptquelle, wo eine pittoreske
Häusergruppe in das reizende Tal hinabschaut. Einige liegen aber auch einzeln zerstreut an den Bergesabhängen,
und man muß mühsam hinaufklimmen durch Weinreben,
Myrtengesträuch, Geißblatt, Lorbeerbüsche, Oleander, Ge-
ranikum und andre vornehme Blumen und Pflanzen, ein
wildes Paradies. Ich habe nie ein reizenderes Tal gesehen,
besonders wenn man von der Terrasse des oberen Bades, wo
die ernstgrünen Zypressen stehen, ins Dorf hinabschaut.
Man sieht dort die Brücke, die über ein Flüßchen führt, welches Lima heißt und, das Dorf in zwei Teile durchschnei-
dend, an beiden Enden in mäßigen Wasserfällen über Fels-
stücke dahinstürzt und ein Geräusch hervorbringt, als wolle
es die angenehmsten Dinge sagen und könne vor dem allsei-
tig plaudernden Echo nicht zu Worten kommen.*

Der Hauptzauber dieses Tals liegt aber gewiß in dem Umstand, daß es nicht zu groß ist und nicht zu klein, daß die Seele des Beschauers nicht gewaltsam erweitert wird, vielmehr sich ebenmäßig mit dem herrlichen Anblick füllt, daß die Häupter der Berge selbst, wie die Apenninen überall, nicht abenteuerlich gotisch erhaben mißgestaltet sind, gleich den Bergkarikaturen, die wir ebensowohl wie die Menschenkarikaturen in germanischen Ländern finden: sondern, daß ihre edelgeründeten, heiter grünen Formen fast eine Kunstzivilisation aussprechen, und gar melodisch mit dem blaßblauen Himmel zusammenklingen.

Am Ende der Straße, die wir hinaufsteigen, stehen wir unverhofft vor einigen mehrstöckigen Häusern. Eines wirkt arg mitgenommen: Man sieht ihm die Jahre an, die es auf dem Buckel hat. Einige Fensterläden hängen windschief in den Scharnieren, manche Scheiben sind zerbrochen. Niemand wohnt mehr hier, wo Heine einst Texte zu

In diesem Haus wohnte 1828 Heinrich Heine in Bagni di Lucca.

Auf einer steinernen Tafel eines alten Wohnhauses steht: »Auf diesem heiteren Hügel wohnte Heinrich Heine im Herbst 1828.«

seinen »Reisebildern« schrieb. Auf der Rückseite des Hauses, neben einem Torbogen und einer großen Mülltonne, ist eine steinerne Tafel angebracht, darauf steht: »Auf diesem heiteren Hügel wohnte Heinrich Heine im Herbst 1828.«

Es ist später Nachmittag, und ein leichter Wind hat allen Dunst des Tages vertrieben. Die Luft ist wie Samt und Seide, als sich die Hügel der Apenninen vor einem näher gerückten Horizont klar abzeichnen. Ganz ähnlich hat es Heine vor hundertachtzig Jahren beschrieben: *Späterhin, als die Dämmerung herankam, tanzten die Bäume auf den Bergen (...) nicht mehr einzeln, sondern die Berge selbst tanzten mit schweren Häuptern, die von der scheidenden Sonne so rot bestrahlt wurden, als hätten sie sich mit ihren eigenen Weintrauben berauscht. Unten der Bach schoß ha-*

stiger von dannen und rauschte angstvoll, als fürchte er, die
entzückt taumelnden Berge würden zu Boden stürzen. Da-
bei wetterleuchtete es so lieblich wie lichte Küsse. »Ja«, rief
ich, »der lachende Himmel küßt die geliebte Erde –«

Kein Zweifel, hier scheint die Unschuld des Ursprungs
sehr viel mehr bewahrt zu sein als andernorts, und hier
spüre ich ganz deutlich, wie mich der Zauber der Landschaft ergreift. Eigentlich ist dies ja gar keine Landschaft, es
ist ein Zustand, in den man sich langsam versenken möchte.
Dies ist der Ort, den ich finden musste. Ein Ort, der mich
schon lockte, ohne dass ich wusste, dass es ihn gibt.
Ein Ort, der Erfüllung ist, friedlich, zeitlos, verwunschen.
Schon seit langem ist dieser Ort auf meiner inneren Landkarte eingezeichnet, seine magische Anziehungskraft hat
mir den Weg gewiesen. Ein Weg, der sehr lang war, aber er
hat sich gelohnt: Da sind die tiefgrünen Berge und urtüm-
lichen Täler, da ist das orangegelbe Licht der Sonne, da sind
die kleinen Wölkchen, die durch das Himmelsblau ziehen.
Da ist die Wärme der letzten Sonnenstrahlen auf meiner
Haut, und es riecht nach Kiefernnadeln und Myrte. Alles
hier ist Harmonie – und ich denke, vielleicht liegt ja in diesem einen Moment der Sinn unserer Reise.

Wenn alle Schuhe
durchgelaufen sind

Der Sohn

Zehn Wochen bin ich nun schon über Straßen, Waldwege und Schotterpfade gelaufen, und meine Schuhe zeigen echte Verschleißerscheinungen. Die Stiefel – zu schwer, zu hart, zu viele Druckstellen – baumeln schon seit Wochen am Rucksack. Nur in Notfällen, wenn ich absolut trittsicheren Halt brauche, ziehe ich sie an. Sehr viel lieber bin ich in den Sportschuhen unterwegs. Sie sind leicht und bequem – aber inzwischen auch ganz schön durchgelatscht. Die Sohlen sind restlos fertig, viele Nähte gerissen. Da wird kein Schuster mehr Hand anlegen können. Doch ich hänge an meinen braunen Pumas und hoffe, dass sie mich bis Florenz tragen werden. Irgendwie haben sie es verdient, mit mir ans Ziel zu kommen.

Bis Florenz sind es nur noch rund 100 Kilometer, für die wir drei oder vier Tage brauchen werden. Meinen Füßen hat die monatelange Belastung gar nicht so viel ausgemacht. Am Anfang waren sie zwar ziemlich »angeschlagen«, doch im Moment laufen sie ohne Beschwerden munter voran. Von Bagni di Lucca nach Villa Basilica, Collodi, Uzzano, Montecatini-Terme. Und von Serravalle Pistoiese nach Pistoia. Seltsam ist, dass ich mir noch gar nicht so recht vorstellen kann, was passieren wird, wenn ich nach Florenz komme. Wie wird es sein, wenn ich nach 1500 Kilometern die letzten Schritte mit dem Rucksack mache? Bestimmt ist es ein merkwürdiges Gefühl! Doch was kommt danach? Ehrlich gesagt, wenn ich ab und zu an die »letzten Schritte« denke, wird mir ziemlich flau im Magen. Denn in Florenz wird etwas zu Ende gehen, das für uns beide – für Papa und mich – etwas ganz Einmaliges war.

Und vieles, was mir in den vergangenen Wochen so gefallen hat, wird es dann nicht mehr geben: das ständige Unterwegssein, das tägliche Wandern, das Dahintreiben auf Straßen und Pfaden, das »Streckemachen« unter freiem Himmel und das Gefühl, heute hier und morgen dort zu sein. Auch werde ich den coolen Wechsel der unterschiedlichen Wahrnehmungen vermissen; damit meine ich die Wahrnehmung der Außenwelt sowie die Wahrnehmung meiner Gedankenwelt. Ein toller Kontrast! Man muss sich vorstellen – mal hast du überhaupt keine Gedanken, sondern schaust nur so umher und läufst. Und ein anderes Mal nimmst du von der Außenwelt nichts mehr auf, sondern bist voll auf deine Innenwelt gepeilt. Ziemlich krass ist das! (Im besten Sinne!) Gerade in den letzten Tagen ist es mir gelungen, beim Gehen ganz neue Gedankenfelder zu besetzen, sodass ich verschiedenste Ideen und Zukunftspläne durchspielen konnte, was für mich wirklich super war. Ganz ähnlich muss es ja auch für Heine gewesen sein, nach dem, was ich über ihn gelesen habe. Denn als er von München aus in Richtung Alpen aufgebrochen war, lag seine weitere berufliche Zukunft für ihn ebenfalls ganz im Unklaren, und er hatte keinen blassen Schimmer, was als Nächstes kommen würde. Professor oder Zeitungsredakteur in München? Doch noch Rechtsanwalt in Hamburg? Oder vielleicht in Berlin? Freier Schriftsteller in Paris? Die Reise nach Italien war auch für ihn eine Auszeit, kein »Karriereschritt«, sondern einfach eine heitere Episode, nach der etwas Neues beginnen würde, so oder so, und er würde bereit sein dafür. Wie bei mir? Als Heine später, nach der Rückkehr aus Italien, zurückblickte, erkannte er, dass diese italienischen Monate *die glänzendste Zeit meines Lebens* waren. Ob es für mich auch so sein wird?

All diese Überlegungen sind für mich im Moment aber nur nebensächlich, denn mein Oberkörper juckt wie verrückt. Es ist, als würden tausend Ameisen darüberlaufen. Ich werde noch wahnsinnig! Denn ich kann weder die Ameisen noch das Jucken stoppen. Dabei hätte ich mir das alles ersparen können. Doch ich Blödmann bin gestern im Hotel auf dem Liegestuhl eingeschlafen. Fast drei Stunden habe ich in der prallen Sonne gelegen. Als ich aufwachte, war meine Brust krebsrot. »So was macht man doch auch nicht«, meinte Papa besserwisserisch und kramte in unseren Medikamenten, fand aber nichts Hilfreiches. Also bin ich gleich zur nächsten Apotheke gelaufen. Dort gab man mir einen weißen Puder gegen den Juckreiz, was aber nichts gebracht hat, sodass ich mir die ganze Nacht kühle Umschläge machte. Immer wieder bin ich aufgestanden und habe einige Handtücher nass gemacht, die ich mir dann auf die Brust gelegt habe. Aber auch das ohne Erfolg.

Inzwischen sind wir wieder seit sechs Stunden unterwegs, und noch immer juckt meine Brust. Ich könnte mir die ganze Haut vom Leib kratzen. Das ist doch nicht normal! Und Papa nervt noch dazu. Immer wieder gibt er mir gute Ratschläge: »Bloß nicht mehr kratzen, Aaron«, meint er – oder: »Das ist bestimmt nicht nur ein Sonnenbrand, sondern auch eine Sonnenallergie. Das braucht seine Zeit, aber irgendwann wird es schon besser werden.« Das glaubst du doch selbst nicht, denke ich, und plötzlich brülle ich los: »Sag mal, kannst du mich vielleicht mal in Ruhe lassen? Meine Brust ist eine glühende und juckende Herd-platte, und trotzdem schleppe ich bei über 30 Grad einen 15-Kilo-Rucksack durch die Gegend!«

»Hallo, hallo!«, ruft Papa dazwischen. »Schrei mich bitte nicht so an. Ich kann nichts dafür, dass deine Brust so höllisch juckt!«

Nach einem kurzen Disput laufen wir schweigend wei-ter. Und während die Weite der Landschaft alles auseinan-derzieht, kommt eine sanfte Windbrise auf, deren leichte Kühle meiner Brust richtig guttut.

Am späten Nachmittag, als wir in der Drogerie einer kleinen Ortschaft eine Gel-Salbe gegen den Juckreiz kau-fen, klingen meine Beschwerden tatsächlich etwas ab. Jetzt krabbeln nicht mehr tausend, sondern nur noch fünfhun-dert Ameisen über meine Brust. Und schon morgen oder übermorgen soll es noch besser werden, hat man uns ge-sagt. Das kann ich nur hoffen, denn den Rest unserer Wan-derung bis Florenz möchte ich noch mal so richtig auskos-ten. Ich habe mir fest vorgenommen, die letzten Kilometer ganz bewusst zu erleben, und will alles auf meiner inneren Festplatte »speichern«. Zudem möchte ich noch einmal in einem Straßencafé ein Croissant essen, das gerade frisch aus dem Ofen kommt; noch einmal in einer kleinen Bar einen frischgepressten Orangensaft trinken; noch einmal einen geeigneten Übernachtungsplatz suchen; noch einmal das Biwak aufbauen und die Halteleinen mit den Heringen si-chern; noch einmal den Schlafsack im Zelt ausrollen und mich über die geringe Beinfreiheit ärgern; noch einmal die enorme Enge zu zweit im Biwak spüren, an die ich mich ja eigentlich ganz gut gewöhnt habe. Und dann möchte ich mich noch einmal in der Morgendämmerung ganz bewusst aus dem Schlafsack wühlen, mich ein letztes Mal mit einem halben Glas Mineralwasser waschen, die verschwitzten Klamotten anziehen, das Zelt abbauen, den Rucksack packen und die Schuhe schnüren.

Und schließlich muss ich mir auf den letzten Kilometern auch noch eine Antwort auf die Frage geben: Was hat dir diese Reise denn nun gebracht, Aaron? Eine Antwort, die mir nicht schwerfällt. Denn: Toll war's. Eine super Reise! Etwas Besseres hätte mir nach dem Abi gar nicht passieren können. Mal raus aus allem, mal abschalten, andere Dinge sehen, einen total anderen Lebensrhythmus finden und dann Stück für Stück sich selbst auf die Schliche kommen, um rauszukriegen, was man eigentlich wirklich will. So nach dem Motto: Na, Aaron, was möchtest du denn nun mit dem Rest deines Lebens anfangen? – Ich werde vielleicht etwas mit Film machen. Nicht ohne Grund habe ich seit zwei Monaten unsere Wanderung mit einer Kamera festgehalten, was mir unheimlich viel Spaß gemacht hat. Ich hatte mein eigenes Projekt im Kopf, und alle Entscheidungen, die ich getroffen habe, musste ich auch selbst verantworten. Es gab nicht *eine* Situation, wo mir Papa reingeredet hat. Alles war *mein* Ding! So kam es auch, dass ich anfing, mir zu überlegen, wie es wohl wäre, wenn ich meinen Lebensunterhalt als Kameramann verdienen würde. Tag und Nacht habe ich diesen Gedanken durchgespielt. Und je mehr ich darüber nachdachte, desto reizvoller erschien es mir. Vielleicht sollte ich mich nach unserer Rückkehr um einen Ausbildungs- oder Studienplatz bemühen!?

Zudem hat Papa in den zwei Monaten unseres Unterwegsseins viel besser verstanden, dass ich meine eigenen Wege gehen muss, auch wenn ich ihn ganz gern als eine Art Unterstützung in meinem Rücken habe. Doch vor allem ist mir auf unserer langen Wanderung eines ganz klar geworden: Egal wie groß, stark, schlau und erwachsen ich noch werde, mein Papa wird immer mein Papa bleiben. So sieht's aus!

SMS-Nachricht von Aaron an seinen Freund Michael:

Mensch, Michi, lange nix von dir gehört. Bald bin ich wieder zu Hause, dann müssen wir mal 'ne fette Currywurst essen gehen. Habe richtig Bock drauf! Was macht der Führerschein? Hat man dich schon an der Uni angenommen? Ich drücke dir die Daumen! Alles Gute! – Aaron

In Florenz

»Frühstück!«, ruft Aaron und reißt mich aus den Tiefen des
Schlafs. Ich bin sofort hellwach. »Wieso bist du schon so
früh auf?«, sage ich ein bisschen verärgert.

»Ich konnte nicht mehr schlafen – und habe einen riesigen Hunger.«

»Heute ist unser fünfundsiebzigster Reisetag«, sage ich
mit lautem Gähnen. »Vielleicht wird es sogar der letzte Tag
unserer Wanderung!«

Aaron nickt nur und schaut dann nachdenklich aus dem
Fenster des Hotels. Auf dem Weg ins Badezimmer, wobei
jeder der Erste sein will, stehen wir plötzlich für ein paar
Augenblicke gemeinsam vor einem großen Flurspiegel und
können den Blick in unser Spiegelbild mit Unterhose nicht
vermeiden. Wir müssen lachen, und ich bilanziere mit einigen raschen Blicken die Folgen unserer fünfundsiebzigtägi-
gen Wanderung: Aarons Oberkörper ist etwas abgemagert,
doch Rücken und Schultern sind muskulöser und sehniger
geworden. Fünf Kilo hat er abgespeckt. An den Waden, wo
die Socken aufhören, sieht man einige blutige Schrammen,
die er sich an dornigem Strauchwerk zugezogen hat. Seine
Füße weisen keine weiteren Blessuren auf. Alle Blasen sind
abgeheilt. Viel mitgenommener wirken seine Sportschuhe,
die total zerschlissen sind. An beiden Fersen, links wie
rechts, klafft jeweils ein zweieurogroßes Loch, was Aaron

richtig freut: »Diese Schuhe hänge ich mir zu Hause an die Wand!«

Ich dagegen habe sieben Kilo abgenommen und fühle mich dennoch körperlich pudelwohl. Die Haut an der Nase schält sich ein bisschen vom Sonnenbrand. Die Hände sind rau und zerkratzt. Die Augen leicht entzündet, weil ich es immer wieder versäumt habe, eine Sonnenbrille zu tragen. »Selbst schuld«, meint Aaron. Meine schulterlangen Haare sind wild zerzaust, und auch der Bart ist wuscheliger geworden, er braucht unbedingt einen Schnitt. Und die Füße, die mich und meinen 15-Kilo-Rucksack über eine Strecke von 1500 Kilometern getragen haben? Mit denen ich auf ausgefahrenen Feldwegen, befahrenen Asphaltstraßen, schmalen Stiegen, nassen Wiesen, rutschigen Waldpfaden und durch wilde Bergflüsse gelaufen bin? Diese Füße sehen wirklich ganz gut aus. Nur an den Fußsohlen entdecke ich einige Narben von Platzwunden und Blasen, die ich mir bereits in den ersten Wochen unserer Wanderung zugezogen habe. Ansonsten ist alles gut.

Nach dem Frühstück sind die Rucksäcke schnell gepackt, und wir verlassen Pistoia. Es ist erst kurz nach Sonnenaufgang. Den Himmel bedecken noch immer rosa Streifen, als wir auf gewundener Straße wieder in einen behaglichen Schrittrhythmus versinken. Immerzu laufen wir in südöstlicher Richtung, über sanfte Hügel und durch gelegentliche Wellen aus tiefgrünen Zypressen, die vor einem zartblauen Himmel stehen. Wolken ziehen über uns dahin, ziehen durch mich hindurch, und es wird ganz weit in mir. Später sehen wir ein paar Echsen, mal klein und flink, mal groß und plump. Angelockt durch die Mittagshitze, kommen sie heraus, um sich zu sonnen.

Irgendwann am Nachmittag durchfährt es mich dann wie ein Blitz, und mir wird schlagartig bewusst, dass unsere Wanderung nicht mehr lange dauern wird. Nur noch ein paar Kilometer, dann ist alles vorbei. Wenn wir die Entfernung zwischen Prato und Florenz bewältigt haben, werden wir nicht mehr gemeinsam »Strecke machen«. Am liebsten würde ich die Zeit anhalten, würde sie ausblenden. Doch unaufhörlich rinnt sie weiter, und mir wird klar, dass ich eigentlich gar nicht ankommen will. Denn in mir ist eine seltsame, fast widersinnige Mischung von Vorfreude, Enttäuschung und innerer Spannung.

Gleichwohl wandern wir weiter, ohne viele Worte, bis wir unser Ziel erreicht haben: Florenz. Schon der Name ist ein Traum, den Heinrich Heine wie folgt umschrieb: ... *ich betrete endlich den Boden, wo Dante, Machiavel, Leonardo da Vinci, Michel Angelo, Boccaccio gewandelt* sind. Mein

Vor den Uffizien sitzen Künstler mit ihren »Florentinischen Bildern« und warten auf Käufer.

Empfinden ist allerdings ganz anders. Denn das Traumhafte der Stadt am Arno lässt sich für mich auf den ersten Blick nur schwer erfassen. Aaron findet zwar alles ganz toll, doch für mich herrscht auf Straßen und Plätzen das reinste Chaos. Geschrei, Hupen, haarscharfes Ausweichen. Und überall, wo es etwas zu sehen gibt, drängen sich Menschentrauben: auf der malerischen Brücke Ponte Vecchio, wo ein Schmuckladen sich an den anderen reiht; vor dem weltberühmten Museum der Uffizien oder dem burgartigen Palazzo Vecchio mit seinem 94 Meter hohen Turm, wo früher die berühmten Medici residierten, deren Familienmitglieder fast alle mit einer prägnanten Hakennase ausgestattet waren. Und, nicht zu vergessen, die mondänen Shopping- und Mode-Palazzi von Versace, Armani, Louis Vuitton und Chanel. All das ist mir einfach zu viel. Zu viele Menschen, zu viel Lärm, zu viel Hektik. Immerhin hockten wir noch vor ein paar Tagen abseits der Straße in den toskanischen Hügeln auf einem Stück Acker, und unsere Sinne waren von einem ganz anderen Ereignis gefangen genommen: Wir lagen auf dem Boden, der fein und trocken war, und betrachteten den phantastischen Nachthimmel. Über uns kein Zeltdach, sondern ein von glitzernden Punkten erfüllter Raum. Die Milchstraße zum Greifen nah, und wir konnten die Sternschnuppen zählen, die in den Horizont eintauchten, während wir über alles Mögliche redeten, was uns so durch den Kopf ging. Das waren Augenblicke, für die sich alle Mühen und Strapazen gelohnt hatten.

Und nun? Florenz. Eine Stadt, die alljährlich von vier Millionen Touristen überschwemmt wird. Was für ein Wahnsinn! Nein, das muss ich mir nicht antun. Lieber kehre ich diesem irren Menschengewimmel den Rücken und suche so schnell wie möglich den Campingplatz, wo ich eine überschaubare Welt um mich habe und wir unser Zelt unter dem ausladenden Astwerk einiger Olivenbäume errichten können.

Später am Abend mache ich mich auf die Suche nach einer öffentlichen Telefonzelle, um meine Frau Rita in Hamburg anzurufen. Ich will ihr erzählen, dass wir in Florenz angekommen sind, dass es uns gutgeht, dass ich sie vermisse und dass wir in den nächsten Tagen per Flugzeug nach Hause kommen.

Tags darauf erlebe ich Florenz ganz anders. Natürlich ist es noch immer sehr laut und voll. Doch jetzt bin ich vorbereitet und verdrehe nicht gleich die Augen. Wer Florenz erfahren will, braucht Gelassenheit. Und diese Gelassenheit habe ich an diesem Morgen, an dem ich beschlossen habe, diese Stadt zu meistern, sie von Blick zu Blick ganz neu zu erleben, sie von Schritt zu Schritt in Verständnis umzuwandeln, um das Gefühl der Atemlosigkeit zu verstehen, das einen hier packt, in einer Stadt, die nur so strotzt vor Genie und Phantasie. Hier entwarf Leonardo da Vinci die erste Flugmaschine, hob Galilei mit seinen astronomischen Erkenntnissen die katholische Welt aus den Angeln, baute Michelangelo völlig neuartige Verteidigungsanlagen. Und hier wurde die erste Oper aufgeführt und die erste öffentliche Gemäldegalerie gegründet.

Mit solchen wissenschaftlichen und kunstgeschichtlichen Highlights im Kopf schlendern wir gut gelaunt durch das einstige Zentrum des Abendlandes, das gleichsam auch Wiege der Renaissance war. Und tatsächlich – Florenz drängt sich mir mit einer Unverschämtheit auf, gegen die ich vollkommen machtlos bin. Das Abenteuer, genau dort hinzuschauen, wo ich gestern noch wegschauen wollte, wird zu einer großen Bereicherung, denn wir begegnen einer Stadt, in der die Steine reden und die Geschichte zum Greifen nahe ist. Mehr noch: Hier habe ich das Gefühl, als wäre dieses Fleckchen Erde für all jene erschaffen worden, deren Sinn des Lebens darin besteht, den Geheimnissen der Kunst nachzuspüren und sich von der Magie der Maler, der Steinmetze und Baumeister verzaubern zu lassen. Ob Botticelli, Donatello, Michelangelo und Leonardo da Vinci: Die Kunst war ihnen ein heiliger Quell, der bis heute ganz Florenz durchströmt. Kunst, die begeistert oder gar trunken macht, weil man hier die grenzenlose Liebe des Künstlers zur Schöpfung spürt und die Visionen, aus denen Skulpturen, Bilder und Bauwerke entstanden, deren Schönheit noch Jahrhunderte nach ihrer Entstehung fasziniert.

Eigentlich ist ganz Florenz eine Schatzkammer derKunst, denke ich, denn hier gibt es Museen, Ausstellungen und Kirchen in Hülle und Fülle. Und dann ist da noch die himmelstürmende Form der Domkuppel von Santa Maria del Fiore, die, 1436 vollendet, das gesamte Stadtbild beherrscht. Wie ein gigantisches Massiv ragt die kreisrunde Konstruktion, deren Ziegelhaut mehr als fünfhundert Jahre alt ist, aus dem Gassenlabyrinth der Altstadt auf. Und wenn ich den Kopf weit in den Nacken zurücklege, um an den steilen, bunt marmorierten Domflanken zum Gipfel der 114 Meter hohen Kuppel hinaufzuschauen, begreife ich schnell, warum das Wunderwerk des genialen Baumeisters Filippo Brunelleschi von den Florentinern nur »La Cupola« genannt wird: Nie zuvor war eine Kuppel mit solch großen Ausmaßen errichtet worden. – Es ist der Zauber der Stadt und ihrer Gebäude, der mich den Touristentrubel schließlich vergessen lässt. Heine scheint es ähnlich gegangen zu sein:

Ich bin den ganzen Tag in Florenz herumgeschlendert,

Am Dom Santa Maria del Fiori spazieren wir an den bunt marmorierten Seitenflanken entlang.

Von der Spitze der gewaltigen Domkuppel bietet sich ein einzigartiger Ausblick über Florenz.

mit offenem Auge und träumendem Herzen. Sie wissen, das ist meine größte Wonne in dieser Stadt, die mit Recht den Namen la bella verdient. Wenn Italien, wie die Dichter singen, mit einer schönen Frau vergleichbar, so ist Florenz der Blumenstrauß an ihrem Herzen. Die Schutzpatronin, die hier in dem Dome verehrt wird, heißt bedeutungsvoll Madonna del Fiore. In der Luft von Florenz duftet der Blumenatem dieser Madonna, und ihr liebliches Lächeln überstrahlt seine Kirchen, seine Paläste, seine Gärten und seine Menschen. Es ist das christliche Athen, und seine durchgeistete Schönheit erquickt die Sinne, wenn man am Tage durch seine Straßen wandelt und seine Bauwerke betrachtet, worin der gotische Tiefsinn sich mit griechischer Anmut vermählt. (…) Wenn die Abendsonne, ehe sie scheidet, noch alle ihre Lichter auf sie herabgießt, gewinnen sie ein fast verklärtes Leben, und die ganze Stadt erscheint mir dann zuweilen wie ein ruhiges Gemälde auf Goldgrund.*

Heinrich Heines *Seele* war hier in Florenz so voll, so *überfließend, daß ich mir nicht anders zu helfen weiß, als indem ich einige enthusiastische Bücher schreibe. Im Bade zu Lucca, wo ich die längste und göttlichste Zeit verweilte, habe ich schon zur Hälfte ein Buch geschrieben* (es ist die erste Hälfte des Berichts »Reise von München nach Genua«), *eine Art sentimentale Reise. (…) Ich fühle viel Kraft in mir und will sie gern zum Guten anwenden,* notierte Heine. Er hatte den Plan gefasst, den Winter über in Florenz zu bleiben, an seinen Italien-Reisebildern zu arbeiten, um dann im Frühjahr vielleicht nach Rom weiterzureisen. Doch es kam anders.

Hier, in Florenz erreichte Heine die Nachricht vom schlechten Gesundheitszustand seines Vaters. Sofort verwarf er all seine Pläne und machte sich auf die Rückreise –

über Bologna, Ferrara, Padua, Venedig und Verona fuhr er wieder nach München. Auf dem Weg nach Hamburg, wohin seine Eltern erst im Sommer 1828 von Lüneburg aus gezogen waren, erreichte ihn in Würzburg die Nachricht vom Tod seines Vaters Samson, der am 2. Dezember gestorben war. Sie traf Heine viel tiefer, als er sich eingestehen wollte. Und es dauerte viele Jahrzehnte, ehe er in der Lage war, über das Verhältnis zu seinem Vater, den er *von allen Menschen am meisten geliebt* hatte, in seinen »Memoiren« zu schreiben.

Um seiner Mutter nach dem Tod des Vaters beizustehen, reiste Heine im Dezember 1928 nach Hamburg weiter. Wobei er sich zur gleichen Zeit vergeblich fragte, wie es mit ihm nun eigentlich weitergehen sollte. Die Italienreise abgebrochen, die ersehnte Professur in München so gut wie unerreichbar, mit dem reichen Onkel Salomon zerstritten und eine große Liebe nirgendwo in Sicht. In dieser bitteren Lebensphase dachte Heine vielleicht: Warum nur kann das ganze Leben nicht so sein wie ein ausgedehnter Kuraufenthalt in Bagni di Lucca? – Doch er wäre nicht Heinrich Heine gewesen, wenn er nicht immer wieder auf die Beine gekommen wäre und sich allen gesellschaftlichen Widrigkeiten und politischen Hindernissen widersetzt hätte. Trotz Kritik, Zensur, Krankheit und einem Leben im Pariser Exil verlor er niemals sein großes Lebensziel aus den Augen: die Dichtkunst. Und voller Tatendrang verfasste er – bis zu seinem Tod im Jahr 1856 – ein einzigartiges Lebenswerk, das heute zur Weltliteratur zählt.

Es gehört zu einer dichterischen Spurensuche, dass diese zuweilen abrupt oder tragisch endet, während man selbst – als Spurensuchender – von ganz anderen Gefühlen heimgesucht wird. So auch bei uns: Während Heine einst wegen der schweren Erkrankung seines Vaters nach Deutschland zurückkehrte, ohne die klassischen Bildungsziele Rom und Neapel jemals erreicht zu haben, spazieren wir mit den Kopien einiger Heine-Briefe, die er Ende November 1828 kurz vor seiner Abreise schrieb, über die Schauplätze der Florentiner Geschichte und erfreuen uns noch einmal an seinen poetischen Beschreibungen. Vor allem *der Markt von Florenz* hatte es ihm angetan, *der herrlichste und interessanteste Anblick, den nur ein Mensch finden kann. Die Altertümlichkeit, die bedeutungsvollen Statuen, die hohen Arkaden, die Großartigkeit, dabei dennoch überall der Hauch altflorentinischer Grazie, überall Blüthe des Medicäerthums, und gar oben im Palast Uffizi die griechischen Götterwohnungen!*

Als am späten Nachmittag die Sonne den toskanischen Hügeln näher rückt und sich die Hitze des Tages im kühlen

An der Balustrade der Piazzale Michelangelo liegt uns Florenz zu Füßen.

Abendwind verflüchtigt, stehen wir hoch oben über der Stadt am jenseitigen Ufer des Arno, nicht weit vom Campingplatz, an der Balustrade der Piazzale Michelangelo. Hier bietet sich ein herrlicher Blick über Florenz. Eine Aussicht, die schon so manchem den Atem raubte.

Ein Stück weiter den Berg hinauf steht die Kirche San Miniato al Monte. Der Legende nach lief der Florentiner Christ Minias im Jahr 250 nach der Enthauptung durch Kaiser Decius mit seinem abgeschlagenen Kopf bis zu dieser Stelle, wo er tot zu Boden fiel. Über seinem Grab errichteten die Christen das älteste Heiligtum der Stadt. Im 11. Jahrhundert wurde der Bau zur Kirche erweitert und erst fast zweihundert Jahre später vollendet. Noch heute wird die wunderschöne Fassade aus weißem Carrara-Marmor und grünem Serpentin von einem goldstrahlenden Mosaik des segnenden Christus beherrscht.

Die Kirche San Miniato al Monte gilt als ältestes Heiligtum von Florenz.

Im Innenraum dieser ältesten Basilika von Florenz glaubt man sich in einer anderen Welt, geprägt durch römische Säulen, wunderbare Fresken, eine siebenschiffige Krypta und einen intarsierten Marmorfußboden. Nur spärliches Licht fällt in diesen wunderschönen Raum, in dem ich mich auf eine Holzbank setze und die Atmosphäre einfach auf mich wirken lasse. Aaron sitzt zwei Bänke vor mir. Auch er schaut sich um und scheint die kühle Stille dieses Raums zu genießen, als von irgendwoher, für mich nicht sichtbar, ganz leise Orgelmusik erklingt, die dem Raum etwas Feierliches gibt.

Nach einer Weile stehe ich auf und gehe rechts am Altar vorbei, folge einigen Stufen abwärts und komme in einen »Raum der Stille«, wo Betende vor einem Marienbild knien. Zwischen hellen Steinsäulen steht ein metallener Kranz. Auf drei Stufen brennen hier Kerzen. Dahinter ein offenes Fenster. Durch einige Gitterstäbe sehe ich ein Stück vom dunkelblauen Himmel, eingerahmt von Zypressen und grün leuchtenden Sträuchern. Fast lautlos nehme ich einige Münzen aus dem Portemonnaie und stecke sie in den Schlitz eines Holzkastens. Dann nehme ich eine Kerze in die Hand, entzünde sie und stecke sie zu den anderen Lichtern. Andächtig flüstere ich einige Worte des Dankes, die mir an diesem heiligen Ort sehr leichtfallen. Worte, die mir noch einmal deutlich machen, was für ein Geschenk diese Wanderung mit meinem Sohn war, während ich in Bildern und den noch frischen Erinnerungen schwelge, ganz für mich, im Stillen. Bilder und Erinnerungen, die mich immer wieder in diese unvergesslichen Tage zurückversetzen werden. Bilder und Erinnerungen, die mich auch begleiten werden, während Aaron in den kommenden Jahren seinen eigenen Weg gehen wird, bei dem ich nur in Gedanken mitgehen kann.

Am Ufer des Arno feiern Aaron und ich unsere Ankunft in Florenz.

Doch wer weiß? Vielleicht, aber nur vielleicht, werden wir ja irgendwann noch einmal zu den Rucksäcken greifen, um gemeinsam aufzubrechen – mit einer neuen Idee, auf einem neuen Weg.

> SMS-Nachricht von Aaron an
> seine Mutter:
>
> Hallo, Mama! Ich hoffe, es geht dir
> gut?! Du fehlst mir, und ich freue
> mich auf dich. Dein Aaron
>
> SMS-Nachricht von Aaron an
> seine Freunde Kevin und Kjell:
>
> Moin, Moin, Jungs! Habe es
> wirklich geschafft!!!!! Florenz!
> Nach 10 Wochen on the road fühle

ich mich sauwohl. Würde am liebsten morgen weiterziehen, mit keinem anderen Ziel, als immer nur unterwegs zu sein. – Ich komme aber trotzdem nach Hause. Euer Aaron

Zeittafel zu Heinrich Heines
Leben und Werk

1797   Harry Heine wird am 13. Dezember in Düsseldorf in
            der Bolkerstraße 275 geboren. Mutter Betty (geb. van
            Geldern) und Vater Samson (Beruf: Tuchhändler).

1803–1805   Schulzeit in Düsseldorf: städtische Grundschule, Ly-
            zeum und private Handelsschule.

1816   Beginn der kaufmännischen Lehrzeit in Hamburg bei
            seinem Onkel Salomon; Liebe zu Amalie, Tochter von
            Salomon Heine.

1817   Im Februar erste Gedichtveröffentlichung in der Zeit-
            schrift »Hamburgs Wächter«.

1818   Gründung des Manufakturwarengeschäfts »Harry
            Heine & Comp.« in Hamburg.

1819   Auflösung von »Harry Heine & Comp.«. Heine be-
            ginnt ein Jurastudium in Bonn. Bekanntschaft mit
            August Wilhelm von Schlegel.

1820   Erste Prosapublikation mit dem Essay »Die Roman-
            tik«. Studium an der Universität Göttingen.

1821   Am 23. Januar wird Heine wegen eines Duells für ein
            halbes Jahr der Universität verwiesen. Im Sommer
            wechselt er zur Fortsetzung des Studiums nach Berlin.
            Bekanntschaft mit Gubitz, Hegel, Chamisso, Grabbe,
            Fouqué und dem Ehepaar Varnhagen. Im Dezember
            erscheint bei Maurer in Berlin Heines erstes Buch
            »Gedichte«.

1822	Februar: Publikation der »Briefe aus Berlin«. August/September: Reise nach Polen. Mitgliedschaft im »Verein für Cultur und Wissenschaft der Juden«.
1823	April: »Tragödien, nebst einem lyrischen Intermezzo«, Heines zweites Buch, erscheint bei Dümmler. Ab Mai Reise nach Lüneburg zu den Eltern und Aufenthalte in Hamburg, Cuxhaven und Ritzebüttel. Der Gedichtzyklus »Die Heimkehr« (u.a. mit der »Loreley«) entsteht in Lüneburg.
1824	Heine nimmt das Studium in Göttingen wieder auf. Im September Beginn der Harzreise. Oktober: Besuch bei Goethe in Weimar.
1825	Im Juni Taufe in Heiligenstadt auf den Namen Christian Johann Heinrich. Abschluss des Jurastudiums. Promotion zum Dr. jur. Im August und September erste Reise nach Norderney; erste »Nordsee-Gedichte«. Im November zieht Heine nach Hamburg, wo es ihm nicht gelingt, als Anwalt zu arbeiten.
1826	Im Januar erscheint Heines »Harzreise« in der Zeitschrift »Der Gesellschafter«. Heine lernt den Verleger Julius Campe kennen. Im Mai erscheint Band 1 der »Reisebilder« im Verlag Hoffmann und Campe. Sommerreise nach Norderney.
1827	April: »Reisebilder«, Band 2. Reise nach England. Oktober: »Buch der Lieder«. November: Umzug nach München, wo Heine Redakteur der »Neuen allgemeinen politischen Annalen« wird.
1828	Heines Eltern ziehen nach Hamburg. August: Beginn von Heines Italienreise. Am 2. Dezember stirbt der Vater, Samson Heine. In München scheitern die Verhandlungen über eine Fortsetzung der »Annalen«. Rückreise Heines nach Hamburg.

1829	Heine zieht nach Berlin und Potsdam. Im Juli Übersiedlung nach Hamburg. Erste Reise nach Helgoland. Nach der Veröffentlichung von Bd. 3 der »Reisebilder« (Reise von München nach Genua, Die Bäder von Lucca), kommt es zum Skandal um die Platen-Satire.
1830	Französische Julirevolution. Dezember: »Nachträge zu den Reisebildern«. Vergeblich bemüht sich Heine um eine Stelle als Ratssyndikus in Hamburg.
1831	Heine zieht nach Paris. Begegnung mit Balzac, Berlioz, Chopin, Dumas, Hugo, Liszt u. v. a.
1832	Heine wird Korrespondent für die »Allgemeine Zeitung«. Artikelserie »Französische Zustände«.
1833	Heine wird Berichterstatter für die Zeitschrift »L'Europe littéraire«.
1834	Im Oktober lernt Heine Crescence Mirat (Mathilde) kennen, seine spätere Frau.
1835	Der deutsche Bundestag verbietet die Schriften des »Jungen Deutschland«.
1836	Heine reist durch Südfrankreich (Provence, Marseille, Avignon, Lyon).
1837	Verlagsvertrag zwischen Heine und Julius Campe über eine Gesamtausgabe (Laufzeit 11 Jahre). Regelmäßige Sommerreisen in die Bretagne und die Normandie. Cervantes' »Don Quixote« erscheint mit Heines Einleitung im Verlag der Klassiker, Stuttgart.
1839	Ab Januar erhält Heine von seinem Onkel Salomon eine Pension (jährlich 4000 Francs). April: »Schriftstellernöthen. Offener Brief des Dr. Heine an Herrn Julius Campe« wegen Zensurstreitigkeiten mit seinem Verleger.

1840	Weitere Tätigkeit als Korrespondent für die »Allgemeine Zeitung«. Im August Veröffentlichung von »Ludwig Börne. Eine Denkschrift«.
1841	Am 31. August Hochzeit mit Mathilde. Im Winter schreibt Heine seine ersten »Zeitgedichte«.
1843	»Atta Troll« erscheint in der »Zeitung für elegante Welt«. Erste Deutschlandreise. Heine verkauft die Rechte all seiner Werke an Campe und erhält dafür eine jährliche Rente. In Paris beginnt er mit der Arbeit an »Deutschland. Ein Wintermärchen«. Bekanntschaft mit Karl Marx.
1844	Erste Haftbefehle gegen Heine, Ruge, Marx und andere Mitarbeiter deutscher Zeitschriften in Paris. Tod des Onkels Salomon Heine. Zweite Reise nach Deutschland (mit Mathilde). Es erscheinen: »Deutschland. Ein Wintermärchen« und »Neue Gedichte«. Heines Gesundheitszustand verschlechtert sich; fortschreitende Lähmungserscheinungen.
1846	Heine macht eine Kur in den Pyrenäen, seine letzte Reise.
1847	»Atta Troll« erscheint als Buchfassung.
1848	Februar-Revolution in Paris. Frankreich wird Republik. Heine schreibt letzte Berichte für die »Allgemeine Zeitung«. Im März revolutionäre Unruhen in Deutschland. Heine erkrankt an Rückenmarkschwindsucht. Ab Mai kann er nicht mehr das Haus verlassen. Beginn seiner Leidenszeit in der »Matratzengruft«.
1851	Julius Campe besucht Heine in Paris; Veröffentlichung des »Romanzero«; parallel dazu erscheint »Der Doktor Faust. Ein Tanzpoem«.

1854   Vertragsabschluss über eine französische Gesamtaus-
        gabe. Veröffentlichung der »Vermischten Schriften«.
        Im Winter beginnt Heine mit der Arbeit an den »Me-
        moiren«.

1855   Im April erscheint »Lutèce« mit großem Erfolg.

1856   Heinrich Heine stirbt am 17. Februar um fünf Uhr
        morgens und wird drei Tage später auf dem Friedhof
        Montmartre beigesetzt.

Anmerkung zu den Zitaten

Die Zitate aus Heinrich Heines italienischen »Reisebildern« (»Reise von München nach Genua«, »Die Bäder von Lucca«, »Die Stadt Lucca«) und anderen seiner Werke (»Memoiren«, Gedichte) basieren auf:

Heinrich Heine: Historisch-kritische Gesamtausgabe der Werke. In Verbindung mit dem Heinrich-Heine-Institut hrsg. von Manfred Windfuhr im Auftrag der Landeshauptstadt Düsseldorf. Bd. 1–16. Hamburg: Hoffmann und Campe, 1973–1997.

Heines Briefe werden zitiert nach:

Heinrich Heine: »… und grüßen Sie mir die Welt«. Ein Leben in Briefen. Hrsg. von Bernd Füllner und Christian Liedtke. Hamburg: Hoffmann und Campe, 2005.

Dank

Ein riesiges Dankeschön an alle, die zum Entstehen dieses Buches beigetragen haben.

Besonderer Dank gilt Dr. Panagiotis Doukas (Facharzt für Orthopädie und Sportmedizin); ohne seine kompetente Hilfe hätte ich die Wanderung von München nach Florenz nicht geschafft. Großen Dank auch an ein phantastisches Lektorenteam: Boris Heczko und Christian Liedtke, der als wissenschaftlicher Mitarbeiter am Heinrich-Heine-Institut, Düsseldorf, darauf achtete, dass alle historischen und literarischen Fakten rund um Heinrich Heine auch Hand und Fuß haben. Sie standen mir jederzeit mit Rat und Tat zur Seite: Ich danke Euch für Ideen, Verbesserungen und Ermutigungen.

Und zu guter Letzt danke ich meiner Frau Rita, die mit großartiger Lebenslust immer wieder Unmögliches möglich macht.

Das Schönste aus Heines
italienischen »Reisebildern«

Heinrich Heine
Reise nach Italien
Herausgegeben von Christian Liedtke
Hoffmann und Campe, 2011
128 Seiten, Pappband
ISBN 978-3-455-40322-0